高等职业教育公共课系列教材

大学生
国防教育教程

主　编　赵　丹　赵　君　文　婷

副主编　佘颖玲　杨　琦　唐晓纳　胡　烽

谢　妮　彭弈臻　李禄华

参　编　胡朝宪　邓祖禄　朱建军　陈　杰

钟　冲　左　超　王怡岚　李　萍

王雯青　杨秋玉

中国轻工业出版社

图书在版编目（CIP）数据

大学生国防教育教程/赵丹，赵君，文婷主编．—北京：中国轻工业出版社，2022.8

高等职业教育“十三五”规划教材

ISBN 978-7-5184-2657-7

Ⅰ.①大… Ⅱ.①赵… ②赵… ③文… Ⅲ.①国防教育—高等职业教育—教材 Ⅳ.①G641.8

中国版本图书馆 CIP 数据核字（2019）第 194937 号

策划编辑：张文佳
责任编辑：崔丽娜　　责任终审：劳国强　　封面设计：锋尚设计
版式设计：砚祥志远　　责任校对：晋　洁　　责任监印：张　可

出版发行：中国轻工业出版社（北京东长安街 6 号，邮编：100740）
印　　刷：北京君升印刷有限公司
经　　销：各地新华书店
版　　次：2022 年 8 月第 1 版第 5 次印刷
开　　本：787×1092　1/16　印张：14.5
字　　数：350 千字
书　　号：ISBN 978-7-5184-2657-7　定价：39.00 元
邮购电话：010-65241695
发行电话：010-85119835　传真：85113293
网　　址：http：//www.chlip.com.cn
Email：club@chlip.com.cn
如发现图书残缺请与我社邮购联系调换
221176J2C105ZBW

前言

PREFACE

在和平与发展成为时代主题的今天，世界上很多国家都十分重视国防教育，因为国家的和平与发展需要有强大的国防实力做保障。把大学生安全军事教育作为强化全民国防观念、振奋民族精神、激发生存意识、提高国际竞争能力的战略性手段，是时代之需。

本教材根据教育部2019年颁布的《普通高等学校军事课教学大纲》（教体艺〔2019〕1号）的要求编写，旨在使学生认清国防与国家安危、民族荣辱的密切关系，增强其国防观念和国家安全意识；了解我国源远流长的军事思想和党在领导国防和军队现代化建设以及军事斗争准备的伟大实践中所形成的既一脉相承又与时俱进的科学体系，树立科学的战争观和指导战争的方法论；关注国际风云变幻及其对我国安全环境构成的威胁与挑战，进一步增强广大青年学生建设国防的责任感、使命感和紧迫感；跟踪军事高科技在军事领域应用的发展趋势及其对现代战争的影响，激发其学习科学文化知识的热情；最终使青年学生群体形成热爱国防、关心国防、支持国防、献身国防的爱国主义精神，为振兴中华而努力奋斗。

在编写过程中，参阅并吸收了国内外大量研究文献，在此我们对这些文献的作者表示衷心的感谢！由于时间仓促及编者水平有限，本书如有疏漏和不当之处，敬请有关专家和广大读者提出宝贵意见。

编者

目录
CONTENTS

第一章　中国国防

学习目标

1. 理解国防内涵和国防历史，树立正确的国防观。
2. 了解我国国防体制、国防战略、国防政策以及国防成就。
3. 熟悉国防法规、武装力量、国防动员的主要内容。

第一节　国防概述

一、国防概念

国无防不立，民无防不安，自古以来，有国就有防。国防是国家生存与发展的重要保障。中国近百年来屡遭列强欺侮的历史表明，一个国家如果没有强大的国防，就无法抵御外来的侵略和颠覆，就会在政治、经济、外交上受制于人。一个国家和民族要想避免亡国灭种，实现繁荣富强，真正自立于世界民族之林，就不能没有强大的国防。国防并非仅仅是国家和军队的事，而是关系到每个普通人的生存发展，国防建设与每个普通人息息相关。青年大学生作为中华民族的一员，应责无旁贷地牢记我国国防兴衰和发展的经验、教训，增强国防观念，积极投身于现代化国防建设事业，为实现民族振兴贡献出自己的力量。

（一）国防的含义

国防是阶级斗争的产物，是个历史概念，只要有阶级和国家的存在，就有国防的存在。在人类社会发展的各个历史阶段、不同社会制度的国家，其国防有不一样的含义和特性。在奴隶社会和封建社会时期，国防的职能是将各阶级维持在一定的“秩序”范围之内；在资本主义社会时期，国防的职能是用军队保护和扩大商品生产与贸易，对外进行疯狂掠夺；在人类历史上产生社会主义国家之后，国防有了新的阶级内涵，其职能是确保各民族的平等生存、发展，抵抗外来侵略，维护世界和平。

“国防”一词在我国最早见于《后汉书 · 孔融传》。孔融针对当时国内可能发生动乱的征候，向汉献帝进谏说：“臣愚以为宜隐郊祀之事，以崇国防。”意即国家要减少祭祀等大规模的集会活动，以维护安定，巩固政权。可见这里所言的“国防”，意指为维护团体、严明礼义而应采取的防禁措施。

因此，国防，也就是一个国家为了保卫国家主权统一、领土完整、防备和抵抗侵略、制止武装颠覆所进行的军事及与军事有关的活动。国防是国家生存与发展的安全保障，基本要素包括国防的主体、国防的目的、国防的对象和国防的手段四个方面。

1. 国防的主体

每个国家从诞生之日起，都要固国强边，防备和抵御各种外来侵略，以保障国家安全，维系国家生存和发展。因此，国防活动的实施者，亦即国防的主体，通常为国家。国防是国家的防务，是全民族的防务，与国家各个部门、各种组织及全体公民息息相关。在我国，加强国防建设，进行国防斗争，是一切国家机关和武装力量、各政党和社会团体、各企事业单位以及全体公民的共同责任。

在国际法中，国家主权是国家的自然权力，是国家的最基本属性。国家主权包含对内、对外两个属性。国家主权的对内属性，是指一个国家在其所辖领域内对一切事务享有最高统治权，即管辖权，包括领域管辖权、国籍管辖权、保护性管辖和普遍性管辖。国家主权的对外属性，是指一个国家在对外事务中具有不受其他任何国家或组织控制和干涉的权利，包括自主权、平等权和自保权。

2. 国防的目的

国防的目的是防备和抵御各种外来侵略，捍卫国家主权、维护国家统一、保护国家领土完整和保障国家安全。

捍卫国家主权。国家主权是一个国家独立自主地处理自己对内对外事务的最高权力。主权是国家区别于其他社会集团的特殊属性，是国家存在的根本标志。国家和主权不可分割，主权是国家存在的根本标志。如果一个国家的主权被剥夺，其他的一切，包括国家的独立、领土完整、基本政治制度、社会准则、国家荣誉和尊严等，都将无从谈起。主权具有双重性，即对内属性和对外属性，两者之间紧密联系、不可分割。对内属性即对内的统治权，是指根据本国的情况和人们意愿选择社会制度、组织政府，并通过立法、司法、军事等手段进行自主统治。对外属性是指国家对外的独立权，指国家在对外事务中具有不受其他任何国家或组织控制和干预的权力。捍卫国家主权是国防的根本目的和任务。

维护国家统一。维护国家统一历来是国防的重要事务。国家的统一是指国家由一个中央政府对领土内一切居民和事务行使完整的管辖权，不允许另立政府或分割国家的管辖权。从国际法的角度来说，维护国家的统一，是一个原则性问题，不能有丝毫含糊。维护多民族国家的统一，反对国家和民族的分裂，是党的一贯主张，是国家的一贯政策，也是国防的基本职能。

保护国家领土完整。领土是一个国家立足的根本，是国家自下而上与发展的物质基础，是国家行使主权的空间，也是国家行使主权的对象。领土之争，实质就是争夺国家主权，争夺国家的生存权和发展权。国防捍卫国家主权的独立，必然要保护国家领土的完整。领土争端成为当今世界局部战争和冲突不断的一个重要原因。

保障国家安全。当一个国家没有外部的威胁和侵害，也没有内部的混乱和疾患，处于一种平稳且没有危险的状态时，就是一种安全状态。国家安全是国家的基本利益，一个国家只有处于安全的状态，才能保证正常的生产和发展，保证人民的安居乐业，否则不仅难以建设和发展，而且生存也会受到威胁。与时代发展和国际战略格局变化相适应，当今我国的国家安全，已不仅仅是生存意义上的概念，而是包含有“发展”内涵的概念。发展利益之所在，便是当今中国国家核心利益之所在，对国家核心利益的威胁便是对国家安全的主要威胁。一旦国家遭到外来侵略，安全受到威胁，国防就必须履行自己的职能，抵御和挫败外来侵略和颠覆，确保国家的和平与稳定。当国内敌对分子勾结国外敌对势力进行武装暴乱或者叛乱等危及国家安全的时候，国防力量就要采取措施，防止和平息这种内外勾结的暴乱，保卫国家安全。因此，维护国家的安全，也是国防的主要目的之一。

3. 国防的对象

国防的对象是指国防所要防备、抵抗和制止的行为。这是关系国家在什么情况下可以使用国防力量的重要问题。根据《中华人民共和国国防法》的界定，国防的对象，一是“侵略”，二是“武装颠覆”。

国防要防备和抵抗的是“侵略”，侵略有很多种，除了武装侵略之外，还有文化侵略、经济侵略和技术侵略等各种非暴力侵略。当今世界，主权国家对主权国家的非武装侵略是非国防手段不能抵御的，所以抵御和防备这些侵略也是国防的职能。《中华人民共和国国防法》对国防对象的这一法律界定，既有国际法依据，又符合国防的实际需要，与国家安全所面临的威胁相一致，不仅表述合理恰当，而且意义深远。一，与国际约章相衔接。联合国 1974 年通过的《关于侵略定义的决议》（以下简称《决议》），对“侵略”做出了非常详尽的定义，列出了 7 种侵略行为。凡属于《决议》所指的侵略，均属于运用国防力量防备和抵抗的对象。二，与我国的根本大法《宪法》的提法一致。我国《宪法》第二十九条规定的武装力量的任务，第五十五条规定的公民的国防义务，都采用了“抵抗侵略”的提法。三，与国防活动的客观实际相适应。当今世界武装侵略和非武装侵略并存是事实。如果以法律的形式规定国防只是防备和抵抗“武装侵略”，在今后的国防建设和斗争中，就会束缚自己的手脚。

国防要制止的是“武装颠覆”。颠覆是指推翻现政府的一种叛逆行为，包括武装暴力颠覆和非武装暴力颠覆两种形式。反颠覆是国家的大事，不完全属于国防的范畴，但与国防又密切相关，需要进行具体分析。一般情况下，对于非武装暴力颠覆，由国家公安、安全部门调查和处理，不需要动用国防力量。武装暴力颠覆活动，如武装叛乱、武装暴乱，才必须动用国防力量解决。《中华人民共和国国防法》明确地把“制止武装颠覆”作为国防的一项重要职能，具有重要意义。根据宪法，我国是一个实行社会主义制度的人民民主专政的国家，那些以推翻社会主义制度、推翻人民民主政权和分裂国家为目的的颠覆活动，不是一般的反政府活动，而是危及我国的国体和政体，对国家的主权、统一、领土完整和安全构成严重威胁的活动。这种活动并非纯粹来自内部，或主要不是来自内部，各种形式的“独立”、武装叛乱和暴乱，一般都有国外势力插手，具有内外勾结的特点。应对这一类的“武装颠覆”，应该是国防的职能，也就是说，在特殊情况下，国防还具有对内的职能。从苏联分裂成多个国家及南斯拉夫分裂后民族之间战争不断、人民生灵涂炭、国民经济严重倒退的情况可见，武装颠覆的灾难性后果不亚于国家间的战争，防止和制止这种现象是国防的一项重要职能。

4. 国防的手段

国防的手段是指为达到国防目的而采取的方法和措施。我国国防的手段包括军事活动以及与军事有关的政治、经济、外交、科技、教育等方面的活动。

军事手段。军事手段是国防的主要手段。现代国防的根本职能是捍卫国家利益，防备和抵御外来的各种形式和程度不同的侵犯；防备和平息内部和外部的敌对势力相互勾结所发动的武装暴乱。应对武装入侵和武装暴乱最根本和最有效的手段莫过于采取军事手段。这是因为：军事手段是最具有威慑作用的手段；军事手段是唯一能够有效对付武装侵略的手段；军事手段是解决国家之间矛盾冲突的最后手段。因此，军事手段理所当然地成为国防的主要手段。

政治手段。政治手段作为国防手段之一，指的是“与军事有关的”政治活动，而不是政治本身的全部含义。政治与国防关系密切，一方面，国防直接保卫的国家主权是政治的第一需要；国防直接保卫的国家领土，是政治的物质前提；国防直接保卫的国家安全利益与发展利益，是政治的根本追求；同时，国家政权、政治制度也要靠国防力量来捍卫。另一方面，政治对国防起着决定性的支配作用。这是因为：国家的政治需要，决定国防的根本性质和基本类型；国家的政治指导思想和路线，决定国防的方向、方针和原则；国家的政治制度，决定国防的根本体制；国家的政治素质，制约国防的客观效应。

经济手段。经济是国防的基础，社会经济制度决定国防活动的性质，社会经济状况决定国防建设的水平。国防经济活动是指为了国防而进行的生产、分配、交换消费及其管理的经济实践活动。现代条件下，无论是国防建设还是国防斗争，都要广泛采用经济手段，这些手段主要有国防经济活动、经济动员、经济战、经济制裁等，其目的是保持一定的军事实力与潜力，从而有效地保障国家安全。

外交手段。国防外交主要涉及国家与国家之间、军事集团与军事集团之间的军事政治关系、军队关系、军事战略关系、军事科技关系和军事经济关系等，是国家与国家之间为了国防目的而开展的外交活动，由于这种外交主要涉及军事领域，所以又称为军事外交。它既有通常意义上外交的一般特征，又具有区别于其他外交工作的特殊规律，是集外交与军事于一体的活动，它的范围很广，领域很多，活动的内容也十分丰富。主要有：军事双边往来、多边军事交往、非官方军事交往、军事科技交流和军工合作、军事结盟、军事援助、军事经济合作、边防管理等。国防外交涉及的各个方面的活动都不是孤立的，而是有机联系的。从事国防外交活动的主体也不单纯是武装力量，还包括国家机关与民间的一些组织。

除上述诸手段外，与军事有关的科技、教育等，也是国防的重要手段。

（二）国防的地位和作用

国防是国家独立自主的前提。没有一个强大的国防，就没有国防的主权独立、领土完整和国家的安全。近代中国之所以惨遭蹂躏，其根本原因就在于有国无防或防而不固。由此可见，国家的独立自主、民族的兴旺发达，离不开具有强大战斗力的国防军和后备力量，离不开强大的国防。国无防不立，民无防不安，自古以来，有国就有防。

二、现代国防的基本类型

国防的类型是由国家的社会制度和国家政策决定的。根据不同社会制度国家的国防政策及国防目标的不同，目前世界上的国防类型主要有扩张型、自卫型、联盟型和中立型四种。

（一）扩张型（如美国）

该类国家奉行霸权主义侵略扩张政策，为了维护本国在世界多个地区的利益，以国家安全和防务需要为幌子，将其疆域以外的国家和地区纳入本国的势力范围，对别国进行侵略、颠覆和渗透。例如美国，其推行霸权主义政策，在世界各地建立了 300 多个军事基地，把本国的国防延伸到其他国家和地区，为其全球战略服务，是典型的“扩张型”国防。

（二）自卫型（如中国）

该类国家以防止外敌侵略为目的，在国防建设上主要依靠本国力量，在对外关系上，实行和平共处，广泛争取国际同情和支持，以达到维护本国安全、周边地区和世界和平与稳定的目的。我国是社会主义国家，奉行独立自主的和平外交政策和防御性国防政策，始终不渝地走和平发展道路，坚持和平自主的防卫方针，公开向世界承诺：永远不称霸，不做超级大国，不首先使用核武器或以核武器相威胁，不对无核国家和地区使用核武器，不侵略别国。因此，中国的发展与强大不会对任何国家和民族构成威胁，只会促进世界和平、稳定与发展。

（三）联盟型（如欧盟）

该类国家为弥补自身力量的不足，以结盟的形式联合相关国家进行防卫。从联盟国之间的关系来看，联盟型国防可分为一元体联盟和多元体联盟两种。所谓一元体联盟，就是有一个大国处于盟主地位，其他国家从属于它。所谓多元体联盟，就是各国基本为伙伴关系，共同协商防卫大计，如欧盟。

（四）中立型（如瑞士）

中立型国防是指奉行和平中立的国防和外交政策，为保障本国的繁荣和安全，实行和平中立的国防政策，实施总体防御的战略和寓兵于民的防御体系。但中立并不等于放弃武力，有些奉行中立型国防政策的国家也拥有较强的国防实力，特别是较强的军事实力和较先进的武器装备，如瑞士。

第二节　中国国防史

在上下五千年的历史长河中，中国国防的历史极其悠久，先后经历了奴隶社会、封建社会、半殖民地半封建社会和社会主义社会四个不同的发展阶段，国防也经历了屈辱和荣耀、衰败与昌盛的交替。它记录了中华民族悲壮的过去，也记录了中华民族历经苦难过后的辉煌；既有成功的经验，也有失败的教训。这既是我们宝贵的国防遗产财富，也是我们进行国防教育的生动教材。我国的国防历史大致可分为三个阶段来表述，即古代国防、近代国防和新中国成立后的国防。

一、中国古代国防

中国古代国防始于公元前21世纪夏王朝的建立，止于1840年的鸦片战争，历经约4000年、20多个朝代的更迭，呈现出兴衰交替和曲折发展的历程。其主要成就是：建立和完善了兵制制度；边防、海防不断得到巩固，为中国最终成为多民族、大疆域的国家奠定了基础；发展了比较先进的军事技术；军事思想逐渐形成并出现了比较系统的军事理论体系。

（一）中国古代的兵制

兵制即我们常说的军事制度，也称军制。其是国家或政治集团组织、管理、维持、储备和发展军事力量的制度。我国古代的兵制建设主要包括军事领导体制、武装力量体制和兵役制度等内容。

在军事领导体制上，夏、商、西周时期，一般由国王亲自掌握和指挥，没有形成专门的军事领导机构。春秋末期，实现将相分权治国，以将（将军）为主组成军事指挥机构。

战国时期，将军开始独立统兵作战。秦国统一天下之后，设立了专门管理军事的机构，太尉为最高的军事行政长官。隋朝设立了三省六部制，设兵部专门主管军事。宋朝则设置枢密院作为军事领导的最高机构，主官由文官担任，主要目的是防止“权将”拥兵自重。枢密院有权调兵却无权指挥，将军有权指挥却无权调兵，形成枢密院和将军相互牵制的局面。各朝代在军事领导体制方面的做法虽各有千秋，但皇权至上，军队的最终调拨使用大权始终是掌握在皇帝手中的。

在武装力量体制上，秦朝之前，武装力量结构单一，一个国家通常只有一支国家的军队。从秦朝开始，国家的政治制度逐渐完善，生产力不断发展，因而各个朝代根据国家的状况和国防的需要，以及驻防地区和担负任务的具体情况，将军队区分为中央军、地方军和边防军三种，并对军队的编制体制、屯田戍边、兵役军赋、军队调动、军需补给、驿站通道、军械制造和配发等都做了具体的规定，并以法律的形式颁布执行，如唐代的《卫禁律》《军防令》等。

在兵役制度上，随着各个历史时期的政治、经济、人口状况和军事需要的发展而发生变化。奴隶社会时期，生产力低下，人口稀少，战争规模小，主要实行兵民合一的民军制度。封建社会时期，民军制度逐渐演变为与当时历史条件相适应的兵役制度，如秦汉时期的征兵制、三国两晋南北朝时期的世兵制、隋唐时期的府兵制、宋朝的募兵制、明朝的卫所兵役制等。

（二）中国古代国防工程及军事技术

中国古代的军事技术走在世界的前列，并对世界军事乃至世界经济的发展产生过深远的影响。公元 8 世纪，唐朝发明了火药并用于军事，引起了军事史上划时代的变革。中国历代王朝除根据当时情况加强武装力量建设外，还注意从国防工程建设、军事技术研发等多方面加强国防建设。

我国古代为抵御外敌的侵犯，巩固边海防，修筑了数量众多、规模庞大的国防工程，如城池、长城以及海防要塞等。这些国防工程建设中，城池的建设时间最早、数量最多。建筑最早始于商代，随后，城池建设规模不断扩大，结构日益完善，一直延续到近代。因此，在我国古代战争中，城池的攻守作战成为主要的样式之一。长城是城池建设的延伸和发展。春秋战国时期，长城的建筑已经开始，秦始皇统一六国之后，为了巩固国防，防御北方匈奴的南侵，于公元前 214 年开始将秦、赵、燕三国北部的长城连为一个整体，形成西起临洮（今甘肃岷县），北傍阴山，东至辽东的宏伟工程，后经各朝代多次修建连接，至明代形成了西起嘉峪关，东至山海关，全长 12700 余里的万里长城。中国海防建设是从明朝开始的。14 世纪，倭寇频繁袭扰我国沿海地区，明朝在沿海重要地段陆续修建了以卫城、新城为骨干，水陆寨、营堡、墩、台、烽堠等相结合的海防工程体系，对抗击倭寇的入侵起到了重要作用。

中国在世界上最早制成了“突火枪”，最早制成并在战斗中使用金属炸弹，最早应用于野战、攻城、守城、要塞、海防、战舰。最早制成各种多发和多级“火箭”，出现了世界上“第一个企图使用火箭作为运输工具的人”。同时，中国古代注重发展养马业。马是中国古代国防力量的重要因素，发展养马业，既有利于提高部队的战斗力、运输力，又有利于带动民间养马，促进经济发展。

二、中国近代国防

我国的近代国防是指自 1840 年鸦片战争开始到 1949 年新中国成立期间，也就是清朝后期和民国时期的国防。

19 世纪上半期，西方资本主义国家开始了对中国赤裸裸的侵略。在西方列强的侵略面前，腐朽的统治者消极防御，卖国求荣，结果是有国无防，大片国土被迫割让，百姓民不聊生。在此期间，外国侵略者还强迫腐败的清政府签订了多份不平等条约。列强的军事侵略、一个个强加在中国人民头上的不平等条约、一次次的割地赔款，使中国在政治、经济、文化上蒙受了巨大屈辱和损失。随后，日本帝国主义又发动了残酷的侵华战争，中华民族再一次遭受到了前所未有的灾难。在危亡时刻，中国共产党团结和领导全国人民一致抗战，取得了抗日战争的伟大胜利。抗战胜利后，蒋介石国民党又不顾人民对和平的期盼，悍然发动内战。在中国共产党的领导下，中国人民经过四年的浴血奋战，终于推翻了国民党的统治，建立了新中国。从此，中国结束了一百多年来有国无防的屈辱史，中国的国防建设揭开了新的篇章。

三、中华人民共和国成立后的国防

中华人民共和国成立后，积极加强国防建设。中华人民共和国国防建设大体经过了三个阶段。

第一阶段：外御侵略、内治创伤的恢复阶段（1949—1959 年）

这一时期国家处在外御帝国主义侵略、内治战争创伤和恢复经济的时期。国防建设主要完成了三个方面的任务：第一，解放了大陆和除台、澎、金、马之外的全部沿海岛屿，肃清了滞留在大陆的国民党反动派残余武装，平息了匪患，建立了边防和守备部队，加强了边海防的守卫。第二，取得了抗美援朝战争的胜利。第三，建立健全了统一的军事领导机构和军事制度：建立了全军的领导机关和各级军事领导机构，加强了对全国武装力量的领导；建立了一支初具规模的海军和各兵种部队，逐步开始从单一陆军向诸军兵种全面建设过渡；建立了 100 余所军事院校，为国防建设培养了大批现代化军事人才；统一了军队编制体制；建立了各项规章制度。

第二阶段：曲折发展阶段（1960—1978 年）

进入 20 世纪 60 年代后，我国的安全环境发生了重大改变，面临着严峻且复杂的国际形势。美国侵略越南、老挝，威胁中国安全；苏联在中苏边境集结重兵，多次对中国进行武装挑衅。面对复杂的国际形势，在老一辈无产阶级革命家和全军指战员的共同努力下，以战备为核心，我们的国防建设取得了显著的成绩。常规武器实现了国产化，国防尖端技术取得了突破性进展，军队一直坚持党的领导，保持了稳定，战备工作扎实有效。

第三阶段：全面发展阶段（1978 年 12 月至今）

随着国家安全环境的逐步好转，我国的国防建设进入了新的历史时期。党的第二代领导集体敏锐地把握住了国际国内形势的变化，实行了国防和军队建设指导思想的战略性转变。第三代领导集体抓住新军事革命的契机，确立了新时期的军事战略方针，实现“两个根本性转变”的思想，走科技强军之路，开创了国防建设的新局面，国防建设步入了快速发展的新轨道。当前，在以习近平同志为核心的党中央坚强领导下，我国国防和军队现代化事业又踏上了新的征程。

四、中国国防历史启示

虽然盛唐之前有两晋的糜烂，中唐以后有明清中前期的振作，但从整体上来看，我国古代国防事业的基本趋势是由弱到强，再从强盛走向衰落。从汉、唐、明、清等几个大的历史朝代来看，国防事业也都是由兴而盛，由盛及衰。其间固然不乏极盛之前的短暂衰落，衰败之后的一时复兴，但终其一朝由盛及衰的基本趋势是没有改变的。

我国4000多年的国防历史，从春秋战国到秦汉、盛唐，国防日趋发展，不断强盛以至于发展到鼎盛。其后期，即从中唐到两宋、晚清、民国，我国国防便日趋衰败，以至于一触即溃，不可收拾。有过声威远播、天下归附的辉煌，也有过遍体鳞伤、不堪回首的屈辱，更有过抗敌卫国，从蒙耻到雪耻、从屈辱走向尊严的艰辛历程。这其中，可以得到许多宝贵的启示。

（一）经济强盛是国防发展的基础

经济是国防的物质基础，强大的国防必须以强大的经济作为依托。我国古代凡是有作为的政治家、军事家，都有一个共识，认识到军队的胜利取决于“国富民强”，如果国家富足而又安定，民众不需动员，军队不必出征，就能威震天下。早在春秋时期，齐国的政治家管仲就提出“富国强兵”的思想，孙子则更直接地指出：兵不强则不可以摧敌，国不富不可以养兵，富国是强兵之本，强兵之急。秦以后的汉、唐、明、清各朝代，其前期国防的强盛，都是其休养生息、发展经济的结果；与此相反，以上各朝代的衰败，也都是由于其经济的衰落导致政治腐败和国防羸弱。无数历史史实证明，经济发展是国防强大的基础。

（二）政治开明是国防巩固的根本

政治是国防与诸多相关因素之间联系最为密切的首要因素，它决定着国防的性质和发展方向。纵观我国数千年的国防史，不难发现，凡是兴盛的时期和朝代，都十分注意修明政治，实行较为开明的治国之策。早在春秋战国时期，各诸侯国就开始注意加强以革除弊政和变法自新为主要内容的政治建设，以达到国家强盛的目的。原本是西陲小国的秦国，从商鞅变法开始，修政治，明法度，发展生产，繁荣经济，国防日渐强大，为吞并六国奠定了坚实的基础；大唐初建之时，满目疮痍，百废待兴，正是由于制定并实施了一系列开明的政治制度，使国家很快从隋末的战争废墟中恢复过来，成为国力昌盛、空前统一的大唐帝国。相反，我国古代历史上每一个王朝的衰落和灭亡，无不由它中后期的政治昏庸腐败所致。因为政治腐败导致国防虚弱，唐朝中期以后、两宋乃至晚清都是如此。到了近代，中国更是由于晚清政府、北洋军阀政府和民国政府的政治腐朽、国防虚弱而屡受列强的侵略、遭受了前所未有的奇耻大辱，将中国人民带进了苦难的深渊。几千年的中国国防史深刻地说明了国家的政治是否开明，制度是否进步，直接关系到国防能否巩固，良好的政治是固国强兵的根本。

（三）国家的统一和民族的团结是国防强大的关键

我国自古以来便是一个多民族的统一国家，民族团结和民族友好一直是我国国内民族关系发展的主旋律。翻开几千年的国防史，人们都会发现这样一个规律：凡是国家统一、民族团结的时期，国防就巩固、就强大；凡是国家分裂、民族矛盾尖锐的时期，国防就虚弱、就颓败。晚清时期，在西方列强的进攻面前，不仅不敢发动反侵略战争，不依靠、不支持人民群众进行战争，反而认为“患不在外而在内”“防民甚于防火”。在这种情况下，虽然有广大民众的浴血奋战，但终因缺乏统一指挥，不能形成一致对外的合力而无法使战争形势得以根本改观。抗日战争时期，中国共产党主张全国军民团结起来，建立广泛的民族统一战线，共同抵抗日寇侵略。同时，坚持人民战争的战略指导方针，放手发动群众，团结一切可以团结的力量共同抗击敌人。我党领导的八路军、新四军挺进敌后，开辟了广大的敌后抗日根据地，运用人民战争的战略战术，同全国人民一道有力地打击了日本侵略者，并最终取得了抗日战争的全面胜利。

纵观我国几千年的国防史，我们不难发现，当统治阶级处于上升时期，政治开明，经济繁荣，军事强大，民族团结，国家统一的时候，国防就强盛；当统治阶级走下坡路，政治腐败，经济衰落，军事孱弱，民族分裂，国内混乱时，国防就削弱。历史证明，国家的统一、民族的团结、全国军民一致共同抵抗侵略的精神和意志，才是国防真正的钢铁长城。

第三节　国防法规

国防法规是指国家为了加强防务，尤其是加强武装力量建设，用法律形式确定并以国家强制手段保证其实施的行为规则的总称，是调整国防和武装力量建设领域各种社会关系的法律规范的总和。国防法规是国家法律体系的重要组成部分，是国防建设和国防斗争的重要保障，对人们在国防领域的行为规范起着重要的引导作用。在中国特色社会主义建设的新形势下，在依法治国的大环境中，国防法规对于加强国防和军队信息化建设，做好新时期军事斗争准备，将发挥越来越重要的作用。

一、国防法规的特征

国防法规是国家法律的组成部分，是由国家制定或认可，并由国家强制力保证其实施的行为规范，它具有法律的一般特性，即鲜明的阶级性、高度的权威性、严格的强制性、普遍的适用性和相对的稳定性。同时，国防法规还有着区别于其他法规的特殊性。

（一）调整对象的军事性

国防法规是专门用来调整国防和武装力量建设领域的各种社会关系的。这些带有军事性的社会关系是国防法规特有的调整对象，这是国防法规特征的一个基本表现。

调整对象的军事性，是指国防和武装力量建设领域的社会关系是军事性的，但这些社会关系不仅包括武装力量内部的社会关系，还包括武装力量与外部的社会关系。国防不是军防，是国家行为，是整个国家的事，是全民族的事，无论是行政、经济、科技、文化、教育等部门，还是社会各阶层人士都与国防有着密切的关系。因此，调整对象的军事性绝不意味着国防法规只管军队，不管地方。一切社会团体和个人都必须按照国防法规的要求，履行自己的国防义务。

（二）公开程度的有限性

公开性是法律固有的特性，因为法律只有公开才能使人们普遍了解和遵守。但国防法规有些不同，公开程度是有限的。大部分国防法规，特别是一些基本的、主要的国防法规是公开的，如《中华人民共和国国防法》《中华人民共和国兵役法》《中华人民共和国军事设施保护法》等。但有一少部分国防法规，如在作战、训练、军队编制和国防科研等方面的法规具有保密性而不予公开，以免国家利益受到损害。

（三）司法适用的优先性

在解决与国防利益、军事利益有关的法律问题时，如果国防法规和其他法规都有相关的规定，这时要以国防法规的规定作为司法依据，以国防法规作为评判是非的标准和采取行动的准则，其他法规要服从国防法规。同时要注意，优先适用不是指的先后顺序，而是一种有排他性的单项选择，即在解决与国防利益、军事利益有关的法律问题时，必须以国防法规为准绳。

（四）处罚措施的严厉性

国防法规对危害国防利益的犯罪，规定了比较严厉的处罚措施。如《刑法》规定，一般抢劫罪通常处三年以上十年以下有期徒刑；而冒充军警人员抢劫的，抢劫军用物资的，处十年以上有期徒刑、无期徒刑或者死刑。

二、我国的国防法规体系

我国的国防法规体系完备，内容丰富，按调整领域可以划分为 14 个门类：国防基本法类，国防组织法类，兵役法类，军事管理法类，军事刑法类，国防经济法类，国防科技工业法类，国防动员法类，军人权益保护法类，军事设施保护法类，特区驻军法类，紧急状态法类，战争法类，对外军事法类。现概要介绍几部重要的国防法律法规。

（一）《中华人民共和国国防法》

《中华人民共和国国防法》（以下简称《国防法》）是根据《宪法》制定的一部综合性的调整和规范国防与武装力量建设的基本法律，是用来调整和指导国防领域中各种社会关系的基本法律规范，它在国防法规体系中占有统帅地位并起着核心作用，是其他军事立法的基本法律依据。《国防法》的颁布实施，是我国国防史上一件具有划时代意义的大事，也是国防和军事法制建设的一个重要里程碑。《国防法》共 12 章 70 条，基本内容包括：总则，国家机构的国防职权，武装力量，边防、海防和空防，国防科研生产和军事订货，国防经费和国防资产，国防教育，国防动员和战争状态，公民、组织的国防义务和权利，军人的义务和权益，对外军事关系，附则。

其主要内容如下：一是规范了国家防务建设的基本方针和基本原则，如抵御外敌入侵，防止颠覆，维护国家安全，捍卫国家主权，保证国家领土、领海、领空不受侵犯，坚持全民自卫，坚持国防建设与经济建设协调发展及独立自主处理国防事务等原则；二是规范国防建设的基本制度，如兵役、军事人事、军事经济、国防科技、国防动员、国防协调会议、国防教育等若干基本制度；三是规定了党对武装力量和国防活动的领导及国家机构的国防职权等；四是规范了公民、国家机关、社会组织的国防义务和权利，如依法征兵，保证兵员质量，公民依法服兵役，自觉接受国防教育，相关企事业单位要保质保量地完成国防科研生产、接受国家军事订货等。

（二）《中华人民共和国兵役法》

《中华人民共和国兵役法》（以下简称《兵役法》）共 12 章 74 条，基本内容包括：总则，平时征集，士兵的现役和预备役，军官的现役和预备役，军队院校从青年学生中招收的学员、民兵、预备役人员的军事训练，普通高等学校和普通高中学生的军事训练，战时兵员动员，现役军人的待遇和退出现役的安置，法律责任，附则。根据兵役法，公民履行兵役义务的形式是多样的，参军服现役、服预备役参加民兵组织、高等院校和高中学生参加军事训练等，都是履行兵役义务。

（三）《中华人民共和国军事设施保护法》

《中华人民共和国军事设施保护法》（以下简称《军事设施保护法》）共8章53条。内容包括：总则，军事禁区、军事管理区的划定，军事禁区的保护，军事管理区的保护，未划入军事禁区、管理区的军事设施的保护，管理职责、法律责任以及附则等。

（四）《反分裂国家法》

《反分裂国家法》于2005年3月14日由第十届全国人民代表大会第三次会议表决通过。同日，国家主席胡锦涛发布命令，宣布该法从即日起正式实施。该法共10条，旨在反对和遏制“台独”分裂势力分裂国家，促进国家和平统一，维护台湾海峡地区和平稳定，维护国家主权和领土完整，维护中华民族的根本利益，具有重大而深远的意义。制定《反分裂国家法》，体现了党和国家以最大的诚意，尽最大的努力争取实现和平统一的一贯立场，表明了全中国人民捍卫国家主权和领土完整，绝不允许“台独”分裂势力以任何名义、任何方式把台湾从中国分裂出去的共同意志和坚定决心。它有利于团结包括台湾同胞在内的全中国人民共同推动祖国的和平统一大业，有利于遏制“台独”分裂势力的分裂活动，有利于维护台湾海峡地区乃至亚太地区的和平稳定。

（五）其他法规

除以上法律法规外，中华人民共和国立法机关、军事机关、行政机关，还先后制定了一系列国防和军事法规，如全国人大常委会颁布了《中国人民解放军军衔条例》《中国人民解放军军官服役条例》《民兵工作条例》等20多部法律法规；国务院和中央军委联合颁发了《征兵工作条例》《退伍义务兵安置条例》等40多部单行法规；中央军委制定颁布了《纪律条令》《内务条令》《队列条令》等共同条令；各总部、各军兵种也相应制定和颁发了有关条令条例。总之，经过几十年的发展，我国的国防法制化建设已取得了巨大的成绩，初步形成了有中国特色的国防法律体系。这对我国国防的巩固，军队的革命化、现代化、正规化建设都起到了巨大的作用。

三、公民的国防权利与义务

公民的国防权利和义务，是我国公民的基本权利和义务的重要内容。我国宪法和各种国防法规都对公民的有关国防权利和义务做出了明确规定。公民的国防权利与义务具有广泛性、现实性、公平性、一致性的特征。正确地行使有关国防权利，自觉地履行国防义务是每一个公民应当具备的品德和责任。

（一）公民的国防权利

公民的国防权利，是指由国家宪法、法律赋予公民在国防活动中的权利或权益。需要指出的是，义务与权利是一致的，公民的国防义务，同时也是公民的国防权利。除此之外，公民还有以下3种相对独立的国防权利：①国防建设的建议权和对危害国防行为的制止和检举权；②国防活动中经济损失补偿的权利；③军人的优待、抚恤权和退役后的安置权。

（二）公民的国防义务

公民的国防义务，是指宪法和法律法规规定的公民在国防活动中对国家必须履行的某种责任，这种责任根据国家和人民的根本利益确定，并由国家运用法律的强制力来保证它的实现，它要求负有国防义务的公民，在国防活动中必须依法做出或不做出某种行为。公民的国防义务主要包括履行兵役的义务、接受国防教育的义务、保护国防设施的义务、保守国防秘密的义务、协助国防活动的义务。

延伸阅读

最新大学生参军入伍政策

一、征集对象

对象：高校在校生——全日制公办或民办高校正在就读的学生。高校应届毕业生——全日制公办或民办高校应届毕业生。男生身高不低于160厘米，女生身高不低于158厘米，右眼裸视不低于4.6，左眼裸视不低于4.5。

年龄要求：男生为年满17至24周岁，女生为年满17至22周岁（截至当年7月31日）。

二、具体政策

1. 入伍前的“优先征集”政策

征兵时，各级兵役机关将为各级各类高校征集对象提供“绿色通道”：实行优先报名应征、优先体检政审、优先审批定兵，简化办事程序。报名由县级兵役机关直接办理。征兵体检前5天，县级兵役机关要逐一通知预征对象体检时间、地点、注意事项等；优先批准体检政审合格的应届毕业生入伍。

2. 服役期间的有关就学政策

（1）妥善安排学业：在校大学生入伍前，学校应安排他们参加所学课程的考试，也可以根据平时的学习情况，对所学课程免试，直接确定成绩和学分，并保留学籍至退役后一年内。对已经修完规定课程或已修满规定学分，符合毕业条件的，学校可准予毕业，发给其毕业证书。在校大学生入伍后，有条件的可以参加原学校组织的函授或自学专业课程，经部队团级单位批准可以参加学校组织的考试。

（2）适当减免学费：在校大学生被批准入伍后，已交学杂费的剩余部分，根据本人自愿，由学校退还本人，或由学校负责管理。退出现役后复学，其家庭经济困难的，由学校酌情减免学费；入伍前享受优秀学生奖学金的，复学后提高一个奖学金等级（不含一等奖学金）；对荣立一次三等功奖励的，复学后按不低于50%的标准减免学费；荣立两次三等功或荣立二等功、被授予荣誉称号的，复学后免交全部学费。

（3）退役后的复学：对原就读学校撤销的，由省（自治区、直辖市）教育行政部门安排转入同等学历相关专业的高等学校复学；原所学专业撤销的，由学校安排转入其他专业复学；个别学习有困难的，可以申请延长学习时间；对专科升本科、本科报考研究生的，在同等条件下应优先录取。在部队荣立三等功以上奖励的，原是本科生的可申请转到本校其他专业学习，原是专科生的可以免试进入本校同专业或相近专业的本科。

3. 入伍后的培养问题

兵役机关在确定在校大学生入伍的去向时，要尽可能将他们安排到要求文化程度高、专业复杂、技术性强的部队服役，发挥他们的优势和专长，满足部队建设需要。对表现优秀的大学生士兵，在学技术、选取士官、报考军校、直接提升军官等方面优先安排。对退伍后复学的大学生，如本人自愿，且符合相关条件，毕业后直接接收补充军队干部队伍。取得全日制高校本科学历和学士学位的大学生入伍，当兵两年后经考核可直接提干成为军官。

4. 服役期间优抚安置和有关工资补助问题

对批准入伍的大学生，由地方政府每年发放一定数额的优抚金（以太原为例，每年优抚金4万元，同时到西藏、新疆等边远艰苦地区的兵员优抚金为其他地区兵员的1.5倍），学费补偿本科生每年不超过8000元，研究生不超过1.2万元。义务兵服役期间，第一年每月发给850元以上的义务津贴费，第二年每月发给950元义务津贴费，伙食费每月540元以上。义务兵服役满两年后，如果部队需要和本人自愿，可由义务兵转为士官。士官实行工资制，下士月薪为4300元，中士月薪5100元，上士月薪6800元，四级军士长月薪7800元，三级军士长月薪8400元，二级军士长月薪8900元，一级军士长月薪9300元。其家属享受军属待遇，并由其入学前户口所在地人民政府按照本省（自治区、直辖市）有关义务兵家属优待的规定给予优待。退出现役后，享受国家一次性就业补助金9000元。国家实行以扶持就业为主，自主就业、安排工作、退休、供养等多种方式相结合的安置制度。

5. “退役大学生”专项硕士研究生招生计划

每年国家安排一定数量的退役大学生专项研究生招生计划，专门面向退役大学生士兵招生。专项计划规模控制在5000人之内，在全国研究生招生总规模内单列下达，不得挪用。此外，应届毕业生参军退役后三年内考研，初试成绩加10分，同等条件下优先录取；在部队荣立二等功以上的，可免试攻读硕士研究生。

6. 奖惩规定

省征兵领导小组会议研究决定：为鼓励高等院校应届毕业生应征入伍，征集入伍的具有大专以上学历的义务兵退役后报考公务员，其2年服役期作为基层工作经历；大学生士兵退役一年内就业，可视为当年应届毕业生。同时，为维护兵役法规的严肃性，在对违反兵役法规行为，严格按照《兵役法》和《征兵工作条例》进行处理的基础上，对应征公民到部队因拒服兵役导致退兵的，应征公民在接受经济处罚的同时，不得录用为国家公务员、是预备党员的取消预备党员资格，是党员的开除党籍；两年内不得录用为国有企事业单位职工，不得办理工商营业执照，不得出国、出境或者升学。

第四节　国防建设

国防建设是国家建设的重要组成部分，是为国家安全利益需要，提高国防能力而进行的各方面的建设。我国的国防建设，坚持以毛泽东军事思想、邓小平新时期军队建设思想、江泽民国防和军队建设思想、胡锦涛关于国防和军队建设的重要论述及习近平强军思想为指导，以国防政策和军事战略为依据，坚持中国共产党的领导，坚持以现代化建设为中心，坚持同国家建设协调发展，坚持全体军民共建国防的原则，从中国的国情出发，建设强大的现代化国防。

国防建设的内容主要包括：武装力量建设，边防、海防、空防、人防及战场建设，国防科技与工业建设，国防法制建设，国防动员建设，国防教育建设，以及与国防相关的铁路、公路、水运、民航、邮电、能源、水利、造林、气象、卫生、航天等方面的建设，重点是武装力量建设。中华人民共和国成立后，经过七十年的艰苦努力，我国国防建设取得了举世瞩目的成就。

一、国防体制

国家对国防和军队的领导是构成国家军事实力的重要因素，健全的领导体制可使有限的国防资源发挥出最大的效能。

（一）国防领导体制

国防领导体制是国家谋划、决策、指挥、协调国防建设和军事斗争的组织体系及相应制度。包括国防领导机构的设置、职权划分、相互关系及相关制度等。国防领导体制对发挥综合国力、实现国防目的具有至关重要的作用，是国家政权组织形式和机构的重要组成部分，一般设有最高统帅、最高国防决策机构、国家行政机关中管理国防事务的部门、武装力量领导指挥系统。根据《中华人民共和国宪法》和《中华人民共和国国防法》的规定，中华人民共和国的国防领导权由中共中央、全国人民代表大会及其常务委员会、国家主席、国务院、中央军委来行使。

国家对国防的领导，核心是在党的领导下制定正确的领导方针，全面领导国家武装力量和国防建设事业。这种领导具有战略性、全面性和长远性等显著特点，在国家政权特别是在国防建设事业和武装力量建设中处于十分重要的地位。历史证明，能否驾驭风云变幻、错综复杂的国际形势，能否组织现实的及潜在的军力、经济力和政治力，以对付危及国家安全的事件，领导军队和人民赢得反侵略战争的胜利，是检验国防领导能力的根本标志。

（二）中国国防领导的特征及组织形式

国防建设事业的领导和管理，涉及国家整体力量的正确运用和作用的发挥，直接关系到国家安全与发展。所以，党和国家对国防的领导是国家的重要职能，是国家政权机构行使最高国家权力的一种表现。正是由于国家对国防领导的这种职能，决定国防领导在组织上具有最高层次性，在意志上具有最高权威性，在内容上具有极大的广泛性，在活动方式上具有严密的整体性等特点。

党和国家对国防的领导是通过一定的组织机构来实现的。这种组织形式，是历史发展的产物，是随着战争、国防的发展变化不断完善的。同时，一个国家的最高国防领导组织形式，同本国的社会制度、历史传统、国体和政体密切相关。因此，世界各国最高国防领导的组织形式，既有共同点，又不尽相同。中国最高国防领导的组织形式，体现了国体、政体和传统的一致性。它的一个基本特征，就是党在国防领导中的决定性地位和作用。我国最高国防领导体制的组织形式，既体现了党对武装力量和国防建设事业的领导，又有利于国家机构领导全国武装力量，领导和管理国防建设事业。

（三）国防建设事业领导体制

党和国家对国防事业的领导和管理是最高国防领导的又一基本内容。我国《宪法》规定："国务院领导和管理国防建设事业"，这体现了国家机器作为管理机构在国防建设事业上的基本职能。加强对国防建设事业的领导和管理，二者是紧密联系、相辅相成的。只有这样，才能从总体上巩固和加强国防。

国防建设事业是国家总体建设中的一个重要组成部分，它本身具有的许多特点要求按照其发展规律实施强有力的领导和管理。国防建设主要包括：武装力量建设、兵役制度、国防动员、国防经济、国防科技、国防教育、战场准备、民防以及战备交通、电信等方面的建设，不仅门类繁多、涉及面广，而且互相交叉、渗透、制约、促进。国防建设事业作为国家总体建设中的组成部分，不能孤立存在和发展，如何按照国防建设发展的规律和现代国防、现代战争的要求，加强统一领导和管理，是许多国家都在努力解决的重大课题。

由于各国政治体制以及与之相适应的最高国防领导机构设置、职能区分、权限规定不尽一致，因此，国家对国防建设事业领导管理的方法和手段也有所区别，但基本职能是相近的。在宏观决策和指导上，一般包括：确定国防建设的发展目标，制定国防建设整体规划和建设的方针、原则和政策；结合国家经济和社会发展规划，制订国防建设计划；确定国家人力、财力和物力在国防中的分配原则和比例；制定国家社会生活由平时状态转入战时状态的预案；健全与完善国防建设事业领导的各级组织机构，制定和完善有关军事法规；协调涉及国防建设的各部门、各地区的关系，保证国防建设的顺利进行。在具体业务方面，通常主要包括：根据国防建设和经济建设的关系，确定国防经济发展的战略目标、总体规划和国防费用在国家财政支出中的恰当比例；确定国防经济发展的途径、方针和原则；合理安排部署发展国防经济主要是国防工业的大中型骨干基建项目；调整国防经济的产业结构，促进其协调健康发展。

（四）中华人民共和国现行的国防领导体制

《中华人民共和国宪法》规定："中华人民共和国的武装力量受中国共产党的领导。"宪法和国防法还分别规定了全国人民代表大会及其常务委员会、中华人民共和国主席、中华人民共和国国务院、中华人民共和国中央军事委员会在国防方面的职权。根据宪法和国防法的规定，中华人民共和国的国防领导职权由中共中央、全国人大及其常务委员会、国家主席、国务院、中央军委行使。

1. 中共中央在国防方面的领导职权

中国共产党是我国社会主义事业的领导核心，《中华人民共和国宪法》和《中华人民共和国国防法》都规定了中共中央在包括国防事务在内的国家生活中发挥着决定性的领导作用。有关国防、战争和军队建设的重大问题，都是由中共中央、中央政治局及其常务委员会、中央军委做出决策并通过必要的法定程序，作为党和国家的统一决策贯彻执行。《中国人民解放军政治工作条令》规定："中国人民解放军必须置于中国共产党的绝对领导下，其最高领导权和指挥权属于中国共产党中央委员会和中央军事委员会。"

2. 全国人民代表大会及其常务委员会的国防职权

中华人民共和国全国人民代表大会是最高国家权力机关，它在国防方面的主要职权有：决定战争与和平的问题；制定有关国防方面的基本法律；选举中央军事委员会主席，根据中央军事委员会的提名，决定中央军事委员会的其他成员，并有权罢免以上人员；审查和批准包括国防经费预算在内的国家预算和预算执行情况的报告；改变或撤销全国人民代表大会常务委员会在国防方面不适当的决定，应当由全国人民代表大会行使的国防方面的其他职权。

作为全国人民代表大会的常设机构，全国人民代表大会常务委员会在国防方面的主要职权有：在全国人民代表大会闭会期间，如果遇到国家遭受武装侵犯或者必须履行国际间共同防止侵略条约的情况，决定战争状态的宣布；决定全国总动员或局部总动员；制定国防方面的法律；在全国人民代表大会闭会期间，审查和批准包括国防建设计划在内的国民经济和社会发展计划，包括国防经费预算在内的国家预算在执行过程中所必须做的部分调整方案；监督中央军事委员会的工作；在全国人民代表大会闭会期间，根据中央军事委员会的提名，决定中央军事委员会其他组成人员的人选；根据最高人民法院院长和最高人民检察院检察长的提请，任免军事法院院长和军事检察院检察长；决定同外国缔结的有关国防方面的条约和重要协定的批准和废除；规定军人的衔级制度；规定和决定授予在国防方面国家的勋章和荣誉称号；全国人民代表大会授予的国防方面的其他职权。

3. 国家主席在国防方面的职权

国家主席在国防方面的主要职权有：根据全国人民代表大会的决定，宣布战争状态；根据全国人民代表大会的决定和全国人民代表大会常务委员会的决定，发布动员令；公布全国人民代表大会及其常务委员会制定的有关国防方面的法律；根据全国人民代表大会常务委员会的决定，授予在国防方面国家的勋章和荣誉称号，根据全国人民代表大会常务委员会的决定，批准和废除同外国缔结的有关国防方面的条约和重要协定。

4. 国务院在国防方面的职权

中华人民共和国国务院是最高国家权力机关的执行机关，是最高国家行政机关。它在国防方面的职权是领导和管理国防建设事业，包括：编制国防建设发展规划和计划制定国防方面的方针、政策和行政法规；领导和管理国防科研生产；管理国防经费和国防资产；领导和管理国民经济动员工作及武装动员、人民防空、国防交通等方面的有关工作；与中央军事委员会共同领导中国人民武装警察部队、民兵的建设和征兵、预备役工作以及边防、海防、空防的管理工作；法律规定的与国防建设事业有关的其他职权。

5. 中央军事委员会在国防方面的职权

中华人民共和国中央军事委员会是最高国家军事机关，负责领导全国武装力量。其职权主要包括：统一指挥全国武装力量；决定军事战略和武装力量的作战方针；领导和管理中国人民解放军的建设，制定规划、计划并组织实施；向全国人民代表大会或者全国人民代表大会常务委员会提出议案；根据宪法和法律，制定军事法规，发布决定和命令；决定中国人民解放军的体制和编制，规定总部以及军区、军兵种和其他军级单位的任务和职责；依照法律、军事法规的规定，任免、培训、考核和奖惩武装力量成员；批准武装力量的武器装备体制和武器装备发展规划、计划，协同国务院领导和管理国防科技生产；会同国务院管理国防经费和国防资产；法律规定的其他职权。

为了加强国防领导的协调，国务院和中央军事委员会还建立了协调会议的制度。国防法规定，国务院和中央军事委员会可以根据情况召开协调会议，解决国防事务的有关问题。会议议定的事项，由国务院和中央军事委员会在各自的职权范围内组织实施。国家还建立了国防动员委员会，它是国务院、中央军委领导下主管全国国防动员工作的议事协调机构。国防动员委员会下设国家人民武装动员、国家经济动员、国家人民防空、国家交通战备四个办公室。

中国现行国防体制是根据 1982 年通过的宪法确立起来的。在对宪法进行修改的过程中，邓小平提出，应该设立国家的中央军委，军队在国家体制中的地位应当有所规定。设立国家的中央军事委员会绝不是取消或削弱党对军队的领导。党的中央军委和国家的中央军委实际上是一个机构，组成人员和对军队的领导职能完全一致，只是在党内和国家机构内同时有两个地位，而这在国家体制上是完全必要的。中国国防领导体制的突出特点，就是国防领导权集中在中共中央，国防建设和国防斗争的大政方针由中共中央制定，武装力量的最高领导权属于中共中央。中国国防建设取得的巨大成就和国防斗争取得的伟大胜利，充分说明了这是适合中国国情、体现中国特色和优势的国防领导体制。

二、国防军事战略

国防军事战略是筹划和指导军事力量建设和运用的总方略，服从服务于国家战略目标。站在新的历史起点上，中国军队适应国家安全环境新变化，紧紧围绕实现党在新形势下的强军目标，贯彻积极防御战略方针，加快推进国防和军队现代化，坚决维护国家主权、安全、发展利益，为实现“两个一百年”奋斗目标和中华民族伟大复兴的中国梦提供坚强保障。

在中国革命战争和新中国成立后巩固国防的长期斗争实践中，积极防御的战略方针始终贯穿着自卫战争、后发制人；对待强敌，持久作战；依靠人民战争，以劣势装备战胜优势装备之敌；立足于复杂困难情况下作战等重要思想。在新形势下，我国的社会制度和基本政策以及军事斗争的现实需要决定我们仍然坚持积极防御的国防战略。根据和平时期的特点，进一步发展和丰富积极防御战略，实行遏制战争与打赢战争的辩证统一，着重准备对付可能发生的局部战争和突发事件，以国家利益为最高准则处理军事战略问题，是新时期我国国防战略的基本目标和基本任务。中国国防战略的基本出发点，是国家的根本利益。对于新中国来说，国家的根本利益就在于国家的主权、安全和领土完整，就在于实现建设一个富强、民主、文明的社会主义国家的发展目标。新中国的国家大战略就是国家的这一根本利益在一定历史条件下的集中体现。

(一) 中国军队战略任务

中国梦是强国梦，对军队来说就是强军梦。强军才能卫国，强国必须强军。中国的国家战略目标，就是实现在建党一百年时全面建成小康社会、在建国一百年时建成富强民主文明和谐的社会主义现代化国家，实现中华民族伟大复兴的中国梦。实现国家战略目标，对创新发展军事战略、有效履行军队使命任务提出了新的需求。要适应维护国家安全和发展利益的新要求，更加注重运用军事力量和手段营造有利战略态势，为实现和平发展提供坚强有力的安全保障；适应国家安全形势发展的新要求，不断创新战略指导和作战思想，确保能打仗、打胜仗。

新的历史时期，中国军队以党在新形势下的强军目标为总纲，毫不动摇坚持党对军队绝对领导，始终把战斗力作为唯一的根本的标准，大力弘扬光荣传统和优良作风，建设一支听党指挥、能打胜仗、作风优良的人民军队。适应世界新军事革命的新要求，高度关注应对新型安全领域的挑战，努力掌握军事竞争战略主动权；适应国家战略利益发展的新要求，积极参与地区和国际安全合作，有效维护海外利益安全；适应国家全面深化改革的新要求，坚持走军民融合式发展道路，积极支援国家经济社会建设，坚决维护社会大局稳定，使军队始终成为党巩固执政地位的中坚力量和建设中国特色社会主义的可靠力量。

中国军队战略任务主要有：应对各种突发事件和军事威胁，有效维护国家领土、领空、领海主权和安全；坚决捍卫祖国统一；维护新型领域安全和利益；维护海外利益安全；保持战略威慑，组织核反击行动；参加地区和国际安全合作，维护地区和世界和平；加强反渗透、反分裂、反恐怖斗争，维护国家政治安全和社会稳定；担负抢险救灾、维护权益、安保警戒和支援国家经济社会建设等任务。

（二）积极防御战略思想

积极防御战略思想是中国共产党军事战略思想的基本点。中国的社会主义性质和国家根本利益，以及走和平发展道路的客观要求，决定了中国必须毫不动摇地坚持积极防御战略思想，同时不断丰富和发展这一思想的内涵。

在长期革命战争实践中，人民军队形成了一整套积极防御战略思想，坚持战略上防御与战役战斗上进攻的统一，坚持防御、自卫、后发制人的原则，坚持“人不犯我，我不犯人；人若犯我，我必犯人”。新中国成立后，中央军委确立积极防御军事战略方针，并根据国家安全形势发展变化，对积极防御军事战略方针的内容进行了多次调整。2004 年，充实完善新时期军事战略方针，把军事斗争准备基点进一步调整为打赢信息化条件下的局部战争。

实行新形势下积极防御军事战略方针，调整军事斗争准备基点，创新基本作战思想，优化战略布局。根据战争形态演变和国家安全形势，将军事斗争准备基点放在打赢信息化局部战争上，突出海上军事斗争和军事斗争准备，有效控制重大危机，妥善应对连锁反应，坚决捍卫国家领土主权、统一和安全。根据各个方向安全威胁和军队能力建设实际，坚持灵活机动、自主作战的原则，你打你的、我打我的，运用诸军兵种一体化作战力量，实施信息主导、精打要害、联合制胜的体系作战。根据中国地缘战略环境、面临安全威胁和军队战略任务，构建全局统筹、分区负责，相互策应、互为一体的战略部署和军事部署；应对太空、网络空间等新型安全领域威胁，维护共同安全；加强海外利益攸关区国际安全合作，维护海外利益安全。

实行新形势下积极防御军事战略方针，坚持以下原则：服从服务于国家战略目标，贯彻总体国家安全观，加强军事斗争准备，预防危机、遏制战争、打赢战争；营造有利于国家和平发展的战略态势，坚持防御性国防政策，坚持政治、军事、经济、外交等领域斗争密切配合，积极应对国家可能面临的综合安全威胁；保持维权维稳平衡，统筹维权和维稳两个大局，维护国家领土主权和海洋权益，维护周边安全稳定；努力争取军事斗争战略主动，积极运筹谋划各方向各领域军事斗争，抓住机遇加快推进军队建设、改革和发展；运用灵活机动的战略战术，发挥联合作战整体效能，集中优势力量，综合运用战法手段；立足应对最复杂最困难情况，坚持底线思维，扎实做好各项准备工作。充分发挥人民军队特有的政治优势，发挥人民战争的整体威力，坚持把人民战争作为克敌制胜的重要法宝，拓展人民战争的内容和方式方法，推动战争动员以人力动员为主向以科技动员为主转变；积极拓展军事安全合作空间，深化与大国、周边、发展中国家的军事关系，促进建立地区安全和合作架构。

（三）武装力量建设发展

中国人民解放军共有五大战区，组建战区联合作战指挥机构，是党中央和中央军委着眼实现中国梦、强军梦作出的战略决策。五大战区，指的是东部战区、南部战区、西部战区、北部战区、中部战区，归中共中央军委建制领导。2016 年 2 月 1 日，中国人民解放军五大战区成立大会在北京举行，主席习近平向五大战区授予军旗并发布训令。

五大战区管辖的省份及指挥的武装力量如下。

东部战区：战区范围包括江苏、浙江、安徽、福建、江西五省和上海市。领导和指挥战区内的 3 个陆军集团军、东海舰队、空军、火箭军、武警及其他武装力量。司令部驻南京。

南部战区：战区范围包括湖南、广东、广西、海南、云南、贵州六省以及我国香港、我国澳门两个地区。领导和指挥战区内的 3 个陆军集团军、南海舰队、空军、火箭军、武警及其他武装力量。司令部驻广州。

西部战区：战区范围包括四川、陕西、青海、甘肃四省，西藏、宁夏、新疆三个自治区和重庆市。领导和指挥战区内的 3 个陆军集团军、空军、火箭军、武警及其他武装力量。司令部驻成都。

北部战区：战区范围包括辽宁、吉林、黑龙江三省和内蒙古自治区。领导和指挥战区内的 4 个陆军集团军、空军、火箭军、武警及其他武装力量。司令部驻沈阳。

中部战区：战区范围包括河北、山西、山东、河南、湖北五省和北京、天津两个直辖市。领导和指挥战区内的 5 个陆军集团军、北海舰队、空军、火箭军、武警及其他武装力量。司令部驻北京。

中国人民解放军共有陆军、海军、空军、火箭军以及武警部队五大军种。

陆军按照机动作战、立体攻防的战略要求，实现区域防卫型向全域机动型转变，加快小型化、多能化、模块化发展步伐，适应不同地区不同任务需要，组织作战力量分类建设，构建适应联合作战要求的作战力量体系，提高精确作战、立体作战、全域作战、多能作战、持续作战能力。

海军按照近海防御、远海护卫的战略要求，逐步实现近海防御型向近海防御与远海护卫型结合转变，构建合成、多能、高效的海上作战力量体系，提高战略威慑与反击、海上机动作战、海上联合作战、综合防御作战和综合保障能力。

空军按照空天一体、攻防兼备的战略要求，实现国土防空型向攻防兼备型转变，构建适应信息化作战需要的空天防御力量体系，提高战略预警、空中打击、防空反导、信息对抗、空降作战、战略投送和综合保障能力。

火箭军按照精干有效、核常兼备的战略要求，加快推进信息化转型，依靠科技进步推动武器装备自主创新，增强导弹武器的安全性、可靠性、有效性，完善核常兼备的力量体系，提高战略威慑与核反击和中远程精确打击能力。

武警部队按照多能一体、有效维稳的战略要求，发展执勤安保、处突维稳、反恐突击、抢险救援、应急保障、空中支援力量，完善以执勤处突和反恐维稳为主体的力量体系，提高以信息化条件下执勤处突能力为核心的完成多样化任务能力。

（四）军事斗争准备

军事斗争准备是军队的基本实践活动，是维护和平、遏制危机、打赢战争的重要保证。拓展和深化军事斗争准备，必须按照能打仗、打胜仗的要求，坚持以解决重点难点问题为导向，真抓实备、常备不懈，全面提高军队威慑和实战能力。

中国地缘战略环境复杂，各战略方向、各安全领域都存在不同威胁和挑战，必须统筹全局、突出重点，促进军事斗争准备全面协调发展，保持战略全局平衡和稳定。统筹传统安全领域和新型安全领域军事斗争准备，做好维护国家主权和安全、维护国家海洋权益、应对武装冲突和突发事件准备。保持常备不懈的战备状态，全面提高日常战备水平，保持高度戒备态势，周密组织边海空防战备巡逻和执勤。陆军部队构建各战略方向衔接、多兵种联合、作战保障配套的战备力量体系布局，保持迅即能动和有效应对的良好状态。海军部队组织和实施常态化战备巡逻，在相关海域保持军事存在。空军部队坚持平战一体、全域反应、全疆到达的原则，保持灵敏高效的战备状态。火箭军平时保持适度戒备状态，按照平战结合、常备不懈、随时能战的原则，构建要素集成功能完备、灵敏高效的作战值班体系。

提高军事训练实战化水平，坚持把实战化军事训练摆在战略位置，从实战需要出发从难从严训练部队，严格按纲施训，加强战法训法创新，完善军事训练标准和法规体系，加快大型综合性训练基地建设，构建实战化训练环境。深入开展基于实战需求的模拟实景训练、基于信息技术的模拟仿真训练、符合实战标准的实兵对抗训练，加强首长机关指挥训练和诸军兵种联合训练，加大在复杂电磁环境、复杂陌生地域、复杂气象条件下训练力度。

组织非战争军事行动准备，进行抢险救灾、反恐维稳、维护权益、安保警戒、国际维和、国际救援等非战争军事行动任务，是新时期军队履行职责使命的必然要求和提升作战能力的重要途径。把非战争军事行动能力建设纳入部队现代化建设和军事斗争准备全局中筹划和实施，抓好应急指挥机制、应急力量建设、专业人才培养、适用装备保障以及健全相关政策法规等方面的工作。

增强基于信息系统的体系作战能力加快转变战斗力生成模式，运用信息系统把各种作战力量、作战单元、作战要素融合集成为整体作战能力，逐步构建作战要素无缝链接、作战平台自主协同的一体化联合作战体系。着力解决制约体系作战能力的突出矛盾和问题，推进信息资源深度开发和高效利用，加强侦察预警系统和指挥控制系统建设，发展中远程精确打击力量，完善综合保障体系。按照权威、精干、灵便、高效的要求，建立健全军委联合作战指挥机构和战区联合作战指挥体制。

（五）军事安全合作

中国军队坚持共同安全、综合安全、合作安全、可持续安全的安全观，发展不结盟、不对抗、不针对第三方的军事关系，推动建立公平有效的集体安全机制和军事互信机制，积极拓展军事安全合作空间，营造有利于国家和平发展的安全环境。

坚持在相互尊重、平等互利、合作共赢的基础上，与世界各国军队开展务实合作。全方位发展对外军事关系，参与联合国维和行动，履行安理会授权，致力于和平解决冲突，促进发展和重建，维护地区和平与安全。广泛参与地区和国际安全事务，推动建立突发情况通报、军事危险预防、危机冲突管控等机制。与外军在防务政策、军兵种建设、院校教育、后勤建设等领域广泛开展对话交流，增进了解互信，相互学习借鉴。加强与有关国家军队在人员培训、军事物资援助、装备技术等领域的合作，相互支持，提高各自防卫作战能力。开展多层次、多领域、多军兵种的双边多边联演联训，推动演训科目从非传统安全领域向传统安全领域拓展，提高联合行动能力。

随着国力不断增强，中国军队将加大参与国际维和、国际人道主义救援等行动的力度，在力所能及的范围内承担更多国际责任和义务，提供更多公共安全产品，为维护世界和平、促进共同发展做出更大的贡献。

三、国防政策

我国始终把维护国家的主权统一、领土完整和安全放在第一位。保卫祖国、抵抗侵略、维护统一、反对分裂，是我国国防政策的出发点和立足点。

我国新时期的国防政策主要包括以下内容：巩固国防，抵抗侵略，制止武装颠覆，保卫国家的主权统一、领土完整和安全。

中国国防政策的基本目标完全是为了自卫，保障国家现代化建设和安全。这也是我国宪法赋予中国武装力量的主要职责。在霸权主义和强权政治依然存在的情况下，国家必须具有运用军事手段捍卫主权统一、领土完整和国家安全的能力。我国武装力量的规模是与保卫国家安全和利益的需要相适应的。我国独立自主、自力更生地建设和巩固国防。

国防现代化需要国家的经济力量和技术力量的支持，同时，国防建设又服从和服务于国家经济建设大局，与经济建设协调发展。我国正处在社会主义初级阶段，国家的根本任务是集中力量进行社会主义现代化建设。目前，我国面临着极为繁重的经济建设任务，国防建设必须服从和服务于国家经济建设的大局。国防现代化水平只能随着国家经济实力的增强而逐步提高。国家坚持以经济建设为中心的同时，也应重视加强国防建设，促进国防建设与经济建设协调发展，确保有实力、有能力捍卫经济建设的成果。

我国在战略上实行防御、自卫和后发制人的原则，坚持全民自卫原则和人民战争的战略思想，增强全民国防观念，加强国防后备力量建设，完善国防动员体制；立足在现有武器装备的基础上更好地研制适应信息化战争条件下全新的武器装备，继承、发扬优良传统与创新思想、战法相结合；适应世界军事领域的深刻变革，做好现代技术特别是高科技条件下的信息化战争防卫作战准备。

在新的历史时期，我国军队建设目标是建设一支有中国特色的革命化、现代化、正规化的人民军队，走新时代有中国特色的精兵之路，军队现代化建设的基本方针是减少数量，提高质量，依靠科技强军，实现军队由数量规模型向质量效能型、由人力密集型向科技密集型的转变；按照现代战争的特点，努力提高武器装备现代化建设的水平，改革和完善军队的体制编制，全面提高部队的战斗力。

我国坚持和平共处五项原则，独立自主地处理对外军事关系，开展军事交流与合作，不搞霸权主义，不搞军事集团，不进行军事扩张。反对侵略扩张行为，反对军备竞赛，主张根据公正、合理、全面、均衡的原则，实行有效的军备控制和裁军。我国支持国际社会采取的有利于维护世界和地区和平、安全、稳定的活动，支持国际社会为公正合理地解决国际争端、军备控制和裁军问题所做的努力。

四、中国国防现代化建设的成就

国防建设是国家为提高国防能力而进行的各方面的建设。国防的强弱与国家的安危存亡、兴衰荣辱紧密相关，重视国防和军队建设，是党的领导核心的一贯思想。从中华人民共和国成立以来，在党中央、中央军委的领导下，国防和军队建设取得了很大成就。

（一）建立和完善了有中国特色的武装力量领导体制

我国的武装力量领导体制，是在长期的革命战争中形成和发展起来的。中华人民共和国成立后，根据中央人民政府1949年10月19日的命令，成立了中央人民政府人民革命军事委员会，作为全国武装力量的最高统帅机关。1954年9月，第一届全国人民代表大会第一次会议通过的宪法规定，中华人民共和国主席统帅全国武装力量，并决定设立国防委员会和国防部，由国家主席担任国防委员会主席。与此同时，取消了中央人民政府人民革命军事委员会，在同月召开的中央政治局会议上，决定在中央政治局和书记处之下成立中共中央军事委员会，领导中国人民解放军和其他武装力量。军委下设总参谋部、总政治部、总后勤部，作为军委的工作机关。为加强我军武器装备建设，1998年中央军委增设了总装备部。在中央军委的领导下，还设有负责各军种组织建设、军事训练和战备作战的海军、空军、第二炮兵指挥机关，此外，直接隶属中央军委的还有军事科学院和国防大学等单位，以及负责指挥驻在各大战略区范围内的陆、海、空军部队和民兵的大军区领导机关。

1982年起，党和国家共同设立中央军事委员会。同年12月召开的全国人大五届五次会议通过的《中华人民共和国宪法》规定，中华人民共和国中央军事委员会统一领导全国的武装力量。国家的中央军委设立后，中共中央军委同时存在，为避免机构重叠，中共中央决定，国家军委与党的军委是“一个机构，两块牌子”，其组成人员完全相同，而且全体军委委员都由共产党员担任。党的中央军委与国家中央军委并存，同时向中央和全国人大及人大常委会负责。这种体制，既贯彻了党对军队绝对领导的根本原则，又适应我军已成为国家主要成分的实际，进一步完善了国家武装力量的领导体制，体现了党领导军队与国家领导军队的一致性。这种领导体制，便于运用国家机器来加强武装力量的建设，可以使党中央对军事工作的决策、指示具有法律效力，成为国家意志；可以保证军队的最高领导权、指挥权高度集中统一。这种领导体制，也符合我国的国情和军情，坚持了党领导军队的传统，体现了四项基本原则这个立国之本的要求，体现了中国共产党作为唯一的执政党在国家政治生活中的领导地位和作用。

（二）中国人民解放军的现代化、正规化和革命化建设有了突破性的进展

新中国成立后，人民解放军在毛泽东关于建设现代化革命武装力量的战略思想和邓小平新时期军队建设思想的指引下，不断向现代化、正规化和革命化迈进。特别是改革开放以来，我国国防实力得到进一步加强，国防现代化建设，尤其是军队的建设，有了突破性的进展，取得了一系列重大成就。从1949年到2019年，经过70年的艰苦努力，人民解放军实现了由单一陆军向诸军兵种合成军队的发展，实现了由数量规模型向质量效能型转变，实现了由人力密集型向科技密集型的转变。不仅掌握着种类比较齐全的常规武器装备，而且拥有了具有一定威慑力的原子弹、氢弹等尖端武器装备。人民解放军不断优化体制编制，更新教育训练内容和手段，改善武器装备，加强军队的质量建设，提高诸军兵种的合成化水平，向精兵、合成、高效的方向发展。人民解放军将以新的面貌勇敢地面对任何挑战而不辱使命。

（三）形成了门类齐全、综合配套的国防科技工业体系

中华人民共和国成立以来，在党中央、国务院、中央军委的关怀和领导下，经过70年的建设和发展，我国的国防科技工业从无到有，从小到大，从落后到先进，建立起了包

括电子、船舶、兵器、航空、航天和核能等门类齐全、综合配套的科研实验生产体系，取得了一大批具有国内或国际先进水平的科研成果，为我军现代化建设和切实增强我国的综合国力做出了重要贡献。

在军用电子方面，逐步发展成为具有相当规模、门类齐全的新兴工业部门，特别是在指挥自动化、情报侦察、预警探测、电子对抗和通信等方面，为我军提供了各种新式装备和产品，进一步增强了部队侦察、通信、指挥和作战能力；在船舶工业方面，先后自行研制建造了核动力潜艇、常规潜艇、导弹驱逐舰、导弹护卫舰、导弹快艇等作战舰艇，以及各种辅助船舶和新型鱼雷、水雷、反水雷等新装备；在兵器工业方面，研制生产了一大批具有先进性能的装甲车辆、火炮、弹药、轻武器、军用光电器材和综合火控、指挥系统等新型武器装备，为我军现代化做出了重要贡献；在航空工业方面，已能够生产歼击机、歼击轰炸机、轰炸机、直升机、运输机、教练机等，基本满足了海空军作战和飞行训练的需要；在航天科技工业方面，已拥有地地、地空、海空和空空导弹武器系统，运载火箭、各种应用卫星的研制和实验能力以及各种应用卫星的发射能力，在世界高科技领域占有自己的一席之地；在核工业方面，我国不仅可以生产制造原子弹、氢弹，还掌握了核潜艇技术，形成了我国的核威慑力量，在和平利用核能方面，我国也取得了突破性进展。

（四）国防后备力量建设取得了长足的发展

我们党和国家历来十分重视国防后备力量建设。我国国防后备力量建设，经过几代人的努力，形成了一整套制度和优良作风，打下了坚实的基础，各项工作均取得了明显的成绩。

（1）实现了指导思想的战略性转变，走上了相对和平时期稳步发展的轨道。

（2）确立并实行了民兵与预备役相结合的制度，初步形成了具有中国特色的国防后备力量体系。

（3）注重宏观指导，合理布局，边海防、大中城市和重点地区的民兵工作得到加强。

（4）民兵、预备役部队在参战支前、保卫边疆、发展生产、扶贫帮困、抢险救灾、维护社会治安等方面发挥了重要作用，为国家的改革、发展和稳定做出了巨大的贡献。

（5）健全了国防动员机构，保证了国家在一旦发生战争的情况下，能很快由平时状态转入战时状态，调动足够的人力、财力、物力应付战争的需要。

（6）加强了国防教育，恢复并加强了对大学、高中（含相当于高中）在校学生的军训工作，使国防教育正逐步纳入整个国民教育体系之中，走上了法制化、规范化的轨道。

五、军民融合

军民融合发展作为一项国家战略，关乎国家安全和发展全局，既是兴国之举，又是强军之策。

军民融合就是把国防和军队现代化建设深深融入经济社会发展体系之中，全面推进经济、科技、教育、人才等各个领域的军民融合，在更广范围、更高层次、更深程度上把国防和军队现代化建设与经济社会发展结合起来，为实现国防和军队现代化提供丰厚的资源和可持续发展的后劲。我国基础设施建设、国防科技工业、武器装备采购、人才培养、军队保障社会化、国防动员等领域军民融合潜力巨大，要强化资源整合力度，盘活用好存量资源，优化配置增量资源，发挥军民融合深度发展的最大效益。海洋、太空、网络空间、生物、新能源、人工智能等领域军民共用性强，要在筹划设计、组织实施、成果使用全过程贯彻军民融合理念和要求，加快形成多维一体、协同推进、跨越发展的新兴领域军民融合深度发展格局。

党的十八大以来，以习近平同志为核心的党中央把军民融合发展上升为国家战略，纳入党和国家在党的十九大报告中提出“形成军民融合深度发展格局，构建一体化的国家战略体系和能力”。这些重要论述形成了系统完整的军民融合发展战略思想，为开创新时代军民融合深度发展新局面提供了科学指南。

坚持走军民融合发展之路，是党领导经济建设和国防建设的基本经验，是被实践证明有效的指导原则。党的十九大将军民融合发展作为重大国家战略写入党章，进一步强化了军民融合发展在党和国家事业全局中的战略地位，成为军民融合发展的根本遵循。

要加快形成军民融合发展组织管理体系、工作运行体系、政策制度体系，推动重点领域军民融合发展取得实质性进展，形成军民融合深度发展格局，构建一体化的国家战略体系和能力。必须在国家总体战略中兼顾发展和安全，科学统筹经济建设和国防建设，努力推动国防实力和经济实力同步发展。这是军民融合发展的总体目标。

推动军民融合发展是一个系统工程，要善于运用系统科学、系统思维、系统方法研究解决问题，既要加强顶层设计又要突出重点，既要抓好当前又要谋好长远。要把国防和军队建设有机融入经济社会发展大体系，加强战略引领，加强改革创新，加强军地协同，加强任务落实，聚焦重点精准发力，培育一批典型，强化示范引领，以点带面地推动军民融合发展整体水平的提升。

第五节　武装力量

武装力量，是国家各政治集团所拥有的各种武装组织的总称。一般以军队为主体，由军队和其他正规与非正规的武装组织构成。武装力量是国防力量的主体。

一、中国武装力量

中国武装力量由中国人民解放军现役部队和预备役部队、中国人民武装警察部队和民兵构成，担负着保卫祖国、抵抗侵略、巩固国防、维护国家安全的神圣任务。

（一）中国人民解放军

中国人民解放军的前身是 1927 年 8 月 1 日南昌起义后留存的中国工农革命军，经过五次反围剿的土地革命战争、抗日战争、解放战争，在 1949 年合并八路军、新四军、东北抗日联军等。中国人民解放军是中国共产党缔造和领导的、全心全意为人民服务的军队，是我国武装力量的主体。解放军由现役部队和预备役部队组成。其中，现役部队是国家的常备军，包括陆军、海军、空军、火箭军和战略支援部队，主要担负防卫作战任务，必要时可以依照法律规定协助维护社会秩序，中央军委通过军委联合参谋部、军委政治工作部、军委后勤保障部、军委装备发展部等 15 个职能部门对全军实施作战指挥和建设领导。预备役部队是以现役军人为骨干、预备役人员为基础，按规定体制编制组成的部队。预备役部队列入人民解放军序列，平时归省军区建制领导，战时动员后归指定的现役部队指挥或单独进行作战任务。

1. 陆军现役部队

陆军是以步兵、装甲兵、炮兵为主体，主要在陆地上进行作战任务的军种。陆军是陆战场上决定胜负的主要力量。它具有强大的火力、突击力和快速的机动能力，既能独立作战，又能与海军、空军协同作战。陆军自 1927 年 8 月 1 日诞生以来，在 90 多年的发展进程中，为新中国的成立立下了汗马功劳。新中国成立后，陆军继续在保卫祖国、维护社会安定与稳定、维护世界和平等方面再立新功。中国人民解放军陆军现有 13 个集团军，番号分别为：陆军第七十一、七十二、七十三、七十四、七十五、七十六、七十七、七十八、七十九、八十、八十一、八十二和八十三集团军。

2. 海军现役部队

海军是以舰艇部队为主体，主要在海洋进行作战任务的军种。它具有在水面、水下和空中作战的能力。海军既能联合（协同）其他军种作战，又能单独实施海上作战。我国海军于 1949 年 4 月 23 日成立，自诞生之日起便担负起了保卫我国海防的任务，有效地维护了祖国领海主权和海洋权益，为保卫祖国万里海疆做出了重大贡献。目前，我国海军已成为一支装备齐全、技术密集、多兵种合成、初具现代化作战能力的近海防御力量。

3. 空军现役部队

空军是以航空兵为主体，主要进行空中作战任务的军种。空军既能与陆军、海军和火箭军联合（协同）作战，又能独立实施作战。它具有高速机动、远程作战和猛烈突击的能力。我国空军成立于 1949 年 11 月 11 日，经过近 70 年的建设和发展，体制编制不断改进，武器装备现代化水平逐步提高。空军在国土防空、抗美援朝、抗美援越等作战中，取得了辉煌战绩，为保卫祖国和社会主义建设做出了重大贡献。

4. 火箭军现役部队

中国人民解放军火箭军前身是第二炮兵，成立于 1966 年 7 月 1 日，由毛泽东主席批准，周恩来总理亲自命名，始终由中央军委直接掌握，是中国实施战略威慑的核心力量，主要担负遏制他国对中国使用核武器、进行核反击和常规导弹精确打击任务。这支掌握着“大国利剑”的神秘部队从诞生伊始便肩负着保障中华民族根本生存利益的重任，可以说，对于潜在的敌对势力而言，“二炮”堪比古希腊神话中的“达摩克利斯”之剑，是震慑敌人最有力的撒手锏。

2015 年 12 月 31 日，“二炮”正式更名为“火箭军”，这是党中央和中央军委着眼实现中国梦、强军梦做出的重大决策，是构建中国特色现代军事力量体系的战略举措，必将成为中国军队现代化建设的一个重要里程碑，载入人民军队史册。2015 年 12 月 31 日，中央军委举行仪式，将第二炮兵正式命名为“中国人民解放军火箭军”部队，并授予军旗，第二炮兵也由原来的战略性独立兵种，上升为独立军种。从“二炮”到“火箭军”，这反映了中国核力量的发展历程。第二炮兵更名为火箭军有以下几点考虑：第一，“二炮”是在特定历史条件下的一种命名方式，长期以来，“二炮”实际上担负的是一个军种的职能任务，这次更名为火箭军可以做到实至名归；第二，更名为火箭军，显示出中国军队更加开放，更加自信，更加透明，更加清晰完整地展示它的形象，显示了中国军队的自信、开放、透明。

中国人民解放军火箭军是我国战略威慑的核心力量，是我国大国地位的战略支撑，是维护国家安全的重要基石。中国始终奉行不首先使用核武器的原则，坚持自卫防御的核战略，核力量始终维持在维护国家安全需要的最低水平，中国的核政策和核战略是一贯的，没有任何变化。火箭军全体官兵要把握火箭军的职能定位和使命任务，按照核常兼备、全域慑战的战略要求，增强可信可靠的核威慑和核反击能力，加强中远程精确打击力量建设，增强战略制衡能力，努力建设一支强大的现代化火箭军。

5. 战略支援现役部队

中国人民解放军战略支援部队于 2015 年 12 月 31 日正式成立，是中国陆、海、空、火箭之后的第五大军种。战略支援部队属于独立军种部队，按照军种主建的原则，仅负责相关部队的军政管理工作，不具备作战指挥功能。

中国人民解放军战略支援部队是维护国家安全的新型作战力量，主要是将战略性、基础性、支撑性都很强的各类保障力量进行功能整合后组建而成的。成立战略支援部队，有利于优化军事力量结构、提高综合保障能力。

过去我军情报工作由总参下属的情报部门负责。通常意义上的情报获取，主要通过分析公开资料、派遣谍报人员等方式获取外军信息；技术侦察工作，主要通过电子侦察站、电子侦察卫星、电子侦察机等手段获取敌方雷达和无线电通信信号，经处理分析获取信息；电子对抗力量包括电子对抗团、电子侦察机等，负责干扰敌方雷达和通信；网络攻防力量指黑客部队；心理战力量包括最近服役的心理战飞机等，可通过网络、电视和广播方式对敌方广大区域实施心理战。电子战这类部队的共同特点，首先是都不直接参战，而是为作战部队提供信息支持和保障；其次是不适合专门隶属某一军种，但又无法与各军种脱离关系，电子侦察机、心理战飞机等表现得尤其明显；最后是行动具有战略意义，可以对国家博弈、战争进程等产生重大影响。

在调整军委总部体制、实行军委多部门制、形成军委管总格局的过程中，出于精简机构和人员、理顺指挥关系等方面的考虑，决定将总部直属的情报、技术侦察、电子对抗、网络攻防、心理战、通信等方面力量分离出去，建立新的指挥和管理体制，将它们整合到一起，称“战略支援部队”最为合适。新成立的战略支援部队包括情报、技术侦察、电子对抗、网络攻防、心理战五大领域，特种作战、后勤保障和装备保障更多属于战役层面的内容，是否包括在内还有待确认。

6. 中国人民解放军预备役部队

中国人民解放军预备役部队于 1983 年组建，1997 年 3 月颁布的《国防法》，正式确立了预备役部队在中国人民解放军中的法律地位。中国人民解放军预备役部队，是以现役军人为骨干、预备役人员为基础，按照军队统一的编制组织起来，以便战时实施成建制快速动员的重要组织形式。

中国人民解放军预备役部队按现役部队种类进行分类，配备相应的武器装备。平时依照法律规定，担负抢险救灾、协助维护社会秩序、应付突发事件和参加国家经济建设等任务。战时根据国家需要，成建制快速动员转为现役部队，执行作战、勤务保障等任务。

中国人民解放军预备役部队，根据军队建制实行统一的编制，编有预备役师、旅、团，并建有相应的领导机关。主要按地域进行编组，以省建师、以地（州、市）建旅（团）或跨地（州、市）建师（旅）、跨县（市、区）建团。中国人民解放军预备役部队的现役军人主要担任各级军政主官、部门主要领导和专业技术骨干；预备役军官主要从退伍军人、人民武装干部、民兵干部及与军事专业对口的技术人员中选拔；预备役士兵主要从退伍士兵、基干民兵和与军事专业对口的人员中选编。

中国人民解放军预备役部队是中国人民解放军的重要组成部分，是国防建设的重点。

（二）中国人民武装警察部队

中国人民武装警察部队是在新中国成立后逐步发展起来的，是担负国家赋予的国家安全保卫和维护社会秩序任务的部队，是中国武装力量的重要组成部分。1950 年，为保证武装力量更好地履行对内职能，统一组建中国人民公安部队。1975 年，将原来由县市公安部队改编的解放军地方部队仍交给公安部门改为人民警察。1983 年 4 月，武警总部成立。1984 年 5 月，由最高国家权力机关——全国人民代表大会通过的《兵役法》，正式确立了中国人民解放军、中国人民武装警察部队和民兵组成的武装力量新体制。中国人民武装警察部队主要由内卫总队、机动总队、海警总队、院校和科研机构等组成，主要担负执勤、处突、反恐怖、海上维权执法、抢险救援以及防卫作战等任务。

《国防法》规定，人民武装警察部队担负国家赋予的安全保卫任务，维护社会秩序。主要职能作用：第一，维护国家主权和尊严。人民武装警察部队主要是通过执行边境武装警卫勤务、边防检查勤务、安全检查勤务、海上巡逻勤务来履行这一职能的。第二，维护社会治安。作为公安机关的一部分，人民武装警察部队担负着用公开武装的形式预防和镇压敌对势力的破坏，应付各种紧急意外情况，维护社会治安的任务。第三，保卫党政领导机关、重要目标和人民生命财产的安全，主要通过执行警卫勤务、守卫勤务、消防工作、反恐怖活动来实现。

人民武装警察部队属于国务院编制序列，由国务院、中央军委集中统一领导，实行统一领导管理与分级指挥相结合的体制。人民武装警察部队设总部、总队、支队三级领导机关。各级机关设司令部、政治部、后勤部。武警总部是武警部队的领导指挥机关，领导管理武警内卫部队的军事、政治和后勤工作，对列入武警部队序列的其他部队的军事、政治、后勤工作进行指导。

中国人民武装警察部队根据其任务不同分为三类：

第一类，内卫部队。这是武警部队的主要组成部分，受武警总部的直接领导管理。其主要任务：一是承担固定目标执勤和城市武装巡逻任务，保障国家重要目标的安全；二是处置各种突发事件，维护国家安全与社会稳定；三是支援国家经济建设和执行抢险救灾任务。

第二类，列入武警序列由公安部门管理的部队。其中，边防部队主要担负边境检查、管理和部分地段的边界巡逻以及海上缉私；消防部队主要担负防火灭火任务；警卫部队主要担负党和国家领导人、省市主要领导及重要来访外宾警卫任务。

第三类，列入武警序列受国务院有关业务部门和武警双重领导的部队。这些部队既担负经济建设任务，同时又负有维护国家安全和社会稳定的任务。其中，黄金部队主要担负黄金地质勘查、黄金生产任务；水电部队主要承担国家能源重点建设项目，包括大中型水利、水电工程以及其他建设任务；交通部队主要担负公路、港口及城建等施工任务；森林部队主要担负东北、内蒙古、云南森林的防火灭火，以及维护林区治安、保护森林资源的任务。

（三）中国民兵

《国防法》规定："民兵在军事机关的指挥下，担负战备勤务、防卫作战任务，协助维护社会秩序。”为确保完成这一任务，必须确立有关民兵的各项基本制度。新时期的中国民兵建设，已经取得了很大成绩，以法律的形式确立了在国务院、中央军委领导下的民兵组织领导体制。

中国民兵是中国共产党领导下的不脱离生产的群众武装，是中华人民共和国武装力量的组成部分，是中国人民解放军的助手和后备力量。随着国防现代化建设的发展，民兵组织已由单一的步兵发展成为包括高炮、地炮、通信、工兵、防化、侦察以及海军、空军等专业技术分队在内的基干民兵队伍。全国的民兵工作由总参谋部主管；各大军区按照上级赋予的任务，负责本区域的民兵工作；省军区、军分区、县（市）人民武装部是本地区的军事领导指挥机关，负责本区域的民兵工作。地方各级人民政府，对民兵工作实施原则领导，对民兵工作实施组织和监督。中国民兵的作用主要表现在三个方面：积极参加社会主义现代化建设，带头完成生产任务；担负战备勤务，保卫边疆，维护社会治安；随时准备参军作战，抵抗侵略，保卫祖国。

1. 民兵制度

民兵，是指不脱离生产的群众武装组织，是国家或政治集团的武装力量的组成部分，常备军的助手和后备力量。中国民兵是中国共产党领导的群众武装组织，是中华人民共和国武装力量的重要组成部分，是中国人民解放军的后备军，是巩固基层政权、维护国家安全与社会稳定的一支重要力量，是进行现代条件下人民战争的基础。

民兵分为基干民兵和普通民兵。28 岁以下退出现役的士兵和经过军事训练的人员，以及选定参加军事训练的人员编入基层民兵组织。其余 18~35 岁符合服兵役条件的男性公民，编入普通民兵组织。女民兵只编基干民兵，人数控制在适当的比例内。陆海边疆、少数民族地区和城市有特殊情况的单位，基干民兵的年龄可适当放宽。民兵必须是身体素质良好、政治可靠的人员。《兵役法》规定，实行民兵与预备役相结合的制度。.

2. 民兵的编组

一般以乡（镇）、行政村和厂矿企业为单位，按照民兵人数多少分别编为班、排、连、营、团。基干民兵、普通民兵，男民兵、女民兵应分别编组。行政村一般编民兵连（营），领导本村的基干民兵和普通民兵。县、乡（镇）所属企业单位，凡人员比较稳定，行政、党团组织比较健全，可建立民兵组织，属乡（镇）武装部直接领导。乡（镇）编基干民兵营或连，领导全乡的基干民兵。城市民兵的编组，大型厂矿企业可以车间、分厂为单位编组，中小企业可实行跨车间、班组编组。

3. 民兵的任务

《兵役法》第三十六条规定，民兵是不脱离生产的群众武装组织，是中国人民解放军的助手和后备力量。民兵的任务主要包括：

（1）积极参加社会主义现代化建设，带头完成生产和各项任务；

（2）担负战备勤务，保卫边疆，维护社会治安；

（3）随时准备参军参战，抵抗侵略，保卫祖国。

4. 民兵的训练

民兵干部和基干民兵的训练原则上由县（市、区）人民武装部组织实施。根据训练大纲的要求，干部训练时间为 30 天，一般在一年内完成；民兵训练时间为 15 天，一次完成。通过训练，干部具备相应的军事技能和组织指挥能力，并提高开展本职工作的能力；

民兵学会使用手中的武器装备，掌握基本的军事技能；分队能担负一般的战斗任务。民兵干部主要进行本级指挥和教学法训练，基干民兵主要进行技术和战术基础训练。专业技术兵的训练时间，根据训练民兵的需要，一般目前已建设了许多县级民兵训练基地，民兵大部分在基地实施集中训练。根据需要，还组建了一批专业技术训练中心。这些基地和中心都达到了能吃、能住、能训练的要求。在训练手段上，大力推广电化教学和模拟训练，实施形象、直观教学，训练质量有较大提高。

战争的伟力之最深厚的根源存在于民众之中，这已为历次人民战争的实践所证明。现代条件下的战争，要求有数量众多、训练有素的群众武装参加和支援。民兵不仅要补充军队，支援前线，配合部队作战，而且要开展敌后游击战争，对付敌人空袭和空降，进行抢救和抢修，保卫交通和重要目标。因此，民兵在未来战争中仍具有很重要的战略地位。当今世界上许多国家，特别是第三世界国家，都十分重视民兵建设，以各种方式方法武装人民群众。中国始终坚持人民战争思想，把民兵作为国家武装力量的重要组成部分，作为兵员动员的基础。中国一旦遭到侵略，将在新的条件下，进一步依靠全国各族人民，用人民战争来战胜一切优势装备的敌人。

二、人民军队的发展历程

（一）革命战争时期

1927 年 8 月 1 日南昌起义后，同年 9 月，毛泽东领导湘赣边界秋收起义，随后他对起义部队进行“三湾改编”，开始了对革命军队的政治建设，强调党对军队的领导，规定部队民主制度，实行官兵待遇平等，并把支部建在连上。1929 年 12 月，古田会议顺利召开，正式规定了人民军队的性质、宗旨和任务，确立了思想建党、政治建军的根本原则，为把我军建设成为新型人民军队初步奠定了基础。

1937 年 7 月 7 日，中日战争全面爆发。中国共产党从大局出发，毅然同意把主力红军和南方八省游击队分别改编为国民革命军第八路军和国民革命军新编第四军，坚决贯彻统一领导、“精兵简政”、整顿三风以及发展生产、拥政爱民等各项任务，实行官兵一致、军民一致、瓦解敌军和宽待俘虏等原则，构建起了主力军、地方武装和民兵自卫队三结合的武装力量体制，通过在抗日斗争中边打边建，力量迅速发展壮大。

抗战胜利后，八路军和新四军改称中国人民解放军，建立了集中统一的指挥机构，初步建立起了一支能在较大范围实施机动作战的正规兵团与地方部队、民兵游击队相结合的武装力量，一直以来指导人民军队建设的毛泽东建军思想在此阶段也得到了进一步丰富和发展。

（二）和平建设时期

新中国成立后，人民军队迅速从革命战争转向和平建设，开始向革命化、现代化和正规化迈进，包括整顿军队编制体制，调整各战略区域部署，并以精简整编为主要内容进行了多达 13 次的改革，奠定了军队领导管理指挥体制的基础和现代化军队的基本框架，初步实现了由单一军种向诸军兵种合成军队的转变，完成了由革命战争时期向和平建设时期的全面转型。

1953 年 12 月，中央召开全国军事系统党的高级干部会议，确定了把人民解放军建设成为一支优良的现代化革命军队的总方针和总任务。1978 年 12 月，党的十一届三中全会召开，坚持把军事训练摆到战略地位，贯彻军队建设要面向现代化、面向世界、面向未来的方针，有效地提高了部队在现代条件下诸军兵种合同作战、快速反应、电子对抗、后勤保障以及野战生存的能力。

从整体上来看，人民军队在和平建设期间所取得的成果有目共睹，硕果累累，在整体军力建设上缩短了与世界先进国家军队的距离，有效提高了中国的国际地位。

（三）全面转型时期

20 世纪 80 年代末，随着冷战的结束和苏联的解体，国际形势发生重大变化，和平与发展成为世界两大主题，科学技术迅猛发展并在军事领域广泛应用。我军开始对军队建设指导思想实施战略性转变，力图通过深化改革，完善体制，从根本上推动人民军队从数量型军队向质量型军队转变，迈开了中国特色精兵之路的坚实步伐。

进入新世纪以来，争夺信息优势成为各国军队建设的焦点，人民军队迎来了迈向信息化的重要机遇期。针对现代战争出现的新特点和新要求，我军坚定不移地把信息化作为发展方向，不断提高武器装备的信息技术含量，积极推进机械化条件下的军事训练向信息化条件下的军事训练转变，坚持国防建设与经济建设协调发展，已经基本构建起了一个以打赢信息化战争为目标的立体化军事体系。

第六节　国防动员

国防，即一个国家的防务，是指为捍卫国家主权、领土完整，防备外来侵略和颠覆，所进行的军事及与军事有关的政治、外交、经济、文化等方面的建设和斗争。国防是国家生存与发展的安全屏障。国防动员作为国家防务活动的产物，是联结国防建设与经济建设的桥梁和纽带；国防动员通过军民结合、寓军于民的组织形式，可以快速地把国防动员潜力转化为国防实力，是加强国防建设、维护国家安全、稳定和发展的战略手段。

一、国防动员的含义

国防动员也称战争动员，简称动员，是指国家或政治集团由平时状态转入战时状态，统一调动人力、物力、财力为战争服务所采取的措施。通常包括武装力量动员、国民经济动员、人民防空动员和政治动员等。武装力量动员是将军队和其他武装组织由平时体制转为战时体制；国民经济动员是把国家和平时期的经济转入战时轨道；人民防空动员是采取各种防护措施，防敌空袭，保护居民、经济设施及其他重要目标；政治动员是围绕实施战争对全体军民进行宣传教育。

（一）国防动员是增强国防实力的一项有效手段

国防实力是指一个国家为捍卫国家主权、领土完整，防备外来侵略和颠覆，所进行的军事及与军事有关的政治、外交、经济、文化等方面的建设和斗争方面的实力。在和平时期，国家把国防动员纳入经济建设和社会发展的总体规划，贯彻“军民结合、平战结合”的方针，以增强战争潜力。同时通过动员准备，激发全国人民的强烈的爱国热情和牢固的国防观念，从而确保国家政局稳定、经济发达、科技进步，综合国力迅速增强。

在平时注重动员，牢固树立国防观念，一旦战争爆发，通过战时动员，就能迅速地把战争潜力转变为战争实力。例如，就武装力量建设而言，为了对付敌人的突然袭击和入侵，保持一定数量的常备军是必要的，然而，要在平时保持一支满足战争需要的庞大军队，任何国家，即使是经济发达国家也都无法做到，这是因为巨额的军费开支必然加重国家的经济负担，影响国民经济的发展，同时也影响部队武器装备的研制和更新。因此，要解决“平时养兵少、战时用兵多”的矛盾，采用常备军和后备力量相结合的原则，平时保持精干的常备军作为战时动员扩建部队的骨干力量，同时积极训练、储备后备力量，以便战时根据需要组编参战。这样既可以加速国民经济的发展，又可以从根本上增强国防实力。

（二）国防动员是实现平战转换的一种根本措施

平时充分做好战时动员的准备工作，建立强大的后备力量和健全的动员体制，可以使敌人望而生畏，不敢轻举妄动，贸然发动进攻，以达到“不战而屈人之兵”的战略目的，特别是处于防御地位、反对侵略的国家，应该采取积极的对策，以充分有效的动员，显示应对战争的能力和拼死抵抗的决心，迫使敌人延缓或放弃侵略战争。我国的后备力量既是潜力又是实力。例如，我国的民兵是现实力量和后备力量的统一体。平时，加强国防后备力量建设，做好战争动员准备，无疑可以增大威慑力量，从而达到平战转换的目的。

（三）国防动员是夺取战争主动权的一个可靠保障

决定战争胜负的因素是多方面的，其中后备力量的强弱、兵员质量的优劣以及战时动员准备和实施的好坏是重要的因素。随着现代科学技术的飞速发展及其在军事领域的广泛应用，使现代战争的突发性和速决性更加突出明显，发动战争的一方往往先发制人，迫使对方在毫无戒备或准备不充分的情况下仓促应战，从而取得速战速决的效果。自第二次世界大战以来，突然袭击、不宣而战已成为首先发动战争一方的惯用手法。处于防御地位的国家，如果战时动员工作准备和实施得不好，在战争初期往往处于被动地位，甚至来不及实施动员和完成战略展开，其武装力量和经济命脉就可能陷于瘫痪。

现代战争是立体战争，人力，物力和财力消耗非常巨大，不仅是军事力量的竞赛，而且是交战国综合国力的较量，战争动员具有非常重要的战略地位。历史表明，在现代战争中，谁能保持强大的后备力量，并能以最快的速度动员起来投入战争，谁就能取得战争的主动权。

二、国防动员的基本原则

国防动员的基本原则是组织动员准备、实施战时动员的基本准则。从适应现代战争的客观需要出发，结合我国的国情、军情，现代条件下国防动员应遵循以下基本指导原则。

（一）服从大局，长期准备

当前加强经济建设是党和国家压倒一切的中心任务，动员建设和整个国防建设发展经济的基础上逐步加强。应当看到，建立雄厚的经济基础，本身就是加强国家实力的根本措施，是最根本的动员准备。同时，全国上下也必须树立居安思危的思想，把动员准备寓于国民经济和社会发展之中，不断提高动员能力。

（二）全面规划，统筹兼顾

为了做好动员准备，提高动员工作的整体效益，必须从国家和国防的全局出发，统一规划动员准备的目标和措施，要加强动员工作的计划性，建立并不断改进动员的组织体制。

（三）军民结合，平战结合

军民结合主要是指在经济部门实行军用和民用兼营。例如，在工业生产、交通运输、邮电通信、物资技术、工艺储备等方面的动员准备，尽量“寓军于民”，搞好军民通用，不搞重复建设；军用工业除了集中力量搞好专用军工生产外，也尽量适合于民用。平战结合是指要把平时的动员准备与战时的动员实施结合起来。平时国家的各项经济活动、管理体制，要适应或准备适应战时的需要，为战时动员创造条件；战时的动员活动要以平时的准备为基础，并为适应以后战争进程的需要，以及为战后的恢复和发展创造条件。

（四）严密组织，快速高效

严密组织就是要求动员必须运用科学先进的动员方式和手段，努力实现快速高效的动员目的。快速高效主要是指动员要在战争所允许的时间内，快速有效地完成动员任务，满足战争需要，提高动员的速度和效率。同时，要增加动员的技术含量，善于将新材料、新技术、新工艺运用于动员领域，做到优先组织最新技术成果投入军工生产，优先征用先进的民用技术设备和交通运输工具等，以满足战争的需要。

（五）因故因势，协调灵活

我国未来面临的反侵略战争，规模和样式都可能是多样的，发生战争的地域也有不确定性，有可能和强敌作战，也有可能和与我国实力相当或实力不如我们的敌人作战。因此，必须根据不同的作战对象、作战规模、作战样式、作战地域，灵活地采用不同的动员方式和措施，有的放矢地做好动员工作。

三、国防动员的组织实施

国防动员的组织实施，通常按照进行动员决策、发布动员令、充实动员机构、修订和落实动员计划等步骤进行。

（一）进行动员决策

进行动员决策，是战争动员实施过程中首先需要解决的问题。只有实施了动员决策，整个国家的政治、军事、经济、文化和外交等部门或领域才能相应地转入战时体制，进行动员的各项活动。进行战争动员决策的关键是正确分析判断敌情，必须充分利用各种手段，广泛收集各国尤其是敌国的政治、经济、军事等各方面的情况，并对这些情况进行综合分析，尽早洞察敌国的战争企图，从而视情确定动员实施的时机、规模和方式等。

（二）发布动员令

动员令是宣布全国或部分地区、某些部门转入战时状态的命令。动员令的发布关系战争的胜负和国家的命运，各国大都由最高权力机关或国家元首、政府首脑发布。《国防法》第 10 条规定，全国人民代表大会依照宪法规定，决定战争与和平的问题。全国人民代表大会常务委员会依照宪法规定，决定战争状态的宣布，决定全国总动员或者局部动员。《国防法》第 11 条规定，中华人民共和国主席根据全国人民代表大会的决定和全国人民代表大会常务委员会的决定，宣布战争状态，发布动员令。发布动员令的方式，分为公开发布和秘密发布两种。公开发布动员令一般是在战争即将或已经爆发的情况下，运用一切宣传工具和通信手段，把爆发战争的真实情况和战略态势告诉全体军民。秘密发布动员令，一般是在战争已不可避免、但尚未爆发的情况下施行，通常执行严格的保密限制，只秘密通知政府有关部门和军事机构等。

（三）充实动员机构

动员机构是指平时负责动员准备、战时负责动员实施的组织领导机构。一旦实施战争动员，和平时期的动员机构，无论在人力上还是物力上，都难以适应需要，必须及时调整和加强。一是要扩大组织，增加人员。二是要增加支出，保障需要。与此同时，还要赋予其应有的职权，使其具有较高的权威性。战争动员事关国家安危，责任重大，如果权力有限，指挥无力，处处受制，就难以完成繁重的动员任务，影响战争的顺利进行。

（四）修订动员计划

战争动员计划是实施战争动员的依据，在面临战争的情况下，由于国际战略环境和国内条件不断变化，事先制订的动员计划难免与战争的实际情况不完全吻合，所以要及时予以修订。修订战争动员计划，一般是与充实动员机构同时进行。

（五）落实动员计划

落实动员计划是使计划见之于行动，实施战争动员的关键环节。动员令发布之后，负有动员任务的地区和部门，应根据动员计划迅速转入战时体制。各行业以及社会生活的各个方面，都应以保障战争胜利为轴心迅速进行调整。其中，武装力量要迅速转入战时状态。现役军人一律停止转业和退伍，停止探亲和休假，外出人员立即归队。预备役部队应迅速集结、发放武器装备，并抓紧时间进行训练，准备承担作战任务。民兵应做好应征准备，同时启封武器装备，成建制进行训练，并准备承担各项任务。地方政府要根据上级下达的动员任务，积极实施动员行动。各行业、各阶层都要动员起来，落实战争动员任务，为赢得战争胜利贡献自己的力量。

延伸阅读

1953年东山岛战役中的交通运输动员

1953年7月15日，国民党军队对东山岛发动了一次大规模袭击。东山岛战役是沿海战事中重要的一役。

东山岛为福建第二大岛，位于闽粤交界的外海，福建军区派公安第80团主力及一个水兵连共1200人驻守该岛，福建军区和广东军区事先还制订了东山岛遭到攻击时的增援计划。

东山袭击行动的指挥官是金门防卫司令胡琏。因解放军主力位于泉州，于是国民党先出动空军炸毁了泉州通往东山岛的必经之路九龙江桥，力图使泉州增援部队3天时间赶不过来，以实现快打快跑的策略。7月15日，金门国民党第19军第45师等部1万多人搭乘数艘驱逐舰与登陆艇南驶。次日拂晓，国民党军队登陆东山岛，解放军第31军即令机动部队第272团火速增援。

16日凌晨2时，福建省交通厅接军区通知："限17日晨3时前，集中汽车200辆于福州、泉州两地待命。"各地运输部门闻风而动，一面电告各汽车站就地集中车辆，并将木炭车全部改燃汽油，限时赶赴指定地点；一面派出干部分赴沿线督促检查，协助调配车辆，组织油、轮胎供应和负责临时修车任务。漳州地区接令后立即集中93辆汽车，并将其中车辆技术状况较好的69辆，迅速于16日下午1时驶抵指定地点泉州，其余24辆留供当地调遣。

16日上午10时，漳浦县也集中了68辆汽车，由当地驻军调用。原定集中于福州的车辆，16日下午按新的部署，改驶泉州、旧镇两地集中。截至17日凌晨3时，实际集中于泉州、旧镇两地的汽车已达222辆；延至上午7时30分，集中车辆又增至268辆，超过预定集中车辆数。

16日晚10时30分，福建省交通厅发出命令："限两天内，集中闽北200辆汽车抵福州待命。"散驻在闽北各地的车辆连夜就地卸货，应召而发，日夜兼程，翻越海拔1260米高的筹岭村，于限期内赶抵福州的汽车达208辆，尚有应调集中于建瓯的汽车122辆。此外，浙江、江西等兄弟省汽车运输部门，亦纷纷派车前来支援。

在东山岛战斗中，除军车外，先后从各地赶抵前沿集中的地方汽车共达489辆，其中国营176辆，民营313辆。共运送物资1912吨，运送人员1.14万人。

当时全省计有一半以上车辆，在24小时之内赶赴前线，其余没有应调的车辆也全部进入战备状态，为全力支援东山岛战斗，组成一支坚强的钢铁运输队伍。

担负前方运输任务的行车人员，英勇顽强战斗。客车驾驶员杜标16日早晨从漳州开车到漳浦，接到紧急支前命令后，不顾敌机扫射，以最快速度运送漳浦独立团的部分指战员赶到陈岱（该团抢渡八尺门，先登上东山岛，飞奔后林村，配合当地民兵歼灭国民党空降伞兵487人）；为保卫八尺门渡口，使增援部队顺利渡海，杜标驾驶的这辆客车又连续三天三夜运送部队战士、弹药20多趟。货车驾驶员王惠，为运送部队战士和枪支弹药，整整跑了7天，两眼布满血丝，仍坚持不下火线。福厦沿线的福州、泉州等汽车保修工人，夜以继日地抢修车辆，支援前线；特别是靠近前方的津州保养场，任务更为艰巨，工人们在1天之内就把全部停场车辆赶修出去；紧接着又投入抢修过往车辆的战斗。从东山岛战斗开始至结束，前后7天共抢修部队等过往各类汽车133辆，保证了前方战斗的需要。

历时一天一夜的东山岛战役，国民党死伤被俘者则高达3379人。东山岛战役证明了解放军沿海的机动能力已大为提高，这意味着国民党军队利用海空军优势在闽浙沿海岛屿肆意进出的优势结束了。东山岛战斗胜利结束后，龙溪地委、军分区奖给漳州公司支前模范锦旗1面，杜标、王惠被授予"支前模范"光荣称号。

四、国防动员的特点

（一）国防动员速度要快

现代科技的神速发展，使战争的突然性、突变性不断增强，战争进程大大缩短；情况突然、时间短促的应急动员成为现代战争动员的主要样式。为此，世界各国对以速度为标志内容的应急动员极为重视。美国为提高武装力量动员速度，采取了随时保持较高战备等级的方法。美国将战备分为5个等级：五级为正常状态；四级部分部队战备值班；三级人员停止休假；二级要求指挥员进入指挥位置，舰艇出航，地面部队能在12小时内出动；一级为最高戒备状态，地面部队能在2小时内出动，舰艇、飞机能在30分钟内出动，快速反应部队必须在48小时内抵达世界上任何一个危机地区。海湾战争中，美国总统布什签署"沙漠盾牌"命令仅5个小时30分钟，著名的82空降师就登机飞往沙特。美国的预备役部队战备程度也较高，具有较强的快速动员能力。人员接通知后，要在一周内到指定地点报到。在海湾危机中，预备役人员接到征召命令后，95%按时到指定地点报到。

（二）国防动员落实要全

武装力量体制以及动员制度，是国家对军队和后备力量动员的规范，根据不同国情，考虑方方面面因素细节，完备的动员制度和动员战略对战时实施快速高效的动员具有重要意义。国防动员落实要全，较具代表性的做法有以下 3 种。

1. 常备军与后备军相结合

这是多数国家武装力量建设的共同选择。如以色列常备军数量约 15 万，而预备役人员则多达 45 万。有编制番号的 36 个陆军旅中，现役旅只有 12 个，而预备役旅达 24 个。以色列每年 4 次征兵，青年们入伍就像进院校一样正常。由常备军负责把他们培训为合格军人。服役期满后，绝大多数人转为预备役。因此，以色列的预备役人员，都是经过正规军事训练的退伍军人，军事素质较高。遭受侵略的情况下，常备军必须坚持 48 小时的抗击入侵作战；预备役部队 72 小时内完成动员投入使用，最终完成夺取战争胜利的任务。换句话说，后备役部队才是国防主力，遇较大战事时，国家安全主要系于后备役部队身上。其实，大多数国家后备军多于常备军，战时军力瞬时膨胀，主要依靠后备军的快速动员。

2. 预备役部队与现役部队“一体化”

将预备役部队和现役部队作为有机结合、相互依存的整体力量，实现编制体制“一体化”、武器装备“一体化”、战备训练“一体化”。同步动员、同步使用。这是当今世界上许多国家武装力量建设与动员的重要指导思想。

3. 完善后备役训练制度

美国后备役人员训练形式主要有三种：一是周末训练，全年共 48 次，每次 4 小时；二是夏季训练，集中两周进行；三是参加现役部队的合练。以色列实施全民军训，中、小学每周分别进行 4 小时和 2 小时的军事训练。青年每年还要参加 20 天的普遍军训。以色列还规定：一级预备役人员每年须集中训练 42 天，二级训练 26 天。外国普遍注重动员后的强化训练。海湾战争中，美国所有预备役人员动员后均要接受防化学与生物战以及基本军事技能训练。

（三）国防动员定位要足

从几场现代局部战争来看，各参战国武装力量动员中除了现役部队外，都十分重视后备力量的动员。无论重视编组预备役动员，还是非编组预备役动员，其动员数量之大，编成之广，专业人员之多，技术含量之高，都达到了相当高的水平。

1. 后备役动员人多量大

第四次中东战争中，以色列的最高动员量接近 40 万人，占其总人口的 12.6%。海湾战争中，美国陆军共征召了 14.5 万国民警卫队和联邦后备队人员改服现役；海军陆战队共征召了约 3 万人，占可征召人数的 75%。与此同时，伊拉克总动员指挥部分三次下达命令，征召 30~32 岁的后备役人员服现役，使伊拉克军队得到迅速扩充。

2. 战斗、战勤各有用途

各国在后备役人员动员中，作战与支援勤务人员并举，各有使用重点。以色列、伊拉克、伊朗等国动员的后备役人员以直接参战为主，美国、英国等国则以战勤保障为主。如美空军动员，主要用于战略空运。海湾战争中，美空军后备役人员承担了 42%的战略空运任务和 33%的空中加油任务。

3. 突出专业技术兵员

现代战争对专业技术兵员的需求量很大。为此，世界各国针对未来战争，十分重视专业技术后备力量的建设与动员使用。美军后备力量中，技术密集的海军、空军预备役部队和专业技术人员在一类预备中的比重较大，能为战略轰炸机和大型运输机提供大批编组完毕的预备役人员。海湾战争中，美国动用了空军后备队和空军国民警卫队的300余架运输机参加空运，共动员国民警卫队和预备役人员5万人，约占可动员总量的25%，其中80%是担任后勤技术保障的专业技术人员。英军在海湾战争中共动员1000多名预备役人员，主要是医务人员、战场技师、情报技术人员和机修人员。

分析与思考

1. 国防的目的是什么?
2. 现代国防的特征是什么?
3. 新中国国防建设取得了哪些主要成就?
4. 中国武装力量由哪几部分构成?
5. 国防动员的意义及特点是什么?

第二章　国家安全

学习目标

1. 正确把握和认识国家安全的内涵。
2. 理解我国总体国家安全观。
3. 深刻认识当前我国面临的安全形势。
4. 了解世界主要国家军事力量及战略动向。

第一节　国家安全概述

国家安全是国家的基本利益，是指一个国家处于没有危险的客观状态，也就是国家政权、主权、统一和领土完整、人民福祉、经济社会可持续发展和国家其他重大利益相对处于没有危险和不受内外威胁的状态，以及保障持续安全状态的能力。当代国家安全包括 11 个方面的基本内容，即国民安全、领土安全、主权安全、政治安全、军事安全、经济安全、文化安全、科技安全、生态安全、信息安全和核安全。

一、国家安全的基本原则

第一，确立国家与民族崛起的基本目标。

第二，采取综合一体化的手段。

第三，新安全观包括主权安全、综合安全和合作安全。国家享有主权，包括独立权，管辖权，平等权，自卫权。国家综合安全包括政治、经济、社会、军事、信息安全等。经济安全是国家综合安全的核心。军事安全是国家安全的支柱。

第四，解决经济发展与国家安全脱节的问题。

第五，树立独立发展理念，为“全球化”条件下的民族国家定位。

二、总体安全观

2014 年 4 月 15 日上午，中共中央总书记、国家主席、中央军委主席、中央国家安全委员会主席习近平在主持召开中央国家安全委员会第一次会议时提出，坚持总体国家安全观，走出一条中国特色国家安全道路。首次提出总体国家安全观。

（1）“统筹发展和安全，增强忧患意识，做到居安思危，是我们党治国理政的一个重大原则”，旗帜鲜明地突出了国家安全工作的紧迫性和重要性。

当今世界的时代主题仍然是和平与发展，但是世界经济增长动能不足，贫富分化日益严重，地区热点问题此起彼伏，恐怖主义、网络安全、重大传染性疾病、气候变化等非传统安全威胁持续蔓延，世界面临的不稳定性、不确定性突出，人类面临许多共同挑战。

而对于中国自身来说，经济建设稳步前进，对外贸易、对外投资和外汇储备都稳居世界前列，对世界经济贡献率超过 30%，但我们自身发展中仍然面临诸多的困难和挑战，包括粮食安全、环境安全、金融安全等。“意识形态领域斗争依然复杂，国家安全面临新情况。”应对这些国际国内的安全风险，需要有紧迫意识，需要未雨绸缪，“这是我们党治国理政的一个重大原则”。良好的国际国内安全环境是我们开展其他一切工作的必要基础。

（2）新时代中国总体国家安全观的宗旨和原则是“必须坚持国家利益至上，以人民安全为宗旨，以政治安全为根本”。

“国家安全是安邦定国的重要基石，维护国家安全是全国各族人民根本利益所在”。总体国家安全观的基本原则是国家利益至上、以人民安全为宗旨、以政治安全为根本。在维护中国的国家安全和领土主权完整等方面，中国奉行的是国家利益至上的原则。国家利益至上，目的是为了让人民更加有安全感，能够在国内和国际上都保护好中国公民的生命财产安全。而政治安全是根本，则意味着中国政治体制和政权的安全，意味着中国政府有能力在全球维护中国的国家利益和人民安全。

（3）“统筹外部安全和内部安全、国土安全和国民安全、传统安全和非传统安全、自身安全和共同安全，完善国家安全制度体系，加强国家安全能力建设，坚决维护国家主权、安全、发展利益，”全面系统地论述了总体国家安全观的具体内涵，以及如何在新时代坚持和实践总体国家安全观。

总体安全观致力于“树立共同、综合、合作、可持续的新安全观”，强调各领域安全之间的互动关系，谋求中国和国际社会的共同安全、合作安全，综合国内安全与国际安全、传统安全与非传统安全、国土安全与国民安全，从而实现国家和国际社会的可持续发展。

三、贯彻落实总体国家安全观

贯彻落实总体国家安全观，必须做到以下几个方面：

（1）必须既重视外部安全，又重视内部安全，对内求发展、求变革、求稳定、建设平安中国，对外求和平、求合作、求共赢、建设和谐世界；

（2）既重视国土安全，又重视国民安全，坚持以民为本、以人为本，坚持国家安全一切为了人民、一切依靠人民，真正夯实国家安全的群众基础；

（3）既重视传统安全，又重视非传统安全，构建集政治安全、国土安全、军事安全、经济安全、文化安全、社会安全、科技安全、信息安全、生态安全、资源安全、核安全等于一体的国家安全体系；

（4）既重视发展问题，又重视安全问题，发展是安全的基础，安全是发展的条件，富国才能强兵，强兵才能卫国；

（5）既重视自身安全，又重视共同安全，打造命运共同体，推动各方朝着互利互惠、共同安全的目标相向而行。

第二节　国家战略环境

当前，我国综合国力不断提升，国际影响力日益增强，国家安全形势总体上向着更加有利的方向发展。但复杂多变的国内外形势给国家安全带来了一系列新的挑战，如中国的周边地缘环境发生了重要变化，美国全球战略重心向亚太转移，包括朝鲜核问题、领土主权争端等各种传统安全议题与金融危机、地区经济合作、恐怖主义等非传统安全议题纠结在一起，对中国外交提出了严峻挑战。

一、我国地缘环境基本概况

（一）陆海疆域辽阔，强邻环伺

中国是陆海兼备的东亚大国，现有的陆地疆域为 960 万平方千米，海洋国土约 300 万平方千米。中国周边安全环境最显著的特点是：陆海邻国多，是世界上陆海邻国最多的国家，而且多陆海强邻。中国陆地边界 22800 多千米，苏联解体后，有陆地邻国 14 个，分别是蒙古、俄罗斯、朝鲜、越南、老挝、缅甸、尼泊尔、不丹、印度、巴基斯坦、阿富汗、塔吉克斯坦、吉尔吉斯斯坦、哈萨克斯坦。海上邻国除朝鲜和越南陆地相邻外，还有韩国、日本、菲律宾、马来西亚、文莱、印度尼西亚 6 个国家。此外，由于历史等方面的原因，有些国家虽与中国无共同边界或海域，但与中国的关系历来相当密切，如柬埔寨、泰国、新加坡、孟加拉国等，一般我们也把它们看成邻邦。世界上 5 个军队在 100 万以上的国家，除中国外还有美国、俄罗斯、印度、朝鲜，它们几乎都在我国周边或把军队部署到了我国周边。公开宣称拥有核武器的 8 个国家中有 4 个在中国周边，即印度、巴基斯坦、朝鲜、俄罗斯。世界主要战略力量除了欧盟外，日本、俄罗斯、印度、东盟都在中国周边。俄罗斯、日本和印度是中国的海陆强邻，它们在军事和经济方面均拥有较强的实力或潜力，且在过去一个多世纪里先后与中国发生过战争或武装冲突。此外，美国虽然不是近邻，但其触角伸到了我们的周边，对我国影响重大。地缘政治规律表明，一个国家的邻国多，现实威胁和潜在隐患就多；邻国强，现实与潜在的安全威胁就大。这一特点要求我们以不同的方式对待、处理与不同邻国间的关系。

（二）战略区位重要，利益交汇

中国周边环境的复杂性还表现在边境线长。我国陆地边界线长达 22800 多千米，海上邻国众多，相邻海域广阔，除了 960 万平方千米的陆地面积，还有 300 多万平方千米的蓝色海洋领土。漫长的边境线容易引发领土争端问题，与邻国存在“剪不断、理还乱”的领土争端。同时，中国位于欧亚大陆东部和太平洋西岸，地处东亚的中心位置，四周分别邻接东北亚、东南亚、南亚、中亚四大次区域，为广阔的周边地区所环绕。东北亚、东南亚、南亚均位于欧亚大陆边缘地带，扼控海上交通要道，是陆权与海权势力竞逐的前沿；中亚是欧亚大陆心脏地带，且油气资源丰富，四周分别与俄罗斯、中国和南亚、西亚相连。周边地带汇聚着诸多重要海域与战略通道，处于东南亚中心的中国南海常年海运量仅次于欧洲地中海，居世界第二，每年往返船舶超过 4 万艘，全球一半以上的大型油轮及商船和 2/3 的液化天然气运输须途经该水域。而马六甲海峡更是连接太平洋和印度洋的海上交通咽喉，扼控两洋航线的枢纽，是亚太各国经贸发展的“生命阀”。由于拥有重要的战略位置和战略资源，中国周边地区自近代以来一直是大国利益的交汇区和大国力量的角逐场。

1982 年 4 月，第三次联合国海洋会议上通过的《联合国海洋法公约》，首次以国际法的形式对领海、毗连区、大陆架、专属经济区等作了具体规定。专属经济区是指领海以外并邻接领海的区域，其宽度从领海线起不超过 200 海里，沿海国对此海域中的生物和非生物资源享有主权。“专属经济区”的规定唤醒了沿海国家开发和维护海洋资源的意识，进而引发了争夺海洋岛屿、海洋国土、海洋资源和海洋通道的新一轮较量，使世界的许多热点集中到海洋上。我国与相邻国家在领海、资源等问题上也存在不少争端。

（三）邻国发展不均，环境复杂

我国周边国家的多样性突出，各国社会制度不同，发展水平各异，各种文化、民族和宗教聚集在我国周围。中国及其周边地区是世界上人口最密集，社会、经济发展最不平衡的地区。世界总共有 10 个国家人口过亿，其中有 7 个国家位于该地区，它们是中国、印度、印度尼西亚、俄罗斯、日本、巴基斯坦、孟加拉国。从政治上看，国体和政体的多样性在周边各国体现无余，周边既有资本主义性质的国家，又有社会主义性质的国家，既有共和制、总统制、议会制的国家，又有君主制的国家。从经济上看，在中国的周边，既有世界经济大国日本，又有新兴工业化国家，如韩国、马来西亚、新加坡等，又有在世界最贫穷国家榜上有名的缅甸、老挝、柬埔寨、孟加拉国、蒙古等。此外，当今世界五大热点地区——中东波斯湾、中亚、南亚次大陆、台湾海峡、朝鲜半岛，几乎都在中国周边。中国的周边安全环境处于矛盾极为复杂的状况。

中国周边地区也是世界上大国强国最集中的地区。美国一位专家说：“美国，与自己近邻加拿大和墨西哥两国军队在兵力上为六比一，它们之间的军事冲突是根本不可设想的。而中国则不一样，尽管他的军队是世界上最大的一支，但即使抛开较远的美国不算，7 个主要邻邦和地区的兵力加在一起，比中国兵力多一倍。”由于众多邻国当中强国、大国多，给我国的安全带来了很大的压力。我国周边国家的多样性突出，各国社会制度不同，发展水平各异，各种文化、民族和宗教聚集在我国周围。中国周边地区如此巨大的经济发展差距，给地区经济合作和安全合作带来相当大的困难。在这样的安全环境中，中国要维护自身的安全，必须拥有足够强大的军事实力。

（四）周边地区热点事件多

在我国周边地区热点问题集中。印巴在克什米尔问题上的争端有升级的迹象，南亚地区的紧张难以真正消除；阿富汗国内局势动荡不安对周边国家影响巨大；中亚地区各大国及相关国家对石油的争夺日趋激烈可能导致冲突；日俄南千岛群岛领土之争是影响两国关系的主要障碍，短期内难以解决；日韩围绕独岛（竹岛）的争端没有停止；朝鲜核问题时起时伏，威胁东北亚地区安全；东海油气田问题争执激烈，双方分歧严重。在众多的热点问题中，有些热点，我国属于当事国，直接相关；有些热点，虽然不是当事国，但对我国影响很大。周边地区的热点问题不可避免地对我国的安全产生影响。

二、地缘安全

从国防安全的角度看，我国所处的地缘环境，有许多不利之处。因此，我国长期追求的安全利益就是积极地创造有利于我国安全的地缘环境。

我国与世界上某些军事强国或具有军事潜力的强国相邻近。从国际政治的角度上看，这种邻近，必然会发生更多的利益交叉或重叠，使诱发利益分歧甚至冲突的可能性增多。从军事空间的角度上看，这种邻近，使我国位于这些国家军事实力有效打击的范围之内，或者说，感受到的军事压力更为直接，更加明显。

我国的北面是俄罗斯。两国的边界很长，构成了世界两个大国之间最大的接触面。与过去不同，这一接触面的稳定与否，将不是靠意识形态方面的共识或分歧，而主要是靠经济、安全方面的利益。也就是说，两国间的安全关系主要不再是靠情感，而是靠互利。在这种情况下，一些西方人士指出，两国安全从根本上说，不是对方的强大，而是对方的衰弱。如今的俄罗斯，其力量自然不能再同往日的苏联相比，但其军事实力尤其是战略攻击的实力以及强大的国防潜力，仍然居于世界强国之列，不可小视。我国与世界上的超级大国——美国隔洋相望。鉴于美国具有全球性的军事打击能力和全球范围的军事存在，我国在与美国发生利益冲突时，会明显感到美国的军事威胁近在咫尺。在我国的东面，是在历史上曾经侵占过我国大片领土的日本。尽管日本尚不具备对我国的军事进攻能力，但日本投入的居世界第二位的军费数额、拥有的现代化的空中和海上作战平台，可以在很短时间内成为有核国家的国防技术以及最近加强的日美军事合作同盟关系，都对我国构成了极大的潜在威胁。由于历史和特殊的地缘关系，中日关系上某种程度的敏感性，使这种潜在的威胁更加受到我国政府的关注。位于我国西南方向的印度，其军事实力并不比我国差多少，甚至在某些方面还超过了我国。从安全环境设计的理想目标上看，印度恐怕不会放弃在中印之间制造一个缓冲地区的战略尝试。这些都会使我国对这个相邻的亚洲大国保持一定的警惕。

在当今世界，和平与发展已经成为时代的主题，合作与对话的方式在国家安全关系中的作用增强，我国主张将各种军事威胁降低到最小的程度，主张化敌为友。我国当然不会简单地将拥有一定军事实力的国家视为敌人。我国从自己和平共处的原则出发，不会把周边大国视为敌人。但是，这种军事实力是客观存在的，或许这种军事实力不一定会对我国产生威胁，不一定导致敌对关系的形成，但我国所处的强国环绕以及它们有效攻击的地缘环境，不能不使我国感到一种战略上的压力，不能不使我国在安全战略运筹中四面环顾，小心翼翼。

这种与数个大国相邻的地缘环境，使我国始终处在一个“多边”或“数角”的关系之中，处在一种随时有可能被包围或被部分包围的不利态势之中。对此，美国《长城与空城计——中国对安全的寻求》的作者有比较深刻的看法。他们认为：“东南亚和南亚是不同的地区，各有各的战略特点。东南亚又分为两个不同的战略区域——印度支那和东盟国家。当另一个大国控制东南亚或南亚时，它的存在便威胁到中国。当同一个大国在东南亚也有强大的存在时，中国便实际上处于战略上被包围的状态。”这是我国战略环境的脆弱性一面。我国历史上的战略对抗都是围绕打破这一包围而进行的。

除了与一些大国相邻之外，我国还与许多小国相邻。这些国家包括：朝鲜、越南、老挝、缅甸、不丹、尼泊尔、巴基斯坦、阿富汗、塔吉克斯坦、吉尔吉斯斯坦、哈萨克斯坦、蒙古，以及隔海相邻的韩国、日本、菲律宾、文莱、马来西亚、印度尼西亚。一般说来，这些小国家不会对我国安全利益构成根本性的威胁，甚至有可能成为有利于我国安全的缓冲地区。但也不能不看到，由于种种原因，这些小国家与我国的联系，以及这些小国家之间的联系，是比较松散的，其各自的独立性更为突出。如一些国际关系学者所说，中国位于亚洲的中心，是一个大国，周围则是一些较小、独立、自信的国家，它们在民族上和意识形态上大多不同于中国，对中国一直存在着猜疑，对中国力量的崛起存有戒心。这种特性，使得有些国家很容易被一些大国或国际政治、宗教势力所利用，成为威胁我国安全的“跳板”。

从周边的地缘条件来看，我国是一个难于防御的国家。这可以从我国在近代历史上屡屡遭受外敌入侵的事实得到说明。它的海岸线漫长，易遭到敌人的海上入侵。它的陆地边界多在高山、荒漠地区，气候恶劣，居民稀少，难于部署兵力进行有效防卫。另外，我国发达地区多集中于东部沿海地区，使其要害部位过于暴露，增大了对外敌空中或海上攻击的防御难度。这些条件以及上面谈到的周边国家的条件，使我国的国防具有一个明显的特点：在通常情况下，不可能像一些大国那样，将入侵之敌阻于边境之外进行决战，也无法指望周围的地缘条件提供更多的安全屏护。

从整个全球的地缘情况来分析，国际空间划分出各种不同的政治、经济、文化、宗教、民族等势力范围。在这些势力范围的边缘地带，是势力利益交汇、矛盾交织和影响重叠的区域，从而成为冲突多发和局势不稳的区域。我国虽然位于亚洲的中心，但从上述势力范围的分布范围来看，却多处于他们交汇的边缘位置上。世界大的政治集团，在我国周围划出了自己的利益边界；世界大的经济集团，都试图在亚洲经济腾飞的机遇中发展自己的利益；许多人在进行东西方文化区分时，把我国视为东方文化的代表；我国的周围分布着许多不同的民族，并且这些民族与我国的许多少数民族有着千丝万缕的历史联系。于是，我国所处的这种地缘环境使其无法超脱于许多国际性政治、经济、文化、宗教、民族争端之外。当这些争端诱发出领土、主权、资源、生存等根本性的利益冲突时，我国不能不比别的大国更多地顾及自己的安全利益。

关于我国地缘环境的特点及其相对薄弱性的一面，有些美国学者在与美国的地缘环境比较中做了总结。他们谈道：“美国与亚洲和欧洲远隔重洋，与美国毗邻的两个国家比美国弱得多，而且是它的盟邦。中国则是位于亚洲的中心，周围有一批强大的对手和潜在的敌人。美国拥有技术先进的工业经济，人口疏散在肥沃的农业平原，生产的粮食多得本国人口吃不了，而中国的人口却庞大得多，其中大多数是拥挤在靠近海岸线、仅占它领土22%的地方。人口的增长使粮食供应受到的压力达到极限，而大部分的领土却是人烟稀少的山地和荒漠。”“美国的位置使它几乎不会受到外敌的军事入侵，中国的位置却使它千百年来屡遭侵犯。美国的安全问题是在国外，中国面临的最紧迫的问题则在它的边界线上和边境之内。美国军队是在远离国土千万里之外的世界各地巡逻，中国军队操心的却是抗御入侵和压制国内的动乱。近年来的全球事态发展——冷战结束，苏联解体，联合国维持和平作用增强，文化和经济力量的重要性升高，世界市场日趋一体化，亚洲出现了若干个强国和国家集团。这一切都加强了美国对世界各地施加影响的能力。同样的，这些事态发展却使中国近 50 年来借以保护自身安全的军事、经济和意识形态长城出现了缺口。”“如果说中国是一个资产丰厚的新兴强国，那么，它同时也是一个易受攻击的强国，即使它想要实行扩张或侵略，它也没有机会那样做。它的地理位置迫使它关注于捍卫自己的领土完整和抗御外敌，而它的潜在敌手既多又强大，而且就在它附近。”

三、新形势下的国家安全

2017 年 2 月 17 日，中共中央总书记、国家主席、中央军委主席、中央国家安全委员会主席习近平在北京主持召开国家安全工作座谈会并发表重要讲话，强调要准确把握国家安全形势，牢固树立和认真贯彻总体国家安全观，以人民安全为宗旨，走中国特色国家安全道路，努力开创国家安全工作新局面，为中华民族伟大复兴中国梦提供坚实安全保障。

新形势下，我们要认清国家安全形势，维护国家安全，要立足国际秩序大变局来把握规律，立足防范风险的大前提来统筹，立足我国发展重要战略机遇期大背景来谋划。世界多极化、经济全球化、国际关系民主化的大方向没有改变，要引导国际社会共同塑造更加公正合理的国际新秩序。要切实加强国家安全工作，为维护重要战略机遇期提供保障。不论国际形势如何变幻，我们要保持战略定力、战略自信、战略耐心，坚持以全球思维谋篇布局，坚持统筹发展和安全，坚持底线思维，坚持原则性和策略性相统一，把维护国家安全的战略主动权牢牢掌握在自己手中。

新时期的国家安全工作，要始终坚持党对国家安全工作的领导，是做好国家安全工作的根本原则。各地区要建立健全党委统一领导的国家安全工作责任制，强化维护国家安全责任，守土有责、守土尽责。

四、新兴领域的国家安全

随着现代科技和信息化技术的迅猛发展，太空、远海、网络、极地、人工智能等高新技术成为新时期国家安全的新兴领域，大大拓展了传统国家安全的“领域”。

（一）太空成为大国激烈博弈的新舞台

当我们仰望星空，美丽的银河、久远的传说、人类探索太空的故事总会映入脑海，地球是人类的摇篮，而太空则是人类未来发展的方向。未来战争中，在陆、海、空、天、电、网多个作战维度，太空是多维作战空间的制高点，谁控制了太空，谁就能牢牢把握感知、认知、决策优势。美国等发达国家竭力为本国争夺太空创造条件。载人航天、卫星发射、反导、登月及火星探索层出不穷。研发太空“利器”、锻造太空“精兵”，构建军事航天力量体系。太空领域成为各国争夺全球优势的战略高点。当中国还在温饱线上挣扎时，党的第一代领导人就高瞻远瞩地确定了包括“两弹一星”在内的高科技国防技术发展规划，时至今日，中国的航天科技工程取得了骄人的成绩。伴随着航天技术的发展，人类正以前所未有的速度开拓着太空，不仅深刻地改变着人类社会的生产生活方式，而且对国家安全和军事斗争产生着重大而深远的影响。

（二）深海开发成为各国明争暗斗的新焦点

众所周知，海洋是世界战略资源的重要基地。深海油气资源、可燃冰、砂矿等，储量之大远超当今人类需求。从而引发各国不断上演“蓝色圈地”运动。岛屿归属、专属经济区与大陆架划定、海底资源的争夺，特别是对深海资源的竞争成为新焦点。

（三）网络空间成为全球激烈竞争的新空间

信息网络技术催生了人类活动新的空间——网络空间。而网络空间直接关乎社会政治、经济、文化、金融等系统的正常运转。网络领域已经成为世界各国军事角逐的新空间。

（四）极地领域成为多国争相占据的新领域

2017 年 5 月 25 日，俄中两国在北京签署极地领域双边合作谅解备忘录。与此同时，中国还同阿根廷国家南极局、智利外交部南极研究所、德国亥姆霍兹极地与海洋研究中心阿尔弗雷德·魏格纳研究所、挪威气候与环境部极地研究所、美国国家科学基金会极地项目办公室分别签署了同样的备忘录。合作谅解备忘录涉及内容广泛，涵盖了现场考察、科学研究、后勤保障、环境保护与管理、人员技术交流、政策规划、科普教育等内容。

当前，许多国家都把极地研究与开发作为国家重要战略。北极地区潜在的可采石油储量有 1000 亿至 2000 亿桶。煤炭则占到世界总量的 9%。北极还有大量的铜、镍以及金、金刚石、铀等。从军事上来说，北极位于亚、欧、北美三大洲的顶点，有联系三大洲的最短航线，从华盛顿到莫斯科仅 6750 千米，比欧洲航线近 1000 千米，地理位置极为重要。地处亚、欧、北美三大洲弧顶位置的北极地区，是一个瞰制北半球的战略制高点和实施威慑的支撑点。冷战时期，美苏两国就在北极地区部署战略轰炸机和战略核潜艇。为赢得极地竞争优势，掌握极地主动权，不仅美国、俄罗斯、加拿大等极地国家纷纷制定极地战略，而且一些非极地国家也积极参与极地事务。新形势下，围绕极地领域的国际斗争将日趋复杂激烈。

第三节　国际战略形势

激水之疾，至于漂石者，势也；鸷鸟之疾，至于毁折者，节也。是故善战者，其势险，其节短。势如扩弩，节如发机。

——《孙子兵法》

国际战略形势是世界各国安全、生存和发展所处的条件和态势。它要受到多种因素的制约和影响。第二次世界大战后的相当长的时间里，两大政治阵营、两大军事集团、美苏两个超级大国争霸，西方美、欧、日三大经济力量和美、苏、中三大国战略关系，曾在国际战略形势中起主导或重要作用。20 世纪 90 年代以来，一方面以美苏两极为主导的雅尔塔体制已经解体，另一方面，多极化格局正在加速发展。在这种情况下，国际战略形势的基本发展趋势是：和平与发展仍是当前的两大主题；国际形势的发展趋向缓和；各国都致力于自身的发展；增强综合国力已成为世界性潮流。

一、当前国际战略基本形势及发展趋势

和平与战争问题攸关国家的生存，是国家战略目标和手段的基本出发点。当前及今后一个时期，国际战略格局将继续发生深刻复杂变化。国际关系的革命性变化使得大国间发生战争的可能性大大降低，国际社会的总体和平可望维持，但是局部安全风险和非传统安全隐患仍在增加。尤其随着人类活动范围和交往深度的不断拓展，各国在经济、社会、文化、卫生、信息等领域的相互溢出效应日益增强，各类非传统安全风险成为国家稳定繁荣的重要威胁来源。中华民族伟大复兴加速推进，中国走向世界、承担更大国际责任成为历史必然的同时，将面临前所未有的严峻挑战。清醒认识国际战略格局，正确分析我国安全所面临的国际形势，是确保国家核心利益不受侵害的必然要求。

总体来看，当前国际形势保持了总体缓和。和平与冲突、发展与动荡、缓和与紧张交

织互动的基本态势，呈现出国际政治多极化、世界经济全球化、民族文化多元化、军事变革信息化的强劲势头，世界经济重心加速由西方向东方转移，亚太地区成为全球地缘战略角逐的焦点。这些历史性变化和调整，给未来国际战略格局和地区安全形势发展带来机遇的同时，也带来了新的挑战。

（一）国际政治多极化趋势不可逆转

冷战后形成的“一超多强”国际格局虽还存在，但大国力量对比发生了重要变化，各大力量此消彼长，特别表现在美国及西方大国影响力有所下降，新兴大国的影响力和地位不断上升。美国由于对外过度扩张与对内透支消费、经济监管不力，导致金融危机，软硬实力均遭重创，其“一超”优势地位显著下滑，左右全球形势的企图受到越来越大的制约，显得力不从心，陷入自冷战结束以来最严重的内外危机。欧盟在冷战后扩容过快，而导致“消化不良”，2017 年 3 月，英国启动脱欧程序，欧洲一体化进程受到挫折，不仅如此，欧盟经济增长缓慢，使得其政策取向更加“内向”。日本经济继续徘徊不前，外交陷入“迷惘”；中国综合国力快速大幅跃升，GDP 总量在 2010 年首次超过日本，位列世界第二，军事实力进入快速提高时期，国际影响力快速增强；印度外交左右逢源，经济增长总体向好，加快推进政治与军事大国战略；俄罗斯充分发挥军事、能源、地缘与外交谋略优势，不断增强对外战略的主动性与进取性，力图重振“雄风”。目前，发展中国家整体占世界经济总量比重已超过 40%，对世界经济增长贡献率超过 75%，西方国家占主导的国际体系虽未根本改变，但力量对比严重失衡的状况正逐步得到改善。

（二）世界经济全球化推进喜忧参半

经济全球化是在新科技革命的背景下进行的，它实际上是一把双刃剑。正面的是促进了世界形势的缓和。一些国家和地区的金融危机演变成了债务危机，债务危机演变成了经济危机，经济危机导致了政局和社会动荡，进而把全世界联合在一起，世界必须共同面对集体应付。负面的是使世界处于新的动荡分化之中。全球化是一种潜伏着隐患的非均衡进程，是由西方国家来主导的，它为新干涉主义提供了空间，西方国家尤其是美国经常以“人权高于主权”“经济利益高于主权利益”来干涉别国内政；在贸易逆差面前，美国等西方大国的贸易保护主义抬头，逆全球化而动。特朗普上台后，先后退出了巴黎气候变化协定，退出了联合国教科文组织，退出了全球移民公约，并重谈北美自贸区，挑起与中国的贸易争端，美国的一系列逆全球化的动作，导致世界经济不平衡发展越来越难以控制。在全球化进程中，围绕重建国际金融秩序、经济秩序和政治秩序的斗争更趋激烈，导致南北矛盾可能进一步加深、西方内部矛盾深化，导致国家间的贫富差距拉大、个人收入差距拉大、主要国家和地区的 GDP 占世界 GDP 总量的百分比差距拉大，进而引发经济全球化的趋势可能发生停滞或倒退，给全球化进程带来新的不确定性。

（三）民族文化多元化共存不可阻挡

当今世界，文化越来越成为国家发展的内在动力，成为民族精神的载体，诸多国际政治、经济问题往往通过文化表现出来。不同民族文化在全球化态势下各自发展，“各美其美，美人之美，美美与共，和而不同”。这种发展，不仅是世界文化发展应有的价值取向，而且正在成为爱好和平的各国人民的强烈呼声和实际行动。对本民族文化的价值充满自信，对世界文化发展格局持多元、平等的看法，反对文化霸权主义、单边主义、民族文化沙文主义，抵制狭隘民族主义，坚持和平发展的文化战略，将是整体发展趋势之一。提升对本民族文化的自觉意识，增强对世界文化发展的自觉意识，拓展人类文化发展的世界胸怀和全球意识，将是不可阻挡的潮流。历史发展的实践证明，那种优越于其余民族文化之上、主宰全人类精神世界的单极文化是不存在的，“道并行而不相悖”，不仅是人们的良好愿望，而且正逐渐成为不以人的意志为转移的客观现象。

（四）世界新军事革命演进因素复杂

人类经历过冷兵器、火器和机械化三次大的军事变革，现正经历第四次军事革命，即新军事革命。新军事革命，是人类社会向信息时代迈进过程中，在军事领域内以信息化为本质特征和核心内容的系统性、革命性的变革。它将从根本上改变战争的面貌，加速推进战争形态的演进，并对国际战略格局产生深远影响。新军事革命给军事领域带来的新变化主要表现在：注重效果，超越工业时代通过大规模毁伤实现作战意图的战争指导原则，效果型战争成为趋势；重视信息，超越依托提高兵器的物理性能增强军队威力的传统思路，战场透明化、火力打击精确化、指挥控制实时化等成为提高作战效能的主要途径；完善体系，超越以往依托若干新型装备拉动军事效能的基本模式，综合集成思想向军事领域全面渗透，战争成为体系与体系之间的对抗；拓展空间，超越传统的战场空间概念，军事对抗扩展到陆、海、空、天、电磁等多维空间，争夺综合制权的斗争日趋激烈；强调轻装多能高效，超越传统部队体制编制，逐步取代重兵集团的部队编组，垂直梯形的指挥体制向横宽纵短的扁平方向发展；大胆进行理论创新，超越以往僵化、封闭的军队思维模式，理论创新空前活跃，社会参与的特色比以往更加突出。在这场军事变革的较量中，美国无疑充当着领头羊的角色，但随着时间的推移，美国的全面优势正在有些领域丧失，新兴大国的快速发展超出了美国的预期，全球政治、经济、科技以及军事发展呈现出的新变化，使得这场军事变革比以往任何一次都显得要复杂一些。

（五）发展趋势

1. 多极化向全新的广度和深度扩展

世界多极化就是世界范围内的力量中心从一个中心向多个中心扩散，以及各中心之间的力量对比差距缩小的过程。多极化不仅越来越不可逆转，而且正在向不同层面和不同领域持续深化。尽管西方主要国家逐渐摆脱金融危机，中国、俄罗斯、巴西等国家的经济发展不同程度地放缓，但是，以“西方七国”为代表的传统发达国家作为西方曾经所谓的世界“中心地带”整体继续下沉，以“金砖五国”为代表的新兴经济体和广大发展中国家作为西方曾经所谓的世界“边缘地带”整体不断上升，这两个地带之间差距缩小的态势持续发展。

2. 世界各主要战略力量重新厘清内外战略

面对日显动荡多变的世界，尤其是不断深化的多极化趋势，世界各主要战略力量越发紧迫地调整内外战略，努力明确定位和优势劣势，力图在未来可能出现的多极格局中谋求比较有利的国际地位。

3. 大国战略博弈渐成全方位之势

随着世界主要力量的战略调整和政策实践持续展开，从总体上看，为应对金融危机而催化出现的大国之间竞争、合作并存交织的关系形态将持续演化。全球经济发展面临多种困难、恐怖主义和极端主义威胁居高不下、难民移民问题的经济安全外溢效应凸显、国际能源格局面临深刻调整、全球气候变化应对可能被美国特朗普政府逆转、核不扩散威胁依然严峻，大国之间增进合作的需求不减反增。与此同时，由于整个世界格局演进面临和平条件下前所未有的大变革大调整，混乱失序因素明显增多、不确定性和风险性持续高企，大国为了更好地因应变局、维护利益、确保安全，战略和政策的进取性普遍强势。这就导致大国之间的竞争、碰撞、摩擦不断上升。从国内经济结构调整转型、社会矛盾治理、政治模式创新，到国际定位的矫正确认、对外战略的设计谋划、实施路径选择和政策策略应用，再到地缘政治布局改变和军事力量部署调整，大国战略博弈渐成全方位展开态势。

4. 中国发展对世界进步的影响持续扩大

在主要大国为了谋求相对有利的地位而纷纷厘清内外战略并全方位展开竞争的背景下，中国地位和作用的快速攀升、中国战略展开所产生的影响尤为显著。这既得益于中国所处亚太这个重要地缘板块在全球地缘战略格局中快速隆起的托举效应，更由于中国自身改革开放发展所累积起来的综合国力增长的基础支撑。具体表现在，一是中国对世界的输出性影响正在快速增大，不断接近甚至超过世界对中国的输入性影响；二是中国对世界的贡献向规模层面扩展深入。

二、世界主要国家军事力量

（一）美国

美国经济是美国军事实力的强大保证，美国军事科技、军事思想和军费开支都是世界第一，现在其军事力量正在向外层空间发展。

美国拥有世界上最先进且规模最庞大的战略轰炸机群和战斗机群，空中侦察，预警系统先进而完善。其中以 B-2、F-22、F-35 为首的隐形兵器，更是将全世界带入了隐形时代。世界上只有少数几个国家有少量轻型轰炸机，而美国则是清一色的重型轰炸机。远程轰炸机一直是美国推行全球军事战略的重要工具，美国是拥有重型轰炸机最多的国家，目前一共有 208 架，包括三种机型：B-52、B-1 和 B-2。美国空军的 F-22 是目前世界上唯一已部署的第五代战机。

海军是美国最强势的环节，有着世界最强的海军陆战队和海军舰艇，有十一艘航空母舰，每一艘航母各配备九艘装有巡航导弹的战斗护卫舰护航，并有核潜艇保驾，在航空母舰和核攻击潜艇数量上，是占绝对优势的。“海洋是美国的延伸国土，美国和任何一个沿海国家都是邻国。”

美国陆军是一支能应付当今世界任何挑战的联合部队，陆军现役部队约 50 万人。西点军校为美国陆军提供了长久不衰的指挥机构人才，美国的任何一个士兵在其他国家基本训练几周，就能变成特战队员。

美军不是“纸老虎”，面对世界任何军队，它都是一只彻头彻尾的真老虎。

（二）俄罗斯

俄罗斯现役部队编制人数总员额为 113.2 万人，这个昔日的超级大国继承了苏联 70%的军力，重工业基础雄厚，军事科技发达，拥有很强的武器自主开发能力，其自行研制的 SS-27“白杨-M”核洲际导弹的弹头再入大气层时，能作复杂机动，令美国 NMD 拦截系统束手无策。更重要的是，俄罗斯拥有世界最优秀的战略导弹潜艇，还有与美国不相上下的核武器库。

当今世界主要核国家的核威慑力量多由“三位一体”陆基战略（弹道）导弹、战略轰炸机和战略核潜艇这三大兵器构成。与美国相比，在重型战略轰炸机等空基核力量方面，俄罗斯目前还处于劣势，但是仍然能对敌国构成潜在的战略威胁。但是在陆军方面，俄罗斯却丝毫不逊色于美国。如今，美、俄拥有全球90%以上的陆基战略导弹，无论数量质量，都堪称当今世界的“超级核大国”。在过去10多年间，由于经济拮据，俄军现役武器装备大多仍为20世纪70—80年代的苏制武器为主，但是俄罗斯仍是一支令西方发抖的巨大力量，仍有机会和能力与拥有最先进军事技术的国家进行对抗。

（三）法国

法国是微型超级大国，全球型军队，拥有很先进的完善军事工业体系，电子技术发达，武器自主开发能力在欧洲是最强的，军事装备几乎不依赖别国，但却能够开发出很多和美国分庭抗礼的高技术武器。

法国空间技术在欧洲优势明显，代表欧洲高科技精华的欧空局、空客，都是在以法国为领导下开展的。

法国海军是美国以外唯一拥有核动力航母的国家，核潜艇和常规潜艇技术都居世界前列，法国是除美国与苏联外唯一拥有弹道导弹核潜艇、陆基战略导弹和战略轰炸机“三位一体”核力量的国家。

（四）英国

作为昔日的日不落帝国，英国这个老牌帝国主义国家现在的实力已经远不如以前，但是凭着雄厚的工业基础，经济实力，发达的军事科技和电子技术，以及美国的支持，足以维持英国的世界强国地位。英国战略资源比较丰富，抗制裁能力在西欧各国中最强，英国皇家空军（Royal Air Force，简称RAF）是英国的空军分支，是世界上历史最悠久的独立空军，亦是世界上最大规模的空军之一。英国目前拥有的洲际导弹和核弹头总数不是很多，但因装备性能出色，其战略核力量足以构成有效的威慑。

法国和英国几乎没有战略防御纵深，故而这两个国家都极为重视其海空军力量的建设，这也是这两个国家极力发展海基和空基战略核力量的原因。英国和法国作为世界老牌海军强国，不但拥有航空母舰编队及其对于中国海军来说几乎为零的航母远洋作战理论，还拥有远强于中国海军的核动力潜艇舰队。更重要的是，这两个国家拥有丰富的海军远洋航行能力和作战理论。

延伸阅读

习近平就弘扬万隆精神提出三点倡议

2015年4月22日上午，亚非领导人会议在印度尼西亚首都雅加达举行。国家主席习近平出席会议并发表题为《弘扬万隆精神推进合作共赢》的重要讲话。习近平就弘扬万隆精神提出三点倡议。

第一，深化亚非合作。面对新机遇新挑战，亚非国家要坚持安危与共、守望相助，把握机遇、共迎挑战，继续做休戚与共、同甘共苦的好朋友、好伙伴、好兄弟。

第二，拓展南南合作。广大发展中国家都面临着加快发展、改善民生的共同使命，应该抱团取暖、扶携前行。

第三，推进南北合作。要坚持相互尊重、平等相待。要推动发达国家切实履行官方发展援助承诺，在不附加政治条件的基础上，加大对发展中国家的支持力度，建立更加平等均衡的新型全球发展伙伴关系，缩小南北差距。

分析与思考

1. 什么是国家安全?
2. 我国地缘环境有哪些特点?
3. 国际战略形势现状及发展趋势如何?
4. 我国当前面临的新兴领域的国家安全问题包括哪些方面?

第三章　军事思想

学习目标

1. 了解军事思想的内涵、形成与发展历程。
2. 了解外国代表性军事思想。
3. 明确我军的性质、任务和建设指导思想。
4. 树立马克思主义的战争观和方法论。
5. 理解习近平强军思想的科学含义和主要内容。

第一节　军事思想概述

一、军事思想的内涵特征

军事思想是关于战争、军队和国防的基本问题的理性认识，是人们长期从事军事实践的经验总结和理论概括。它来源于人类的军事实践，同时又给人类的军事实践以理论指导，并在军事实践中接受检验。它揭示战争的本质、战争的基本规律以及进行战争的指导规律，阐明军队和国防建设的基本理论和原则，从总体上考察和回答军事领域的普遍性、根本性问题，揭示军事领域的一般规律，提出军事斗争和军事建设的基本方针和基本指导原则，为人们研究和解决军事问题提供总体性理论指导。军事思想的内容大体可分为两个层次：一是军事哲学，包括战争观、军事问题的认识论和方法论；二是军事实践基本指导原则，包括战争指导的基本方针和原则、军队建设的基本方针和原则、国防建设的基本方针和原则等。军事思想的基本含义在于对战争规律的科学认识，根本用途是为打赢战争、遏制战争提供强大的理论指导。

军事思想具有以下特征：一是具有鲜明的阶级性。阶级性是军事思想的本质属性。军事思想来源于社会实践，在阶级社会中，人们为了各自阶级的利益，所奉行和推崇的军事思想，必然要反映各个阶级对战争和军队建设的认识和立场。因此，不同阶级、国家或政治集团必然有不同的军事思想。二是具有强烈的时代性。军事思想是一个历史范畴。军事思想来源于战争实践，不同历史时期的战争有着不同的形态和战略战术，有着不同的军队组织原则和编制。军事思想随着人类社会的发展而不断演变。时代环境的改变，会使军事思想的内容发生根本性的改变。三是具有丰富的实践性。任何军事思想都是对战争实践的经验总结和升华。军事思想由军事实践产生，接受军事实践的检验，随着军事实践的发展而发展。四是具有明显的继承性。军事理论的继承和发展都离不开对以往军事思想的扬弃，是人们对以往军事实践认识成果中正确理论的继承和发展。

二、中国军事思想的发展历程

人类历史源远流长，随着社会生产力的发展、社会关系的变革、战争规模的扩大、战争激烈程度的加剧，以及科学文化技术水平的不断提高，人类对军事问题的认识经历了由浅入深的演进过程，军事思想也正是在这个演进过程中得以产生、形成、提高、丰富与发展。中国军事思想按阶段分为古代军事思想、近代军事思想和现当代军事思想。

1. 中国古代军事思想

中国是具有悠久文明历史的古国，中国古代军事思想是中国传统文化的珍贵遗产。在数千年的历史长河中，中国军事思想不断发展完善，形成了独具特色的东方兵学体系。它不但培养了众多驰骋疆场的将领，指导了无数次战争，而且成为世界军事思想体系的重要组成部分，对世界军事科学的发展产生了积极的影响。

一般认为，我国古代军事思想初步形成于夏商周时期，春秋战国时期趋于成熟，秦至五代得到丰富和发展，宋至清前期进入系统化、体系化阶段。

公元前 21 世纪至公元前 8 世纪，即夏商周时期，中国古代出现了军队和真正意义上的战争，军事思想开始萌芽并逐渐成为专门学科，出现了专门的军事文献《军政》《军志》，虽已失传，但这是我国古代军事思想产生的重要标志。

公元前 8 世纪初到公元前 3 世纪末，即春秋战国时期，是我国古代从奴隶制向社会封建制社会的过渡时期，也是政治、经济、文化和科技大发展的历史阶段。在这一时期，社会大变革和频繁的战争使军事理论和实践得到了新的发展，许多代表新兴地主阶级的军事家和兵书著作不断涌现，从战争论、治兵论、用兵论及研究战争的方法论等方面，全面奠定了我国古代军事思想的基础。标示着我国古代军事思想已基本成熟。现存最早、影响最大的军事著作就是春秋末期孙武所著的《孙子兵法》，其他影响较大的兵书还有《吴子》《司马法》《尉缭子》等著作。

公元前 3 世纪初至公元 10 世纪中叶，是中国封建社会发展的上升阶段。期间主要经历了秦、汉、晋、隋、唐等几个大的统一封建王朝，虽然也有过短暂的分裂，但总的趋势是统一与发展。公元前 221 年，秦灭六国，统一华夏，建立了中国历史上第一个统一的中央集权制的封建国家政权。从这一时期开始，直到清朝前期，中国古代军事思想得到了长足的发展。这一时期，经济的发展和科学技术的进步，推动了武器装备的发展和战争形态的变化。秦汉时期，冶铁技术的发展，使武器装备进入了铁兵器时代，战争以骑兵为主要作战兵种。汉、唐两代是中国封建社会发展的盛世。唐朝发明的火药，在宋朝用于军事，出现了热兵器和水军。这一时期的军事思想，是对先秦军事思想的全面继承，并结合时代特点进一步的丰富和发展，是中国古代军事思想史上承前启后的历史阶段。这一时期比较有代表性的兵书有《黄石公三略》《李卫公问对》《淮南子》《太白阴经》《长短经》《隆中对》等。

从公元 960 年到 1840 年，历经宋、元、明、清（前期）四个朝代。这个时期中国封建社会已进入阶级矛盾激化、统治阶级内部矛盾深化的时期。当政者为了维护其统治，确立武学在整个社会的正统地位，开办武学，设立武举，发展军事教育。据《中国兵书总目》统计，这一时期兵书共计 1815 种，占中国古代兵书的 3/4，涵盖了军事思想的方方面面，形成了比较系统的军事思想体系。武学开始纳入国家教育体系。宋神宗时期，把《孙子兵法》《六韬》《三略》《尉缭子》《司马法》《李卫公问对》《孙膑兵法》七部兵书作为武学必修课程，统称《武经七书》。军事思想研究向体系化发展，出现了第一部军制史专著《历代兵制》、第一部名将传记《百将传》、第一部专门军事类书《武经总要》和第一部军事地理学专著《读史方舆纪要》等。明清时期，是由冷兵器向冷、热兵器并用过渡的时代，出现了独立的水师、炮兵、工兵及其他技术兵种。随着武器装备的改进和兵种的增多，战争越来越复杂，军队编制或战法都产生了显著变化，历代兵书的内容也随之丰富。

概括来说，中国古代军事思想萌芽于殷商时期，形成于西周，成熟于春秋战国，发展于秦朝至清朝前期。鸦片战争之后，中国军事思想开始吸收西方军事文化，向近代转化。中国古代军事思想是人类优秀的文化遗产，在世界军事思想史上具有深远的影响和意义，在今天仍为人们所称道，具有重要的思想价值。

2. 中国近代军事思想

1840 年鸦片战争后，中国逐渐沦为半殖民地半封建社会，民族矛盾成为中国社会的主要矛盾。这时，西方已经以使用热兵器为主，而中国还处于冷、热兵器并用的时代。从鸦片战争开始，中国的军事活动就带有明显的反侵略和御辱图强的色彩，中国的军事思想开始抛弃传统糟粕，并吸取西方文化的精华。当时有识之士看到了武器装备对于战争胜负的重要性，从西方引进先进技术，开办工厂，制造枪械。这一时期，军事学术主要是介绍武器性能、操作使用等。甲午战争后，清政府意识到仅靠“坚船利炮”作战并不能赢得战争，于是又师承西方，开始学习军事理论，翻译西方重要军事论著。曾国藩、左宗棠、李鸿章、袁世凯、孙中山等代表，从主张学习西方技艺上升到主张学习西方军事制度和练兵方法，开始引进西方的军事理论和军事学术。

总之，中国的军事变革是在外敌入侵的情况下被迫进行的，军事思想缺乏应有的主动性和创见性，认识不够深刻，有照搬照抄西方之嫌，且落后于西方。

3. 中国现当代军事思想

中国现当代军事思想，是随着无产阶级军事思想在世界范围内蓬勃发展起来的，主要是以苏联和中国的军事思想为代表。列宁在领导俄国“十月革命”和反对帝国主义武装干涉以及国内战争中，创立了关于战争与革命、武装起义和建设红军、实行全民战争等无产阶级军事理论和军事思想。斯大林等在领导苏联红军和国防现代化建设中，在领导和指挥反法西斯侵略的卫国战争中，继承和发展了马列主义军事理论，制定了苏维埃国家军队和国防建设的基本原则，建立了苏联军事思想体系。毛泽东把马列主义军事理论与中国革命实践相结合，创立了毛泽东军事思想。20 世纪 80 年代末，邓小平继承和发展了毛泽东军事思想，指出和平与发展是世界两大主流，把中国在战争指导思想上准备“早打、大打、打核战争”的临战状态，转到和平时期经济建设轨道上，明确提出建设一支强大的现代化、正规化革命军队的建设总目标等，形成邓小平新时期军队的建设思想。江泽民论国防和军队建设，胡锦涛关于国防和军队建设重要论述，习近平关于国防和军队建设思想，都反映了新时期军事变革的新特点，完善了无产阶级军事理论体系。其他一些国家的无产阶级政党在领导本国人民的革命武装斗争中，将马克思列宁主义军事理论与本国的实际结合起来，也创立了各具特色的军事思想。

第二节　外国军事思想概述

一、外国军事思想的主要内容及特点

（一）西方古代军事思想

西方古代军事思想以古代希腊和古代罗马军事思想为代表。公元前 8 世纪至公元 5 世纪西方奴隶社会时期，古希腊、古罗马等奴隶制国家为了扩张领土、建立霸权、掠夺奴隶和财物，频繁发动战争。在长期的战争实践中，涌出许多著名的将领和统帅，产生了丰富的古希腊和古罗马的军事思想。

古希腊的军事思想主要散见于希罗多德的《希腊波斯战争史》、修昔底德的《伯罗奔尼撒战争史》、色诺芬的《远征记》、艾涅的《战术》，以及普鲁塔克、伯里克利、亚历山大等人的历史著作中。他们的主要军事思想为：战争是由根本利害矛盾引起的，战争的目的是为了征服，以谋求城邦、国家利益和霸主地位；战争的胜败取决于政治、军事、经济、精神等条件；作战前必须对双方的军力、财力、人力等方面的长处和短处进行认真的分析对比；注意激励军队的士气；立足以优势力量建立己方胜利的信心；采取出乎敌人意料的行动使之惊慌失措等。

古罗马的军事思想体现在恺撒的《高卢战记》、阿里安的《亚历山大远征记》、弗龙蒂努斯的《谋略》、奥尼山得的《军事长官指南》、韦格蒂乌斯的《论军事》，以及历史学家波里比阿、阿里安、塔西佗、普鲁塔克等有关罗马历史的著作中。古罗马军事思想源于古希腊而又有所发展，主要表现在：进一步认识到战争有正义与非正义之分；把军事作为实现政治目的的工具，而政治又是配合军事行动达成军事目的的手段；通过外交广泛联盟，孤立对手，恩威并施，实现自己的目的；主张以进攻为主、防御为辅；在被迫处于防御地位时，也总是通过向敌后等薄弱处进攻，力求改变攻防态势，变防御为进攻，主张建立一支忠于自己的部队，以金钱、土地、建筑等物质利益保证部队的忠诚；以精神鼓励和严格纪律保持部队的战斗力等。

（二）近代资产阶级军事思想

近代资产阶级军事思想产生于欧洲，经历 3 个世纪，随着资产阶级革命战争实践而逐步形成，并随着战争的发展而发展。15 世纪和 16 世纪之交的文艺复兴时期，欧洲军事思想开始了近代化的萌芽，主要代表作是意大利思想家马基亚维利于 1520 年写成的《论战争艺术》。《论战争艺术》提出资产阶级为巩固自己的统治，必须致力于战争，真正掌握军事实力，要实行普遍义务兵役制。17 世纪，英国发生的资产阶级革命具有世界影响。资产阶级革命打破了封建地主阶级的生产关系，解放了生产力，使经济快速发展。资本主义制度建立后，大英帝国实力倍增，开始在北美、亚洲和非洲进行野蛮的掠夺殖民地的战争。欧洲的葡萄牙、西班牙、荷兰甚至法国，都成了英国的殖民地。英国经济的发展、科学技术的进步、社会思想的前进，推动了资产阶级军事思想的发展。

17 世纪至 18 世纪，欧美各国资本主义迅猛发展，发达的工场手工业生产了大量新式火器，文艺复兴和资产阶级革命促进新的阶级关系和民族关系形成，促使战争和军队建设从形式到内容发生变化，欧美军事思想的近代化过程随之达到高潮。18 世纪末到 19 世纪前期，法国爆发了资产阶级革命和拿破仑战争。19 世纪中叶，德国、奥地利等国也爆发了资产阶级革命。1861 年，俄国废除农奴制。

在资产阶级革命过程中，一批资产阶级的军事思想家和军事思想涌现出来，集中体现在拿破仑的战争艺术上，以及克劳塞维茨的《战争论》和约米尼的《战争艺术概论》等著作中。克劳塞维茨在《战争论》中提出了“战争无非是政治通过另一种手段的继续”的著名论断，系统地探讨了战争的目的、战争的本质、战争与政治的关系、军队建设、战争艺术、消灭敌人和保存自己的关系、民众战争的作用与使用原则、精神和物质的关系、集中兵力和积极防御的思想等。约米尼在《战争艺术概论》中论证了军事领域的许多基本原理和规则，提出了决定战争胜败的多种因素，指出全民参加的民族战争具有最可怕的力量。这两部著作均是在总结拿破仑战争经验的基础上产生的，标志着欧洲和世界近代资产阶级军事思想体系的基本确立。

1. 近代无产阶级军事思想

作为一种崭新的军事思想体系，无产阶级军事思想也在近代确立，主要代表人物是马克思、恩格斯和列宁。1848—1849 年，无产阶级以特殊身份参加了欧洲资产阶级革命。在这场大革命中，无产阶级一方面与资产阶级一道反对封建地主阶级的统治，推翻封建制度；另一方面，进行大规模的反对资产阶级的起义，例如巴黎六月起义、柏林三月起义、维也纳三月和十月起义、德国西南地区五月起义，以及意大利和匈牙利等国的民族解放运动等。马克思和恩格斯及时总结无产阶级斗争的经验，发表文章和评论，阐述了人民战争、战争与政治的关系、战略战术和武装起义等思想，体现了马克思和恩格斯早期的军事思想。19 世纪中后期，世界各地的战争和武装起义频繁发生，如东方战争（1853—1865 年）、西班牙革命（1854—1856 年）、中国太平天国运动（1851—1864 年）、美国内战（1861—1865 年）、普法战争（1870—1871 年）、巴黎公社革命（1871 年）等。为适应当时工人运动发展的需要和迎接即将到来的无产阶级革命，马克思和恩格斯撰写文章，评论这些战争和起义，系统地阐述了战争、军队和作战指导等方面的思想，如战争的产生与消灭、战争与经济的关系、无产阶级对待战争的态度、无产阶级在战争与革命问题上的理论和策略等，形成了马克思主义的战争、军队和作战理论等军事思想体系。他们以辩证唯物义和历史唯物主义为研究军事问题的世界观和方法论，创立了马克思主义军事理论，发表了城市工人武装起义、无产阶级军队和人民战争及其战略战术原则的学说，为无产阶级军事科学奠定了理论基础。

2. 现当代军事思想

1917 年，“十月革命”的胜利标志着人类文明跨入现代历史时期。这一时期，科学技术突飞猛进，新式武器层出不穷，战争形态和作战样式发生了重大变化，军事理论研究空前活跃，军事思想更加丰富。一方面，19 世纪中叶以后，世界列强竞相利用产业革命的新技术，在全球加剧争夺势力范围，开始产生相应的军事理论，资产阶级军事思想蓬勃发展。另一方面，1917 年，俄国无产阶级取得自身解放斗争的胜利，随着社会主义国家的出现和对现代战争认识的不断深化，以马克思主义军事理论为代表的无产阶级军事思想得到了丰富和发展。

产业革命新技术在军事上的运用，如坦克、火箭、潜艇、航空母舰、核技术等的研制成功及大量使用，引发了现代资产阶级军事思想作战理论和作战原则的重大变革。这一时期也是军事思想丰富和发展的重要时期。19世纪中叶以后，德国首相俾斯麦宣称，德国的一切重大问题都只能通过“铁与血”的手段解决。日本首相山县有朋宣布，以朝鲜和中国等邻国国土为日本的“利益线”。19世纪末到20世纪初，世界资本主义体系发展到帝国主义阶段，出现了各种对外扩张的军事理论。英国斯宾塞的“社会达尔文主义”“社会有机论”和德国拉采尔的“地理环境决定论”“强存弱汰”的国际生存自然法则论，认为一个“健全的国家有机体”有权通过战争扩展自己的“生存空间”。美国马汉的“海权论”则提出，谁控制了海洋谁就能控制世界，为此必须大力发展海上力量。他的理论被美、英、法、日等国奉为国防发展的主导原则。罗斯福执政时期，美国国家安全的指导原则由19世纪前专注控制西半球改变为追求全球扩张。随着垄断资本主义的进一步发展，帝国主义国家之间重新瓜分世界的争斗愈演愈烈，并导致了第一次世界大战（1914—1918年）。第一次世界大战结束后，帝国主义列强在签订各种和平条约和实行军备控制的同时，纷纷抢先发展坦克、飞机、潜水艇、航空母舰等机械化兵器装备军队，新的战争理论也应运而生。英国麦金德提出“大陆心肝论”，认为谁控制了东欧和中亚，谁就能控制世界。德国地缘政治学家豪斯霍弗尔把这一学说加以利用和发展，为希特勒的侵略政策制造舆论。鲁登道夫提出“总体战”理论，强调动员国家一切力量、使用一切手段进行战争。意大利的杜黑、英国的伦查德、美国的米切尔等人认为空中力量在现代战争中起决定性作用，主张建立并优先发展独立的空军。英国的富勒和利德尔·哈特、法国的戴高乐和德国的古德里安等人认为，现代战争中的决定性制胜手段是高速装甲化、机械化的机动突击力量，为此古德里安提出“闪击战”理论，为希特勒发动第二次世界大战提供了理论支持。这些形形色色的军事思想，对当时世界各国的军队建设、战争准备和作战行动，起到了重要的指导作用。

在第二次世界大战中，各种军事思想在实践中经受了检验。法国军事思想因循守旧，看不到飞机、坦克等新式武器作战方式，拘泥于第一次世界大战的阵地战经验，迷信马其诺防线坚不可摧，实行消极防御，在德国军队的进攻面前很快失败。德国运用“机械化战争理论”，大规模使用集群坦克、“闪击”战法，在战争初期的作战中产生了奇效。但德国、日本等法西斯国家单纯依靠先期准备和突然袭击，而对国家政治、经济、军事等各方面的综合实力缺乏清醒的认识，最终遭到彻底失败，暴露了其军事思想的致命缺陷。

第二次世界大战结束后到“冷战”结束前，美国一举成为西方世界的霸主，其军事思想带有突出的强权意识，在西方国家的影响非常大，基本上左右了西方资本主义国家军事思想的主要潮流。主要表现在四个方面：一是“总体战争”和“联盟战争”思想；二是火箭核战略思想；三是“大战略”思想；四是“核威慑条件下的常规战争”思想。

20世纪80年代以来，东欧剧变和苏联解体标志着世界“冷战”结束，以美国为首的国家对西方资产阶级军事思想进行了战略性调整。

一是强调核威慑与常规威慑相结合。军事威慑的基本表现形式是一种潜在的战争状态。它始于战争之前，贯穿于战争之中。美国的威慑理论一直是其制定军事战略的重要指导思想。它率先制造出原子弹并在广岛、长崎上空爆炸，产生了毁灭性的杀伤效果。此后，它就始终握住这根大棒耀武扬威。“冷战”结束后，它又先后提出了“多层次威慑”“全球威慑”和“地区战略威慑”等理论，强调今后将在继续保持对苏联地区实施威慑的同时，加强对一些地区性军事强国进行战略威慑，以防止这些国家在本地区称霸而危害到美国的利益。

二是重视部队精减和质量建军。在“后冷战时代”，西方一些国家纷纷调整各自的建军方针，提出新的建军思想，强调要建设一支质高、量少、合理、足够的常备军，而且要进一步重视和加强后备力量的建设。在军队建设上，大多朝着削减军费开支、裁减现役员额、缩小部队编制、提高人员素质、改善武器装备等方向发展。

三是提倡多国联盟的作战行动。联盟作战是指由国家间结成的军事联盟，为反对一国或数国而准备和实施的战争。两次世界大战都是联盟战，第二次世界大战后的许多局部战争也有联盟战的性质，如朝鲜战争、海湾战争、伊拉克战争等。

四是强调应急反应和快速部署。近年来，西方各国对应急和快速部署越来越重视。20 世纪 80 年代，美国首先使用“远距离奔袭”对利比亚卡扎菲营地进行了成功偷袭；2003 年，伊拉克战争中，美军长驱直入攻陷巴格达。这些都是这一作战思想的反映。

二、外国军事思想的代表性著作

18 世纪末至 19 世纪初是欧洲从封建制度向资本主义制度过渡的时期。1789 年，法国开始了资产阶级革命，摧毁了法国的封建制度，建立了资产阶级政权，但遭到了欧洲大陆上封建列强的联合进攻。法国新政府依靠人民群众，采取新的征兵制和新的战术，打退了欧洲强国的联合进攻。拿破仑执政后，对外进行了一系列的掠夺战争，曾多次打败有数量优势的封建国家军队。法国资产阶级军队与欧洲封建列强的激烈碰撞，充分显示出资产阶级军队的巨大生命力，促进了资产阶级军事思想的形成和发展，也宣告了封建阶级军事理论的破产。与此相对照，德意志在经济上是一个工业落后的农业国，政治上是一个四分五裂的封建国家，军事上仍保留着雇佣制。在 1806 年普法大战中，普鲁士军大败于法军，割地投降，以惨败告终。克劳塞维茨正是通过这些亲身经历，总结了法国大革命和拿破仑发动的数次战争的经验，反思普鲁士等国的失败教训，运用唯心主义的辩证法，进行抽象的哲学推究，对战争进行了较全面的论述，撰写出《战争论》这一宏伟论著。

（一）主要观点

《战争论》共 3 卷 8 篇 124 章，69 万余字。主要论述了战争的性质、战争理论、战略战术及军队四个方面的内容，其主要观点如下。

1. 战争是政治通过另一种手段的继续

战争是迫使敌人服从我们意志的一种暴力行为。从属性是它的三大属性之一，即战争“是由政治产生的”，它从属于政治，“是政治通过另一种手段的继续”，是以剑代笔的政治。“战争与政治的关系是手段与目的的关系”，这一论断深刻揭示了战争的本质。

2. 战争理论应该是一种考察，而不是死板的规定

战争是一种特殊的实践活动，具有三个特点：一是精神活动及其作用；二是活的反应和由此产生的相互作用；三是一切情况的不确定性。正是这些特点，使严谨的理论体系难以给战争进行完整抽象的概括。

不同时代的战争有其特有的条件，也应有其特有的战争理论。战争理论是对战争活动的考察总结出来的，它应随着战争的发展而不断发展，不应成为死板的原则。战争理论是一门艺术，而不是严谨的科学，它应给从事战争的人们“确定思考的基本线索，而不应像路标那样指出行动的具体道路”。

3. 攻防是相互作用、相互促进的，且防御是比进攻强的一种作战形式

进攻与防御是相互区别的，即企图不同、强弱不同、方式不同、任务不同；两者又是相互依存、互为根据的。正是两者相反相成，才导致两者的相互作用、相互促进。两者不断地通过对方的措施，改进各自的对策，如此循环往复，以至无穷，促进了进攻和防御的不断发展。在战场上，进攻与防御也常常在不知不觉中相互转换。

进攻和防御不是单纯的形态，而是相互包容的，攻中有防，防中有攻。正是这种防中有攻，才是积极的防御，它“绝不是单纯的盾牌，而是由巧妙的打击组成的盾牌”。防御中应有进攻和反攻，迅速而猛烈地转入进攻是防御最精彩的部分。

防御是比进攻强的一种作战形式。其优势在于：一是可以赢得时间，二是有待敌之利，三是有地形之利，四是有民众支持，五是有同盟者。

4. 善于运用民众战争

民众战争是不容忽视的战争现象，是战争整个“发酵”过程的扩大和加强。西班牙的民众战争曾充分显示出这种巨大力量，使不可一世的法国军队变得无可奈何。

民众战争是战争发展的必然趋势。这主要表现在：一方面是法国革命在各国产生了影响；另一方面是各国人民遭到了法国的威胁。作者进一步阐述了民众武装的任务及使用原则，提出：不宜对抗敌军主力，只能蚕食敌军；不宜形成核心，但要相对集中；应与正规军相结合；只做战略防御手段，不能用于战术防御。作者第一个把游击战理论纳入军事理论中，提出了较完整的人民战争思想。

5. 强调集中兵力，速战速决

作者在作战指挥上提出了一系列的原则和要求。

集中兵力，打敌重心。作者认为，战略上最重要而又最简单的准则是集中兵力，要在时间和空间上同时集中兵力。强调集中数量优势，认为数量优势无论在战术上还是在战略上都是普遍的制胜因素。

在集中优势的基础上要打击敌人的重心，即敌人的力量核心、要害和关键部位。当敌人有多个重心时，要进行归并，最好选择速战速决，迂回包围。作者认为，速战速决是进攻的重要原则，“进攻的唯一优点几乎只在于拉开战争序幕的出敌不意，突然性和不断前进是进攻的最有力的两个翅膀”。迂回包围是进攻战斗的主要特点，并强调在情况不明和大兵团作战的情况下，应集中兵力多迂回少包围。不能超越进攻顶点（指进攻一方只能进攻到它的力量还足以进行防御时为止的这一时刻），这成为后人行动的一条原则。

（二）历史地位及局限性

《战争论》是封建社会向资本主义社会转变时期的军事著作，是近代西方资产阶级军事思想的奠基之作，是资产阶级军事理论的经典著作。它代表了近代资产阶级军事思想的最高成就，对军事思想的发展起过巨大的作用，在世界军事发展史上具有重要的地位。克劳塞维茨及其的《战争论》受到后人的高度评价，也受到无产阶级革命导师的高度赞扬。

像《孙子兵法》一样，它也带有那个时代的烙印和时代的局限性，主要表现在：没有揭示战争和政治的阶级本质；对战争的偶然性和概然性有些夸大，陷入战争的不可知论；偏重于统帅的作用，对人民群众的作用估计得不足；对进攻和防御的认识有些片面性，过于夸大防御的优势。

第三节　中国古代军事思想

中国古代军事思想源远流长，博大精深，异彩绚烂，在世界军事思想发展史上具有杰出地位，这是战争经验的总结，血染的理论财富，智慧的结晶。中国古代战争之多，兵书和论兵要著及其典章之多，堪称世界之最。据不完全统计，我国历代兵书多达 3380 部，23500 卷；目前尚在兵书 2308 部，18567 卷；其中比较有价值的 100 多部中，被选入百科全书的有 39 部，被誉为“兵法之国”。中国古代各阶级、各民族、各政治集团之间的战争实践，锻炼和培养出众多的名将，造就了一代代名垂千古的军事家、兵学家。他们指挥了许多规模巨大、纷繁复杂的战争，在战争实践中把有关战争、军队等问题进行了系统的理论升华，形成中国古代军事思想。

一、中国古代军事思想的形成与发展

中国古代军事思想是中国在奴隶社会、封建社会时期，各阶级、集团及其中国古代军事思想军事家和军事论著者对于战争与军队问题的理性认识。中国古代军事思想随着社会的前进、战争的发展而不断丰富、发展和深化，经历了形成、成熟和发展的沿革过程。

（一）古代军事思想的初步形成（夏、商、西周时期）

公元前 21 世纪至公元前 8 世纪，我国先后建立了夏、商、西周三个奴隶制王朝，是中国奴隶社会从确立、发展到鼎盛的整个历史阶段，也是我国古代军事思想的初步形成时期。由于对战争客观规律认识的局限，战争受迷信的影响极大，经常以占卜、观察星象等来决定战争行动，产生了以靠天命观为中心内容的战争指导思想。军队的治理以“礼”和“刑”为基础。“礼”主要适于上层的贵族和军官，讲究等级名分、上下有序；对下级和士兵的管理主要靠严酷的刑法。商代的甲骨文、商周的金文中有大量关于军事活动的记载，西周时期已出现《军志》《军政》等军事著作，虽早已失传，但这是我国古代军事思想形成的重要标志。

（二）古代军事思想趋向成熟（春秋、战国时期）

公元前 8 世纪初到公元前 3 世纪末，即春秋战国时期，是我国从奴隶制向封建制过渡，政治、经济、文化、科技大发展的历史阶段，也是古代军事思想大发展、趋向成熟时期。这一时期，阶级矛盾不断深化，战争频繁而连绵，且规模不断扩大。许多代表新兴地主阶级的军事家和兵书著作不断涌现，从战争论、治兵论、用兵论及研究战争的方法论等方面，全面奠定了我国古代军事思想的基础，标志着我国古代军事思想已基本成熟。现存最早，影响最大的就是春秋末期孙武所著的《孙子兵法》。它是新兴地主阶级军事理论的奠基作，是封建阶级军事思想成熟的标志，是后世兵书的典范。影响较大的兵书还有《吴子》《司马法》《孙膑兵法》《尉缭子》《六韬》等著作。

（三）古代军事思想进一步丰富和发展（秦至五代时期）

公元前 3 世纪初至公元 10 世纪中叶，是中国封建社会发展的上升阶段，主要经历了秦、汉、晋、隋、唐等几个大的王朝。其中，汉、唐两代是中国封建社会的盛世，军事思想也得到了进一步丰富和发展。

秦以后进入了以铁兵器为主的时代，骑兵成为战争力量的主角，舟师水军参战机会增多，要求作战指挥必须加强步军、骑军、水军的配合。从汉到隋曾多次发生如赤壁之战、淝水之战等规模大、兵种多的集团配合作战，使战争中政治与军事的结合，谋略与决策的运用，战略与战术的使用，以及作战指挥艺术都达到了相当高的水平，战略思想也日臻成熟。诸葛亮的《隆中对》是当时战略决策的巅峰之作。许多总结军事斗争经验的兵书运用而生。出现了汉初的《黄石公三略》和后来的《李卫公问对》等传世之作。《黄石公三略》是一部从政治与军事关系上论述战争攻取的兵书，阐述了“柔能制刚，弱能制强”的朴素军事辩证法思想，并指出最高统治者必须广揽人才，重视民众与士卒的作用。《李卫公问对》是总结唐代初期的战争经验，对以往的兵书进行探讨，对《孙子兵法》提出的虚实、奇正、攻守等原则及其内在联系作了比较辩证的论述，并在某些方面提出了更新的见解，发展了前人的思想，深化了先秦某些用兵的原则。特别是论从史出，以史论兵的研究方法，开创了结合战例探讨兵法的新风，历代兵家高度赞赏、频频效仿。

（四）古代军事思想形成体系化（宋至清前期）

公元 960 至公元 1840 年，历经宋、元、明、清（前期）四个朝代，中国进入封建社会后期，是中国古代军事思想历经漫长的丰富和发展之后，走上体系化的时期。这期间，火器逐渐普遍使用，战争进入了冷、热兵器并用的时代。宋朝建立之初就面临民族矛盾扩大、阶级矛盾激化和统治阶级内部矛盾加剧的局面。当政者为了维护统治，确立了兵书在社会的正统地位，武学开始纳入国家教育体系。北宋中叶开始重视武事，开办武学，设立武举，发展军事教育。并总结古今兵法和本朝方略，编纂《武经七书》，官定为武学教材。武举的设立，武学的兴办，武经的颁定，培养了大批军事人才，繁荣了军事学术。

这一时期的主要表现是兵书数量繁多，门类齐全；兵书概括性强，自成体系。据《中国兵书总目》统计，宋、元、明、清（不含近代）兵书总共有 1815 种，占我国古代兵书总数的 3/4 以上，而且内容丰富，分门别类地概括了军事思想的各个方面，形成逻辑性较强的比较完整的体系，成为我国古代兵书数量最多的一个时期。

二、中国古代军事思想的精华

中国古代军事思想源远流长，博大精深，异彩纷呈。几千年的丰厚积淀，使军事家、兵学家对战争的起源、性质和作用，战争与政治、经济的关系，战争与主观指导、将帅修养、治军方法、战略战术、战争保障等问题的系统认识上升为理论，形成了中国古代军事思想，奠定了在世界军事思想史上的杰出地位。纵观中国古代军事思想的丰富内容，其精华大多见诸《孙子兵法》。

（一）重战、慎战、备战思想

1. 重战思想

《孙子兵法》开篇指出：“兵者，国之大事，死生之地，存亡之道，不可不察也。”认为战争是关系到国家军民生死存亡的头等大事，不能不认真研究和对待。春秋末期，诸侯兼并，战乱频繁，战争不仅是各国维持其政治统治，向外扩张发展的主要手段，而且关系到国家的存亡。孙武总结了一些国家强盛，一些国家灭亡的经验和教训，精辟地概括出“兵者，国之大事”的著名论断，这对于人类认识战争的实质，无疑是一个巨大的贡献，也是中国古代军事思想的基本出发点。

2. 慎战思想

“亡国不可以复存，死者不可以复生，故明君慎之，良将警之”。国家灭亡了就不存在了，人死了就不能再复活。对待战争问题，明智的国君要慎重，贤良的将帅要警惕，不轻易言战。从这点出发，孙武主张，“非利不动，非得不用，非危不战”。对国家没利，就不采取军事行动；没有取胜把握，就不能随便用兵；不处于危急紧迫的情况，就不能轻易开战。

3. 备战思想

备战思想其意就是未雨绸缪。“用兵之法，无恃其不来，恃吾有以待也；无恃其不攻，恃吾有所不可攻也”。用兵的原则不要寄希望于敌人不会来，而要依靠自己有充分的准备；不要寄希望于敌人不会来攻，而要依靠自己有使敌人无法攻破的条件。战争的立足点要放在事先做好充分准备，严阵以待，使敌人不敢轻易向我发动进攻的基点上。

（二）“知彼知己，百战不殆”的战争指导思想

“知彼知己，百战不殆；不知彼而知己，一胜一负；不知彼，不知己，每战必殆。”孙武用简明扼要的语言，指明了战争指导者了解敌我双方情况与战争胜负的关系，从而揭示了指导战争的普遍规律。这一思想极富科学价值。自有战争以来，古今中外的战争指导者，都不能违背这一规律。毛泽东曾对此高度评价，在《论持久战》一文中指出：“战争不是神物，乃是世间的一种必然运动，因此，孙子的规律‘知彼知己，百战不殆’乃是科学的真理。”这条规律从哲学意义上讲，是实事求是的朴素的唯物主义思想；从战争理论上讲，是分析判断情况的根本规律；从指导战争上讲，是先求可胜的条件，再求必胜之机的重要抉择。这不仅仅对战争有指导作用，而且对政治、外交、经济乃至工作生活都有一定的帮助。

（三）以谋略制胜为核心的用兵思想

谋略是指用兵的战略筹划和计谋。《孙子兵法》的核心思想是谋略制胜。认为军事斗争不仅是军事力量的竞赛，而且是敌对双方政治、经济、军事、外交等方面的综合斗争，也是双方军事指导艺术的较量，即斗智，会用兵打仗。孙武谋略制胜的思想突出体现在以下三个方面。

1. “庙算”制胜

孙武在《孙子兵法计篇》中论述决定战争胜负的因素时谈到了五个方面：“道、天、地、将、法”。算一算“主孰有道、将孰有能、天地孰得、法令孰行、士卒孰练、赏罚孰明”就可以预知战争的胜负。“多算胜，少算不胜，而况于无算乎！吾以此观之，胜负见矣。”战前，计算周密，胜利条件多，可能胜敌；计算不周，胜利条件少，就可能失败；何况你根本就不进行计算和比较，那就更谈不上胜利的条件！从这些方面考察，谁胜谁负就可以看出来了。庙算制胜，主要指战前从战争全局，对战争诸因素进行分析对比，决定打不打？怎么打？用什么部队打？在什么时间、地点打？打到什么程度？如何进行战争准备和后方保障？做到有预见、有计划、有保障，心中有数，打则必胜。也就是说先“运筹于帷幄之中”，然后才能“决胜于千里之外”。

2. 诡道制胜

用兵打仗是一种诡诈行为，要依靠诡诈多变取胜。“兵者，诡道也”，“兵以诈立”，军事上的诡道是指异于常规的一些做法。“兵不厌诈”，古今常理。在战争舞台上，如对敌人讲“君子”之道，就必被敌人所制；如能较好地运用战略战术，造成敌人的过失，创造战机，那就会陷敌于被动。这种战例，举不胜举，如马陵道之战，诸葛亮的“空城计”，日本偷袭珍珠港，诺曼底登陆等。孙武将诡道归纳为“能而示之不能，用而示之不用，近而示之远，远而示之近。利而诱之，乱而取之，实而备之，强而避之，怒而挠之，卑而骄之，佚而劳之，亲而离之，攻其无备，出其不意。此兵家之胜，不可先传也”。

3. “不战而屈人之兵”全胜

战争的直接目的是保存自己、消灭敌人。最高最理想的目标是以“全”争胜——“不战而屈人之兵”。因此，孙子认为“故百战百胜，非善之善者也；不战而屈人之兵，善之善者也”。在战争中，百战百胜，并不是好中最好的，不战而使敌人屈服才是好中最好的。孙武主张“上兵伐谋；其次伐交；其次伐兵；其下攻城”。最好的是以谋制胜，使敌人屈服。其次是通过外交途径，分化瓦解敌人的同盟，迫使敌人陷入孤立，最后不得不屈服。例如，战国时，秦国采取“远交近攻”的政策，逐步灭了六国，就是以外交手段配合军事进攻而取得胜利的。再次是伐兵，即用武力战胜敌人。最下策是攻城，硬碰硬的攻坚战。孙武指出：“善用兵者，屈人之兵而非战也，拔人之城而非攻也，毁人之国而非久也，必以全争于天下。故兵不顿而利可全，此谋攻之法也。”善于用兵的人，使敌人屈服不用直接交战，一定要用全胜的计谋争胜于天下，这样，军队就不至于疲惫受挫，而又能获得全胜的利益。这就是以计谋攻敌的原则和孙武全胜的思想。

当然，“不战而屈人之兵”的“全胜”思想，是以强大的武力作后盾的，如果没有强大的军事力量，就不可能达到不战而胜的目的。例如，1949 年的平津战役，北平之所以能和平解放，其前提条件是我军西克张家口、东陷天津、百万大军兵临城下，使北平之敌处于一无逃路、二无外援，战则必败的境地，加上我党政策的感召等。

总之，孙武“不战而屈人之兵”的思想，对后世的影响很大，并为世界所公认，称之为军事思想史上的一个独创，是“最完美的战略”。

孙武还总结了若干作战用兵原则。例如，先胜而后求战，示形、动敌，避实而击虚，我专而敌分，因敌而制胜等原则，都是孙子的用兵思想。

（四）“文武兼施，恩威并用”的治军思想

“卒未亲附而罚之，则不服，不服，则难用；卒已亲附而罚不行，则不可用。故令之以文，齐之以武，是谓必取”。“令素行者，与众相得也”。将帅还没有取得士卒的爱戴和拥护就去惩罚他们，他们就不会心服，心不服就很难使用他们去作战。将帅已取得了士卒的爱戴和拥护，而士兵却不能严格执行纪律，也不能使用他们去作战。因此，一方面要体贴爱护，使士卒心悦诚服；另一方面要严格纪律，使士卒一切行动听指挥，这样才能战则必胜。平素命令之所以能贯彻执行，都是由于将帅与士卒相互信赖的缘故。

（五）朴素唯物论和原始辩证法思想

《孙子兵法》历经 2500 多年的时空跨度经久而不衰，与它反映的朴素唯物论和原始辩证法思想是分不开的。兵法中反映的唯物论，主要包括三个方面：一是对战争的认识，冲破了“鬼神论”和“天命论”；二是把客观因素作为决定战争胜负的基础；三是注意到时间和空间在军事上的作用。

原始辩证法思想主要表现在能够正确认识战争中各种矛盾的对立统一及相互转化的关系。《孙子兵法》中的辩证概念和范畴有 85 对，使用 260 次之多。如敌我、攻守、胜负、迂直、强弱、勇怯、奇正、虚实、分合、久速等，并充分论述了在一定条件下是可以转化的。《孙子兵法》作为一部伟大的军事著作，它的科学价值和历史功绩是不可磨灭的。但是，由于它诞生在2500多年前的古代，难免存有时代和阶级的局限。其局限主要表现在战争观方面未能区分战争的性质，治军方面的愚兵政策，军队补给方面的抢掠政策以及作战原则方面存有某些片面性等。在学习和运用《孙子兵法》时应注意剔除这些缺点，但对这部伟大著作的认识，绝不能求全责备。因为《孙子兵法》不仅是春秋战国时代军事思想中最光辉灿烂的部分和杰出的代表，而且具有超越时间和空间的科学价值，是我国乃至世界最宝贵的文化遗产之一。

三、古代军事思想的现实意义

（一）以史为鉴

我国自古是兵家荟萃之地，兵法昌盛之国，军事思想形成较早，发展较快，内容博大精深。早在公元前8世纪就产生了专门的兵书著作《军政》和《军志》。现存最早的《孙子兵法》，是流传最广的一部军事名著，被誉为古今中外最有价值、最有影响的古代第一兵书，是中国古代军事思想的杰出代表。

中国历代兵家名将无不重视对其的研究和应用。我国历史上曾有200多位注释家拟文著书，解读赞崇《孙子兵法》。三国时期的著名军事家曹操说，“吾观兵书战策多矣，孙武所著深矣”。明代的茅元仪高度赞扬道，“前孙子者，孙子不遗；后孙子者，不能遗孙子”。宋朝将《孙子兵法》列为《武经七书》之首，成为习武必读的教科书。中国革命的先驱者——孙中山对《孙子兵法》评价极高：“就中国历史来考究，两千多年的兵书有十三篇，那十三篇兵书，便成为中国的军事哲学。”毛泽东称孙武是“中国古代大军事学家”并在他的著作中系统引用《孙子兵法》的一些原理原则说明问题。《孙子兵法》一直作为军队院校中高级干部的必修课，刘伯承元帅在担任军事学院第一任院长时，曾亲自讲授过《孙子兵法》。《孙子兵法》在国外久负盛名。唐朝初期，《孙子兵法》传入日本，18世纪下半叶传入欧美地区，成为近代资产阶级军事理论的一个重要思想来源。现在世界上有多种《孙子兵法》文字译本流传，并一致受到高度赞扬。公元735年，日本学者吉备真备第一个把《孙子兵法》带回日本。从那时开始，《孙子兵法》一直作为日本朝廷的秘密图书，仅限在宫廷学者和武将间传播。他们把孙武推崇为“百世兵家之师”“东方兵学的鼻祖”，称《孙子兵法》为“兵学圣典”和“世界古代第一兵书”。《孙子兵法》流传到欧洲晚于日本、朝鲜和越南等亚洲国家。18世纪后半叶，曾在中国居住43年的法国神父阿米奥，把《孙子十三篇》《吴子六篇》等兵书翻译成法文，以《中国军事艺术》为书名于1772年出版。该书在欧洲非常畅销，流传很广，影响巨大。例如，叱咤风云的军事家拿破仑，在戎马倥偬的作战间隙，手不释卷地批阅《孙子兵法》。德皇威廉二世发动第一次世界大战失败后，在没落的侨居中看到了这本书，不禁兴叹：“早二十年读《孙子兵法》，就不至于遭受亡国之痛苦了。”

（二）古为今用

历史进入21世纪的今天，世界也进入新军事变革年代，现代战争形式也与古代战争形式大相径庭，但中国古代军事思想和兵法的许多著名思想和论断，至今仍有着指导意义。学习研究古代军事思想，就是要继承和发扬我国古代优秀历史文化遗产，了解其在现代军事领域和社会生活中的作用，运用其精华，为现实斗争服务。

《孙子兵法》在军事领域仍对现代战争有着指导作用。如“知彼知己，百战不殆”“攻其不备，出其不意”等被列入《美军作战纲要》之中，指导美军的作战训练。美国著名战略家利德尔·哈特指出，在导致人类自相残杀、灭绝人性的核武器研制成功后，就更需要重新而且更加完整地翻译《孙子兵法》这本书了。他称《孙子兵法》“深邃的军事思想是不朽的”，对于核时代的战争很有帮助。美国一流战略家福斯特和日本教授三好修合作，运用《孙子兵法》研究“孙子的核战略”，不仅影响了美国政府的战略政策，而且在全世界产生了深刻影响。海湾战争中，美国总统办公桌上放着两本指导战争的兵书，其中之一就是《孙子兵法》；美军海军陆战队官兵人手一册《孙子兵法》，被美军称之为战争背后的“影子军事家”。

《孙子兵法》在许多社会领域有着广泛的影响。《孙子兵法》不仅吸引政治家、哲学家、文学家、历史学家，甚至连企业家、商人等也争相拜读，俨然成了取之不尽、用之不竭的百科宝库。军事家称之为“兵学圣典”，文学家评之为“不朽不灭的大艺术品”，哲学家颂之为“人生的哲学”，政治家视之为“政治秘诀”，外交家赞之为“外交教科书”，医学家崇之为“治病之法尽之矣”。商人和管理学者则把《孙子兵法》定为企业管理和市场竞争的必读教材。日本企业家大桥武夫所著的《兵法经营全书》，对如何在经营管理中进行“庙算”“料敌”“任将”“出奇”等问题，作了详细的论述，并指出，采用中国兵法思想指导企业经营管理，比美国的企业管理方式更合理、更有效。美国的著名管理学家乔治在《管理思想史》一书中指出，《孙子兵法》在用人方面的论述，对今天的企业管理有很大的指导价值，甚至说“你想成为管理人才吗？必须去读《孙子兵法》”。1996 年，我国第一所兵法经营管理学校在北京创立。名誉校长、著名外交家、古代兵法研究权威符浩指出，我国市场经济依靠冒险成功的“英雄时代”已经过去，跨入了以高技术、高智慧为手段的“儒商”时期。作为人类智慧高度结晶的兵法，也是逐鹿商海的锦囊。

总之，《孙子兵法》是古今中外军事学术史上一部出类拔萃的兵书，是几千年来一直为人们所尊崇，并且现在仍享有巨大声誉和具有极高科学价值的军事理论名著。因此，无论从继承、发扬我国民族历史遗产的角度，还是从学习研究现代军事思想的角度，《孙子兵法》都是值得认真钻研和必修的军事教科书。

第四节　新中国成立以来党的军事思想

一、毛泽东军事思想

毛泽东是伟大的马克思主义者，是伟大的无产阶级革命家、战略家、军事家和著名的军事理论家，是中国共产党、中国人民解放军和中华人民共和国的主要缔造者和领导者。在长期革命战争和国防建设的实践中，毛泽东运用他的聪明和才智，凝聚了全党全军的集体智慧，创造性地形成了毛泽东军事思想，给中华民族，乃至全世界留下了一笔极为宝贵的精神财富。

（一）毛泽东军事思想的形成和发展

毛泽东军事思想是一定历史阶段的产物，其形成和发展是一个逐步完善的历史过程，经历萌芽、形成和发展三个时期。毛泽东军事思想是毛泽东关于中国革命战争、人民军队和国防建设及军事领域一般规律问题的科学理论体系，是毛泽东思想的重要组成部分。它是马克思列宁主义基本原理与中国革命战争和国防建设具体实际相结合的产物，是中国共产党领导中国人民及其军队长期军事实践经验的科学总结和集体智慧结晶，是中国共产党领导中国革命战争、军队建设、国防建设和反侵略战争的指导思想。

从中国共产党成立到遵义会议，是毛泽东军事思想的萌芽时期（1921 年 7 月—1935 年 1 月）。俄国十月革命胜利后，中国共产党逐渐认识到武装力量的重要作用。第一次大革命失败的严酷现实，使中国共产党进一步认识到武装斗争和掌握军队的极端重要性。1927 年 8 月 1 日的南昌起义，打响了武装反抗国民党反动派的第一枪，开创了我党独立领导武装斗争的新时期。同年 8 月 7 日，毛泽东在党的“八七会议”上，提出了“枪杆子里面出政权”的著名论断。9 月，毛泽东又亲自发动和领导了湘赣边界的秋收起义。他带领秋收起义部队，经过“三湾改编”，确立了党对军队绝对领导的基本原则。进而转战井冈山，建立了第一个农村革命根据地，实行“工农武装割据”，开辟了一条“农村包围城市、武装夺取政权”的崭新革命道路。至此，毛泽东军事思想的基本内容在革命斗争的实践中应运而生，为其科学体系的形成奠定了坚实的基础。

从遵义会议至抗日战争胜利，是毛泽东军事思想的形成时期（1935 年 1 月—1945 年 8 月）。遵义会议是中国革命从挫折走向胜利的一个伟大转折点，是毛泽东军事思想从产生走向成熟的开端。遵义会议后，毛泽东率领中国工农红军四渡赤水、两占遵义、越过乌江、巧渡金沙江、强渡大渡河、爬雪山、过草地，摆脱了国民党几十万大军的围追堵截，三大红军主力会师会宁，胜利到达陕北。在陕北，毛泽东深入研究中外军事理论，系统总结土地革命战争经验，深刻分析了中国革命战争的特点和规律，把土地革命战争时期产生的军事思想创造性地运用于抗日战争，制定了抗日民族统一战线的政治路线和军事战略方针，并完成了他一生中最辉煌的军事理论巨著。最具代表性的有《中国革命战争的战略问题》《抗日游击战争的战略问题》《论持久战》等，阐明了无产阶级对待战争的根本立场、观点和研究指导战争的基本方法，系统地论述了中国革命战争的战略指导问题，确立了积极防御的战略思想，标志着毛泽东军事思想形成了一个比较完整的科学体系。

抗日战争胜利后，我军又经历了全国解放战争、抗美援朝战争以及社会主义建设的新时期，毛泽东军事思想得到全面的丰富和发展（1945 年以后）。解放战争时期，毛泽东的战略防御和运动战理论得到了极大的丰富发展，提出了十大军事原则，创立了战略进攻、战略决战和战略追击的系统理论。抗美援朝战争时期，毛泽东根据当时的情况和特点，提出了一系列在现代条件下进行反侵略战争的理论及原则。新中国成立后，毛泽东提出了建设一支现代化、正规化的国防军思想，确立了发展“两弹一星”的国防科技战略，积极防御的战略思想有了新的发展。

（二）毛泽东军事思想的科学含义

1. 毛泽东军事思想是马列主义的基本原理与中国革命战争具体实践相结合的产物

马克思指出，无产阶级要取得革命的胜利，只能走武装斗争的道路。列宁实践了马克思的理论，并发展为无产阶级革命，在一个资产阶级统治比较薄弱的国家中首先取得胜利。然而，中国的实际情况与俄国不一样，中国是一个以农民为主体的半封建半殖民地的国家，中国无产阶级如何组织军队，如何进行革命战争，在马列主义著作中找不到现成答案。毛泽东继承和发展了马列主义军事思想，创造性地应用马列主义原理，结合中国半封建半殖民地社会的特点，积极开展武装斗争，以农村包围城市，最后夺取政权，并获得成功。

2. 毛泽东军事思想是中国人民革命战争和国防建设实践经验的总结

中国长期革命战争的实践是毛泽东军事思想赖以产生和发展的源泉和基础。中国共产党在领导人民进行新民主主义革命时，经历了国共合作的北伐战争，独立领导了土地革命、抗日战争、解放战争。新中国成立后，又进行了抗美援朝战争、中印、中苏、中越边界自卫反击战。毛泽东军事思想就是中国革命战争和国防建设实践经验的科学总结，并从中总结经验使之上升为理论，又用此理论指导实践，不断丰富和发展理论，如此循环往复逐步完善，成为科学体系。

3. 毛泽东军事思想是中国共产党集体智慧的结晶

中国革命战争是由若干个互不相连的地区发展起来的。从土地革命时期的“红色割据”区域，发展到抗日战争的各抗日根据地，再发展到解放战争时期的各解放区，在很长时间都被分割成各自独立的状态。在这种环境中，各根据地独立地进行斗争，并造就了一批独当一面的领袖人物。他们对毛泽东军事思想都进行了深刻的阐述和必要的补充。“遵义会议”确定了以毛泽东为首的党中央领导集体。毛泽东提出的许多有关党的路线、方针、政策和其他重大决策，都经过了党中央的集体讨论，凝聚了党中央的集体智慧。毛泽东在长达半个世纪的革命活动中，总结并撰写了大批的军事著作，对我党的军事理论做了最集中、最深刻的概括。以毛泽东的名字命名的我党的军事理论，称为毛泽东军事思想，是完全符合历史实际的，也是当之无愧的。

4. 毛泽东军事思想是毛泽东思想的重要组成部分

毛泽东思想是以毛泽东为代表的中国共产党人将马克思列宁主义普遍原理和中国革命具体实践相结合的产物。毛泽东军事思想同毛泽东思想的关系是局部和全局、部分和整体的关系，是毛泽东思想整个科学体系中重要的组成部分。中国共产党取得政权前的 28 年，其工作重心是军事工作。毛泽东和他的战友不得不以极大的精力关注战争，研究军事。毛泽东的军事实践活动，是他一生中最伟大、最光辉和最成功的部分，其军事著作占有大量的篇幅和重要地位。因此，研究毛泽东思想，必须理解和掌握毛泽东军事思想，毛泽东军事思想是毛泽东思想的重要组成部分。

（三）毛泽东军事思想的主要内容

毛泽东军事思想是一门博大精深、系统完整的科学理论体系，主要包括战争观和军事问题方法论、人民战争思想、人民军队思想、人民战争的战略战术思想以及国防建设思想。

1. 无产阶级战争观和方法论

毛泽东在指导中国革命战争的实践中，运用马列主义辩证唯物主义和历史唯物主义的原理，研究指导中国革命战争，对战争观和军事问题方法论进行了科学阐述，创造性地提出了“军事辩证法”这一概念。军事辩证法是毛泽东军事思想的理论精髓所在，它为正确地看待战争，恰当地解决军事领域的各种矛盾，提供了基本的观点和方法。

（1）战争观。毛泽东认为，战争是随着私有财产和阶级的产生而产生的，用以解决阶级、民族、国家或政治集团之间在一定阶段的矛盾的最高斗争形式；战争是政治的特殊手段的继续，政治是不流血的战争，战争是流血的政治；人类只有进步到消灭阶级、消灭国家时，战争才能从根本上消除；战争有正义和非正义之分，共产党人要拥护正义战争，反对非正义战争；共产党人是战争的消灭论者，研究和认识战争的目的是为了消灭一切战争。

（2）指导战争的方法论。认识和指导战争必须把握战争规律。战争是有规律的，战争规律是可以认识的，把握战争规律是认识和指导战争的根本前提。毛泽东指出："战争规律是任何指导战争的人不能不研究和不能不解决的问题""不知道战争的规律，就不知道如何指导战争，就不能打胜仗"。研究战争规律不仅要研究战争的一般规律，而且更要研究战争的特殊规律；不仅要研究战争的客观规律，而且要研究战争的指导规律。其目的不仅在于认识战争，更重要的是依据这种认识制定出符合战争规律的战争指导规律，能动地指导战争去夺取胜利。指导战争的基本方法：

一是主观指导必须符合客观实际。成功的战争指导艺术，最主要的是主观指导符合客观实际。毛泽东指出，要比较少地打败仗，关键就在于把主观和客观二者之间好好地符合起来。这就需要勤于调查研究，熟识敌情、我情、政治、经济、气象、地理等信息；有正确的思维方法，善于认识客观实际中的发展规律；充分发挥主观能动性。

二是着眼特点，着眼发展。研究和指导战争必须坚持实事求是，从实际出发，着眼其特点和发展。必须熟识敌我双方各方面的情况，找出其行动规律，并且应用这些规律于自己的行动。毛泽东指出，战争情况的不同，决定着不同的战争指导规律。研究各个不同历史阶段、各个不同性质、不同地域和民族的战争指导规律，应着眼其特点和着眼其发展，反对战争问题上的机械论。

三是关照全局，把握关节。毛泽东指出："战争的胜败的主要和首先的问题，是对于全局和各阶段的关照得好或关照得不好。如果全局和各阶段的关照有了重要的缺点或错误，那个战争是一定要失败的。""指挥全局的人，最要紧的，是把自己的注意力摆在照顾战争的全局上面。"一个聪明的战争指导者，要真正关照好战争的全局，必须掌握战争中的一些重要关节，即那些能引起战争全局立即起变化的带有决定性的局部。强调一切依照当时具体情况来看是对于当时的全局和全时期有利益的。尤其是有决定意义的局部和时间，是应该抓住不放的。例如，辽沈战役中攻打锦州，便是毛泽东在战争指导中，善于抓带有决定性的战争局部，促进战争全局胜利发展的生动战例。

2. 人民战争思想

以毛泽东为主要代表的中国共产党人把马克思列宁主义关于人民群众的历史能动作用原理，创造性地运用于中国革命战争实践，形成了一套完整的人民战争思想。人民战争思想是毛泽东军事思想的核心内容，其基本精神是革命战争、是群众的战争，只有动员群众、组织群众、依靠群众才能进行战争。

（1）人民战争思想的主要内容。人民战争是指广大人民群众为反抗阶级压迫或抵御外敌入侵而组织和武装起来进行的战争。我党领导的人民战争，较之一般意义上的人民战争，群众性更广泛，革命性更彻底，组织性更严密。

人民战争思想的主要内容包括坚持中国共产党对人民战争的统一领导，动员组织和依靠广大人民群众形成最广泛的革命统一战线，实行以人民军队为骨干的"三结合"武装力量体制，以武装斗争为主与其他斗争形式密切结合，建立巩固的革命根据地，实行灵活机动的战略战术。

（2）人民战争思想的理论基础。毛泽东创造性地发展了马列主义关于人民战争的理论，创立了具有中国特色的人民战争思想，阐明了人民战争思想的理论基础。

第一，革命战争是群众的战争，只有动员和依靠群众，才能进行革命战争。战争力量的对比不但是军力和经济力的对比，而且是人力和人心的对比。战争伟力之最深厚的根源存在于民众之中，兵民是胜利之本。在政治、经济发展不平衡的旧中国社会条件下，要首先在反动统治力量最薄弱的广大农村建立革命根据地，并采取“波浪式”的推进政策逐步加以扩大，作为进行人民战争的依托。建立和发展农村革命根据地，必须把武装斗争与土地革命结合起来，建立革命政权，广泛组织和武装群众。同时，也不可忽视城市工作和非根据地的农村工作。实行现代条件下的人民战争，国家必须建设巩固而强大的战略后方。

第二，革命战争是为人民利益而战的战争，要实行代表绝大多数人民利益的奋斗纲领和基本政策。战争中要兼顾人民群众的长远利益和眼前利益，重视发展生产，尽可能地减轻人民群众的负担，必须团结一切可以团结的阶级、阶层和社会集团，利用一切可以利用的矛盾，结成最广泛的统一战线，使革命最大限度地孤立和打击最主要的敌人。

第三，要把武装斗争这种主要斗争形式同其他各种非武装斗争形式结合起来。它包括工人的、农民的、青年和妇女的斗争，经济战线、外交战线和思想文化战线上的斗争，合法的和非法的斗争，公开的和秘密的斗争等。

毛泽东明确指出，“武器是战争的重要因素，但不是决定因素，决定的因素是人不是物。力量对比不但是军力和经济力的对比，而且是人力和人心的对比。决定战争胜负的是人民，而不是一两件新式武器。”在一定的物质基础上，谁赢得了人民的支持，谁就能赢得战争。党的正确领导是实行人民战争的必要条件。人民战争作为战争的指导思想，不是群众就可以自发形成的，它必须有战争的领导条件。人民战争领导者必须具备两个条件：一是真正代表人民群众的利益，反映人民群众的根本愿望，全心全意地为人民群众谋取利益；二是懂得和掌握群众路线的指导方法，善于制定有利于调动群众积极性的方针和政策。这两个条件，唯有马克思主义的政党才能具备，中国共产党作为马克思主义的政党，责无旁贷地成为领导人民战争的主导力量。

3. 人民军队思想

毛泽东高度重视人民军队在夺取政权和保卫政权中的作用，强调“没有一个人民的军队，便没有人民的一切”。人民军队思想的核心是坚持党对军队的绝对领导和全心全意为人民服务的宗旨。

（1）人民军队的性质。坚持中国共产党对军队的绝对领导，是确保人民军队性质的根本原则。毛泽东从“军队是国家政权的主要成分”“军队是阶级压迫的工具”的原理出发，提出了“枪杆子里面出政权”的著名论断，明确指出“我们的原则是党指挥枪，而决不允许枪指挥党”，强调我军是中国共产党领导下的执行无产阶级革命政治任务的武装集团。

（2）人民军队的宗旨。人民军队是中国共产党领导的，为着广大人民利益而建立、而战斗的无产阶级性质的新型军队，是真正的人民军队。紧密地与中国人民站在一起，全心全意为中国人民服务，是这支队军队的唯一宗旨。毛泽东指出：“紧紧地和中国人民站在一起，全心全意地为中国人民服务，就是这个军队的唯一宗旨。”全心全意为人民服务的宗旨，是我军建军原则的核心，是我军区别于其他任何军队的本质特征。中国共产党领导的军队，是人民的军队，以为人民服务为宗旨，人民军队来自于人民，服务于人民，一切为了人民。我军不论在革命战争年代，还是在社会主义建设的和平时期，始终遵循这一宗旨，从而赢得了人民群众的拥护和爱戴。

（3）人民军队政治工作的三大原则。强有力的思想政治工作，是保持我军无产阶级性质、提高战斗力的可靠保证，是毛泽东建军思想的一个突出特点。我军的政治工作，随着革命战争的发展而逐步完善，形成了官兵一致、军民一致和瓦解敌军的三大原则。官兵一致原则，体现了我军内部上下级之间政治上平等的关系，是与旧式军队的本质区别。军民一致原则，是人民军队本色的体现，是我军由小变大、由弱到强，战胜国内外一切敌人的根本基础。瓦解敌军原则，是从精神上征服敌人，是促进敌人从内部瓦解的有效武器。

4. 人民战争的战略战术思想

毛泽东在指导中国革命战争的长期实践中，创立了一整套具有中国特色的人民战争的战略战术，成为人民军队在战争力量敌强我弱，武器装备敌优我劣的条件下克敌制胜的法宝。人民战争的战略战术思想，是毛泽东高超的战争指导艺术的总结，是毛泽东军事思想中十分精彩的部分。其基本精神是：一切从敌我双方的实际情况出发，你打你的，我打我的，扬长避短，力争主动。

第一，主张积极防御，反对消极防御。在敌大我小，敌强我弱的条件下，战略防御阶段必须实行战略上内线的持久防御战和战役战斗线的速决进攻战，通过战役战斗上的歼灭战达到战略上不断消耗敌人，借以逐渐改变战争力量的总体对比，最终把战略防御推向战略进攻。其中以歼灭敌人有生力量作为作战的主要目标，不以保守或夺取城市和地方为主要目标。

第二，采取恰当的作战形式，实行运动战、阵地战、游击战相结合。力求主动，力避被动，执行有利决战，避免不利决战，应慎重初战。发扬勇敢战斗、不怕牺牲、不怕疲劳、连续作战、勇于近战夜战的优良战斗作风。

第三，立足现有装备战胜敌人，同时注重从作战缴获中不断充实和改善自己的装备。同时把对敌军的军事打击与政治瓦解结合起来，在军事打击的强大压力下开展有力的政治攻势，利用多种方式解决敌人。并且大力组织支援前线，搞好后勤保障。

第四，毛泽东指出：“从战略上看，必须如实地把帝国主义和一切反动派，都看成纸老虎。从这一点上，建立我们的战略思想。另外，它们又是活的铁的真的老虎，它们会吃人的。从这一点上，建立我们的策略思想和战术思想。”毛泽东关于帝国主义和一切反动派既是“纸老虎”，又是“真老虎”的论断，奠定了人民战争战略战术的基本原则。在战略上，敌人是纸老虎，我们要藐视它，树立敢打必胜的信心。在战术上，敌人又是真老虎，我们要重视它，讲究斗争策略和斗争艺术。

5. 国防建设思想

中华人民共和国成立后，中国共产党军事工作的中心，随之转到巩固国防、建设现代化国防上来。国防建设思想的基本精神是必须建立强大的国防，实行积极防御的战略方针，走适合本国国情的国防现代化发展道路。主要表现在以下三个方面：

（1）建设现代化、正规化的国防军。毛泽东指出：“我们将不但有一个强大的陆军，而且有一个强大的空军和一个强大的海军。”在他的亲自主持下，颁布了各种条令、条例，开办了各类正规的军事院校，加强了部队训练，颁布了新中国第一部《兵役法》，使我军实现了由步兵为主的单一陆军向诸军兵种合成军队的转变，走上现代化、正规化的建设轨道。

（2）确立了发展“两弹一星”的国防科技战略。毛泽东指出，我们“不但要有更多的飞机大炮，而且还要有原子弹。在今天这个世界上，我们要不受人家欺负，就不能没有这个东西”。这一战略思想指导国防现代化建设，在自力更生的基础上，实行常规武器与尖端武器相结合，优先发展尖端战略武器，研制、生产出了原子弹、氢弹、卫星、导弹等一系列的新式武器和装备。

（3）赋予积极防御战略方针新的内涵。毛泽东根据国家安全利益的需要，从国际形势、周边安全环境和我国的具体情况出发，确立了我国的国防战略、国防建设的目标和方针。1956 年，毛泽东批准了中央军委提出的阵地战结合运动战为未来反侵略战争的主要作战形式的积极防御的战略方针。此后，毛泽东又相继提出了“大办民兵师”“全民皆兵”和“深挖洞、广积粮、不称霸”的战略思想。

（四）毛泽东军事思想的历史地位和现实影响

毛泽东军事思想是马列主义军事思想宝库中一颗璀璨的明珠，在中国军事思想发展史上具有广泛而深远的影响，在世界军事思想发展史上独树一帜，具有重要的历史地位和现实意义。

1. 毛泽东军事思想对马列主义军事理论做出了重大而独特的贡献

毛泽东运用马列主义的军事理论，创造性地解决了在半殖民地半封建的中国如何进行革命武装斗争，在夺取政权以后如何进行军队及国防建设的理论和实践问题，极大地丰富了马列主义军事科学的理论宝库。毛泽东的主要贡献在于：开创了一条农村包围城市、武装夺取政权的革命道路；创建了一支新型的人民军队；丰富和发展了马列主义的人民战争思想；创造了适合中国特点的人民战争的战略战术；科学地阐明了关于研究和指导战争的战争观和方法论。

2. 毛泽东军事思想在世界上具有广泛而深远的影响

中国革命战争取得胜利后，毛泽东军事思想受到世界各国的普遍重视，特别是 20 世纪 50 年代后期，在世界范围内逐渐形成了一个研究和学习毛泽东军事思想的热潮，许多国家还成立了毛泽东军事思想的研究会和学习会。在美国、英国、法国、德国和日本，出版了不少毛泽东的军事著作。在越南、莫桑比克、津巴布韦、安哥拉等亚、非、拉广大第三世界国家争取民族独立的斗争过程中起到了至关重要的作用。毛泽东军事思想作为人类优秀文化的灿烂结晶，其理论和实用价值得到举世公认，在世界军事理论殿堂中享有显赫的地位。英国著名学者巴特曼曾说过：“毛泽东是掌握打开这个时代军事奥秘之锁全套钥匙的一个时代人物。”1994 年尼克松逝世后，人们发现在他尚未出版的最后著作《超越和平》一书中，首先提到毛泽东，说毛泽东是“富有领袖魅力的共产党领导人，曾运用他的革命思想推动了一个国家并改变了这个世界。”

3. 毛泽东军事思想将永远是我党我军克敌制胜的法宝

毛泽东军事思想运用辩证唯物主义和历史唯物主义的原理，批判地吸取了古今中外优秀的军事思想遗产，是最科学、最先进、最完整的军事理论。它既揭示了中国革命战争的特殊规律，又反映了现代战争和国防建设的一般规律，为正确地指导军事斗争和军队建设、国防建设的实践，提供了最基本的立场、观点和方法，是经过实践检验过的科学真理。尽管现在国际国内形势都发生了巨大变化，科学技术迅猛发展，社会发展日新月异，但产生于革命战争年代的毛泽东军事思想对指导我军未来信息化条件下的局部战争，仍具有普遍的真理性意义。无论过去、现在和将来，毛泽东军事思想仍是我军克敌制胜的法宝。

二、邓小平军队建设思想

邓小平作为党的第二代中央领导集体的核心，改革开放的总设计师，他在领导我国社会主义建设和国防斗争实践中，不仅开辟了有中国特色的社会主义道路，创立了邓小平理论；而且找到了一条富有创新精神和时代特色的国防和军队建设道路，创立了邓小平新时期军队建设思想。邓小平新时期军队建设思想是以邓小平为核心的第二代中央领导集体在中国社会主义新时期，为指导中国军队建设和国防建设而提出的系统理论，是对毛泽东军事思想的继承和发展，是新的历史条件下军队建设和改革的依据，是建设有中国特色的社会主义理论的重要组成部分。

（一）邓小平新时期军队建设思想形成的历史条件

任何军事思想的产生都不是偶然的，都与特定的历史条件相联系。邓小平新时期军队建设思想的产生和形成，与当代中国军队和国防建设所处的历史条件有着密切的关系。邓小平军队建设思想是在中国社会主义事业进入改革开放和现代化建设的新时期，为指导中国军队建设和国防建设而提出的系统理论。是邓小平理论的重要组成部分，是党中央第二代领导集体智慧的结晶。

1. 和平与发展成为时代主题的国际环境大背景

20 世纪 80 年代初期，世界经济、政治、军事诸方面发生了很大的变化，总的形势趋向缓和。其中最突出的是，战争与和平的矛盾也发生了深刻的变化。首先，从战争根源看，帝国主义依然存在，战争的危险并没有消除，霸权主义是现代战争的根源。其次，从战争结果看，尖端武器的不断出现，战争的残酷性和破坏性不断增大，战争消耗相当惊人，达到很多国家难以承受的地步。核武器所具有的巨大杀伤力和有核国家所拥有的核反击能力，使战争的发动者也难逃毁灭的境地。最后，从战争可能性看，和平力量的增长超过战争力量的增长，尽管世界大战的危险依然存在，但只要工作做得好，争取更长时间的和平是有希望的。邓小平正是紧紧抓住国际形势发展变化中最具有根本意义的时代条件，在别人还处在冷战思维的情况下，指出了和平与发展是当今时代的主题，并根据时代主题的发展变化，提出了一系列有关军事理论问题，形成了一整套具有中国特色的新时期军队建设思想。

2. 以经济建设为中心和发展社会主义市场经济的国内环境

根据邓小平对国际形势的正确判断，党的十一届三中全会后，党和国家的工作重心从“以阶级斗争为纲”的方针转移到发展经济建设上来。随着改革开放的深入，社会主义市场经济的发展，国家政治、经济形势都发生了巨大变化，此刻，迫切要求有一条与之相适应的军事路线。诸如对战争与和平的基本估计，新时期的军事战略，国防建设的方针、政策、制度和规划，军队的编制体制和武器装备建设，国防动员和后备力量建设等，这些关系到国防和军队建设方向、规模的重大问题，都需要重新来认识和解决，使之与国家的政治经济形势相适应。

3. 科学技术的迅猛发展给军事领域带来的深刻变化

科学技术的发展及其在军事领域的应用，推动着人们对军事现象认识的不断发展。20世纪以来，高新技术的广泛应用，深刻影响着世界政治经济的同时，也推动着战争与军事的发展，引发了军事领域一系列新的变化。世界各主要国家纷纷加快军队的现代化建设步伐，形成了以高技术为主要标志的军队质量建设竞争新态势。如何重新认识和对待西方国家乃至世界各国军事力量的新发展，如何针对这种发展强化我国的军事力量建设，如何采取有效的相应对策，积极迎接新科技革命对军事斗争提出的挑战，都成为中国新时期军队建设不能回避的重大现实问题。

邓小平新时期军队建设思想正是基于上述新的历史特征，适应新的历史需要而形成和发展起来的。它把马克思主义军事理论的基本原理同当代中国实际和时代特征相结合，使当代中国军事具有了鲜明的时代特征和中国特色。

（二）邓小平新时期军队建设思想的主要内容

1. 军队和国防建设指导思想实行战略性转变

（1）和平与发展的时代主题。邓小平认为，和平和发展是时代的主题。20世纪80年代后，国际形势出现了一些新变化：资本主义国家间经济依存性越来越大，合作协作得到加强；以美苏为首的两大社会制度和集团之间，尽管存在着激烈的军备竞赛和意识形态斗争，但也没发展到爆发世界大战的地步；资本主义国家加强了对经济的国家干预和自我调节，生产力得到很大提高，缓和了国内无产阶级与资产阶级的矛盾；广大发展中国家与发达国家之间的差距越来越大，已影响到世界经济的进一步发展；国际竞争的重点已经由军事转向经济、科技，各国都在制定新的经济发展战略，推行新的科技发展计划，力图在国际竞争中抢占有利地位。随着苏联的解体，两极格局的终结，冷战的结束，世界向多极化格局发展的趋势，表明了“和平与发展”时代主题的论断对军队和国防建设指导思想实行战略性转变具有指导意义。

（2）世界大战可以避免的正确判断。20世纪70年代中期以后，邓小平根据世界战略格局、军事态势、科学技术的发展变化，提出了战争威胁依然存在，但世界大战可以避免的论断。他指出，战争的威胁依然存在，但推迟或制止世界战争的爆发已成为可能，世界大战在一定条件下可以避免，但霸权主义仍然是对世界和平的最大威胁，局部战争已成为主要战争形态。做出这一判断的主要根据是：第一，有资格打世界战争的两个超级大国谁也不敢贸然发动世界战争。两个超级大国拥有全世界核武器的95%以上，彼此都有毁灭对方多次的能力，在军事实力上处于相对均衡的状态。第二，世界和平力量的增长超过战争力量的增长，成为制止或推迟世界战争爆发的重要因素。西欧、日本甚至还有东欧各国，都不愿把自己绑在别人的战车上。拥有世界3/4的人口、占世界1/3的领土、在联合国有80%席位的、近130个发展中国家，大都贫穷落后，迫切需要和平环境发展经济，不愿进行战争。第三，经济、科技日益成为世界各国竞争的重点。世界新技术革命蓬勃发展，经济、科技在世界竞争中的地位日益突出，世界主要大国都进行战略调整，经济、科技的地位更加突出。这些因素使国际社会具备了较长时间内和平与稳定的可能性，是国防建设指导思想实行战略性转变的基本依据。

（3）我国周边安全环境明显改善的客观现实。我国周边安全环境发生了根本性好转。

新中国经历了20世纪50年代中期短暂的安全稳定局面以后，基本上笼罩在超级大国及其附庸全面封锁、制裁、威慑、入侵的阴影之下，全国人民时刻准备进行全面的反侵略战争，最严重的时期甚至要准备同时对付两个超级大国的威胁。20世纪80年代，我国国家安全环境逐渐改善，并得到了根本性的好转。其主要标志是1979年中美基于各自的战略利益建立了外交关系，实现关系正常化，来自我国东南部的威胁基本消除，摆脱了苏美两霸同时对我国威胁的局面，使我国在中、美、苏“大三角”关系中处于有利地位。同时，我国与周边国家关系也得到改善和发展，开始向有利于中国的方向发展。当然，在我国安全环境改善的同时，也存在着一些不容忽视的问题。如西方超级大国推行霸权主义和强权政治，干涉我国内政，对我实行“和平演变”战略和“西化”“分化”政策；我国与一些邻国的边界问题还未彻底解决，特别是我国海洋国土和海洋权益的争端比较严重；祖国统一大业尚未完成；仍然存在着各种现实的和潜在的威胁。这些问题对国防和军队建设提出了新的更高的要求。

（4）军队和国防建设指导思想实行战略性转变。时代主题的正确判断，国际形势和我国安全环境的科学分析，使邓小平果断做出人民解放军裁军一百万的重大决策，决定军队和国防建设指导思想实行战略性转变，即从立足于“早打、大打、打核战争”的临战状态，转到和平时期军队质量建设的轨道上，充分利用今后一个较长时间里大仗打不起来的和平环境，在服从国家经济建设大局的前提下，有计划、有步骤地加强以现代化为中心的“三化”建设，全面提高军队和国防建设的水平。

2. 军队和国防建设要服从和服务于国家建设的大局

国不富不足以养兵，邓小平关于军队和国防建设要服从和服务于国家建设大局的思想，明确指出了在新的历史条件下军队和国防建设与经济建设之间存在着一个谁先谁后、谁主谁次的问题。它反映了相对和平时期军队和国防建设的客观规律，是一个从长远和根本上加强军队和国防建设的正确战略思想。邓小平曾说：“先把经济搞上去，一切都好办。”一方面，经济基础决定着军队建设的规模、速度和水平。只有雄厚的经济实力，才能为军队建设提供足够的人力、物力和财力支援，军队才能维持与大国地位相称的、足够的建设规模，才能以较快的速度向前发展。经济力越强，军队现代化建设可望达到的目标就越高，军队建设的水平也自然会得到提升；另一方面，经济基础决定军队建设的质量。只有强大的经济实力，军队才能装备先进的武器装备，才能培养和造就大批高素质的军事人才，促进军队的体制编制的调整，适应作战方式及保障手段的变化，提高履行使命的能力。

3. 军队和国防建设要与国家经济建设协调发展

经济力是综合国力的基础，国防实力是综合国力的重要组成部分，军队和国防建设与国家经济建设是相互依存、协调发展的关系，不是彼此取代的关系。邓小平指出：“我们的四个现代化，其中就有一个国防现代化，如果不搞国防现代化，那岂不是三个现代化?”四个现代化是一个有机的整体，缺一不可。实践表明，没有国防现代化，社会主义现代化就是不完整的。国家发展历来要以国家安全为条件。经济建设是国家发展的需要，国防建设是国家安全的需要，二者都反映了国家的根本利益，不可偏废。就国家整体利益而言，必须把军队和国防建设纳入国家总体建设规划，在国民经济不断发展的基础上，合理确定国防投入比例，使军费所占比重既不影响国家建设大局，又能满足国家安全的需要，满足军队改革和建设的需要，从而不断改善武器装备，加速国防现代化建设，促进国家社会主义现代化建设的全面发展。而经济建设的快速腾飞，也为军队和国防的现代化建设奠定雄厚的物质基础创造了条件。

4. 军队要担当起维护国家主权和安全的历史责任

（1）国家的主权和安全要始终放在第一位。国家利益是邓小平思考和谋划国防和军队建设的一个根本着眼点。邓小平指出“国家的主权、国家的安全要始终放在第一位，对这一点我们比过去更清楚了。”他明确地向世界宣告：独立自主是中国外交的立足点，中国希望同各国发展关系，珍惜同其他国家和人民的友谊和合作，但是“更加珍惜自己经过长期奋斗而得来的独立自主权利。任何国家不要指望中国做他们的附庸，不要指望中国会吞下损害我国利益的苦果。”国家的主权和安全是一个国家和民族生存、发展的基础。中国作为第三世界国家，如果没有了主权，就没有了国权，也就谈不上安全。中国要实现自己的发展目标，必不可少的条件是安定的国内环境与和平的国际环境。如果没有一个稳定安全的环境，中国什么也干不成。中国人民解放军作为国家利益的捍卫者，必须担当起维护国家主权和安全的历史责任，为国家的改革开放和现代化建设创造一个和平与稳定的安全环境，为维护世界和平与发展，实现祖国统一大业做出自己应有的贡献。

（2）实行积极防御的战略方针。积极防御的战略方针是我国武装力量建设和运行的基本依据。20 世纪 70 年代末 80 年代初，国际国内形势发生了前所未有的变化，邓小平对军事战略方针问题进行了重新审视，明确指出：“我们未来反侵略战争，究竟采取什么样的战略方针？我赞成就是‘积极防御’四个字。”实行积极防御的战略方针，是中国社会主义性质和国家根本利益以及走和平发展道路的客观要求所决定的。

实行积极防御军事战略方针，必须坚持以下原则：服从服务于国家战略目标，贯彻总体国家安全观，加强军事斗争准备，预防危机、遏制战争、打赢战争；营造有利于国家和平发展的战略态势，坚持防御性国防政策，坚持政治、军事、经济、外交等领域斗争密切配合，积极应对国家可能面临的综合安全威胁；保持维权维稳平衡，统筹维权和维稳两个大局，维护国家领土主权和海洋权益，维护周边安全稳定；努力争取军事斗争战略主动，积极运筹谋划各方向各领域军事斗争，抓住机遇加快推进军队建设、改革和发展；运用灵活机动的战略战术，发挥联合作战整体效能，集中优势力量，综合运用战法手段；立足应对最复杂最困难情况，坚持底线思维，扎实做好各项准备工作，确保妥善应对、措置裕如；充分发挥人民军队特有的政治优势，坚持党对军队的绝对领导，重视战斗精神培育，严格部队组织纪律性，纯洁巩固部队，密切军政军民关系，鼓舞军心士气；发挥人民战争的整体威力，坚持把人民战争作为克敌制胜的重要法宝，拓展人民战争的内容和方式方法，推动战争动员以人力动员为主向以科技动员为主转变；积极拓展军事安全合作空间，深化与大国、周边、发展中国家的军事关系，促进建立地区安全和合作架构。

实行积极防御的战略方针是邓小平新时期军队建设思想的极其重要的内容，是对毛泽东积极防御战略思想的继承和发展。

（3）探索现代条件下的人民战争。人民战争是我们过去在历次革命战争中战胜国内外强大敌人的法宝，也是我们与任何强敌相比的特有优势。邓小平在继承毛泽东人民战争思想的同时，结合新的历史条件，强调要坚持“现代条件下的人民战争”。指出时代在发展，条件在变化，现代人民战争呈现了许多新的特点，必须研究现代条件下的人民战争，努力探索现代条件下人民战争的制胜之道。要求人民军队在发挥人民战争整体作战效能上谋对策，在创造人民战争的战略战术上求新招，在努力促进人民战争手段的现代化上想办法，使人民战争在现代条件下焕发出新的生机和活力，为积极防御的军事战略方针增添了新的时代内容。

（4）建设一支强大的现代化正规化的革命军队。以邓小平新时期军队建设思想为指导，积极研究和探索新形势下治军特点和规律、军事斗争准备的特点和规律、国防建设的特点和规律，推进军队的质量建设，这是新形势下军事科学理论研究的中心任务。

建设一支强大的现代化正规化的革命军队，是邓小平在新的历史条件下继承毛泽东军事思想，明确提出的新时期军队建设的总目标和总任务。中国人民解放军是人民民主专政的坚强柱石，是捍卫社会主义祖国的钢铁长城，是建设中国特色社会主义的重要力量。在新的历史时期，军队要切实履行好自己的责任，必须坚持以毛泽东军事思想、邓小平新时期军队建设思想为指导，全面贯彻“三个代表”重要思想，按照政治合格、军事过硬、作风优良、纪律严明、保障有力的总要求，紧紧围绕打得赢、不变质两个历史课题，坚定不移地走中国特色的精兵之路。

（5）加强军队的现代化建设。军队建设必须以现代化为中心。现代化，是军队战斗力水平的最直接的反映，是决定军队战斗力强弱的最核心的因素。军队现代化水平的高低，表现在军队武器装备的精良与低劣，军队技术及军事理论的先进与落后，军队的作战能力、反应速度、指挥效率、后勤保障水平的高低上。新时期我们必须把加速我军现代化建设作为一项十分迫切的中心任务来抓。

（6）加强军队的正规化建设。正规化建设就是要实行统一指挥、统一制度、统一编制、统一法律、统一训练，增强组织性、计划性、准确性和纪律性。搞好军队的正规化建设，就是要坚持依法治军，从严治军，提高部队的科学管理，走法制化、制度化的道路。

正规化建设是军队现代化建设的客观要求，也是军队建设向高级阶段发展的重要标志。没有正规化，军队就不能形成一个整体，不能凝聚成强大的战斗力，也就不可能赢得战争的胜利。因此，邓小平把正规化建设作为新时期我军建设总任务、总目标的一项重要内容提出来，强调军队建设的所有领域、所有方面，都要定出章程，建立和健全必要的规章，并采取了一系列措施，如1988年重新实行军衔制度，既是全军官兵盼望已久的一件大事，又是加快军队正规化建设的重要步骤，大大提高了我军正规化建设水平。

5. 坚定不移地走中国特色的精兵之路

在指导新时期军队建设过程中，邓小平始终坚持战斗力标准，注重军队的质量建设，强调把教育训练提高到战略地位，指引我军走上了一条有中国特色的精兵之路。

（1）提高战斗力是生成精兵的根本要求。建设一支强大的现代化、正规化革命军队，贯彻其中的一个根本要求，就是全面提高军队战斗力。战斗力是军队履行根本职能的核心能力，是衡量军队建设水平的客观标志，也是检验军队各项工作的根本标准。邓小平强调，军队要“讲真正的战斗力。搞少而精的、真正顶用的。”“减少100万，实际上并没有削弱军队的战斗力，而是增强了军队的战斗力。”

（2）注重质量建设是实现精兵的主要途径。兵贵精，不贵多，精兵为古今中外治军之道。高技术广泛运用于军事领域，使人与武器装备在结构关系上发生了变化：军队员额的作用下降，武器装备的作用上升。对战斗力的形成乃至战争结局，军队质量要素显得越来越重要，越来越突出，越来越具有决定性意义。邓小平强调，质量问题是影响战争胜败的问题。只讲数量，不讲质量，会耽误大事，要正确处理数量和质量的关系，要把质量建设作为军队现代化建设的主要途径，长期坚持下去。要适当减少数量，优化结构，提高效能，在精兵、利器、合成、高效上下功夫，不断增强总体实力。

（3）把教育训练提高到战略地位是锻造精兵的有效手段。邓小平强调，在没有战争的条件下，提高部队的素质，提高军队战斗力，主要靠教育训练。明确指出，教育训练是牢固树立战斗队的思想、落实战备工作的实践基础，是实现人与武器最佳结合的基本途径，是提高诸军兵种联合作战能力的主要渠道和方式，是加强作风纪律培养、增强部队凝聚力的重要手段。这些重要论断，抓住了和平时期实现精兵的关键。部队不打仗，就要靠训练。

（三）邓小平新时期军队建设思想的地位和作用

1. 邓小平新时期军队建设思想是毛泽东军事思想的继承和发展

邓小平新时期军队建设思想作为邓小平理论的重要组成部分，产生和形成于我国社会主义改革开放和现代化建设的伟大实践之中，是毛泽东军事思想的继承和发展，是马克思主义军事理论中国化的历史产物。它的形成和发展既是邓小平对当今国际形势冷静观察和正确判断的结果，又是他对新时期我国国情、军情进行实事求是的科学分析的产物，具有鲜明的时代特征。邓小平新时期军队建设思想提出的一系列建军方针、政策、原则，是马列主义军事理论和毛泽东军事思想在新的历史条件下的创造性运用和发展，是对军队建设实践经验的科学总结和理论概括，为我军开创了一条符合中国国情的、相对和平条件下的建军之路，是建设有中国特色社会主义理论的新时期军队建设思想。

2. 邓小平新时期军队建设思想是军队建设和国防建设的科学指南

邓小平作为党的第二代中央领导集体的核心，在和平与发展成为时代主题、经济建设成为党和国家的中心任务、军队建设进入新的发展阶段的历史条件下，坚持把当今世界各国国防和军队建设的一般规律和原则，同我国我军实际情况有机结合，把我军传统的经验原则同新时期新情况有机结合，抓住我军建设的主要矛盾，创造性地回答和解决了新时期我军建设亟待解决的一系列重大理论和实际问题，形成了一个完整的科学理论体系。它为我们提供了正确认识和解决新时期军队建设与军事斗争问题的立场、观点和方法，是军队建设沿着正确的方向不断发展、夺取新的更大胜利的根本保证，是新时期国防和军队建设以及搞好军事斗争准备的基本依据和指导方针。

3. 邓小平新时期军队建设思想反映了新时期军队和国防建设的基本规律，具有强大的生命力

邓小平以巨大的理论勇气和求真务实的态度，运用毛泽东军事思想的基本立场、观点和方法，研究新情况、解决新问题，提出了一系列新时期军队和国防现代化建设科学理论，揭示了相对和平时期国防和军队建设的基本规律，是我军国防和军队建设的历史性成就和基本经验的总结，是对我国军队建设理论的极大丰富。

三、江泽民国防和军队建设思想

江泽民国防和军队建设思想，是对毛泽东军事思想和邓小平新时期军队建设思想的继

承和发展，进一步回答了新的历史条件下建设什么样的军队、怎样建设军队，未来打什么仗、怎样打仗的基本问题，是新形势下推进国防和军队建设的强大思想武器和科学指南。江泽民创造性地坚持和运用毛泽东军事思想和邓小平新时期军队建设思想，研究新情况，解决新问题，科学地揭示了新的历史条件下战争与和平的特点和规律、国防与军队建设的特点和规律，形成了具有鲜明时代特色的国防和军队建设思想。

（一）江泽民国防和军队建设思想的主要内容

江泽民国防和军队建设思想是江泽民关于新时期军事战略、军队建设和国防建设等基本问题的科学理论体系。它是以江泽民为核心的党的第三代领导集体继承和发展毛泽东军事思想、邓小平新时期军队建设思想的体现；是根据时代发展的新要求、新任务，创立的新时期我军军队建设学说。着眼于时代的发展变化，立足于我国的国情、军情，科学地阐明了国防和军队建设的地位作用、目标任务、指导方针、总体思路、根本途径、战略步骤、发展动力和政治保证等，提出了一系列新思想、新观点、新论断，形成了一个完整的军事理论体系。

江泽民国防和军队建设思想内容丰富，涵盖了对国际形势和我国安全环境的战略判断、国防和军队建设与改革、高技术局部战争及其战略战术等方方面面。

1. 根据世界战略形势和战争形态的变化，提出综合安全观念

通过深入分析世界战略形势和世界军事变革的发展趋势，江泽民对未来战争形态的变化做出了科学预见。他认为，和平与发展仍然是时代的主题，但天下并不太平。尽管世界大战一时打不起来，但局部战争和武装冲突不可避免。在一个较长的时期内，信息化战争将逐步取代工业时代的机械化战争，成为未来战争的基本形态，未来我军面临的战争主要是信息化条件下的局部战争。在经济全球化和政治多极化的进程中，国家安全面临着诸多挑战和威胁，为了维护包括经济、政治、军事、文化等在内的国家综合安全，必须树立国家综合安全观，必须进一步加强国防和军队建设。

2. 制定和完善新时期军事战略方针

军事战略是军事斗争和军事斗争准备的总依据，是统揽国防和军队建设的“总纲”。以正确的军事战略指导国防和军队建设，是我党领导军队开展工作的出发点和立足点。江泽民根据国际战略格局、我国安全环境以及军事斗争任务的重大变化，提出要继续坚持实行积极防御的军事战略方针。正确解决了军队建设和军事斗争准备的目标和任务问题，指明了新时期国防和军队建设的方向，是对以往积极防御战略方针的充实和发展，为“打得赢”提供了正确的战略指导。

3. 按照“五句话”总要求全面加强部队“三化”建设

从我军的实际来看，经过几十年的建设，现代化水平虽然有了较大提高，但是与现代战争的要求相比还有较大差距，在武器装备、指挥手段、官兵科学文化素质方面还亟待提高，特别是干部指挥现代化战争和部队打赢现代化战争的能力不够。江泽民根据时代发展给我军建设提出的新要求和新任务，进一步明确了现代化建设的重要性，确立了坚持以现代化建设为中心的总体目标，致力于提高我军的现代化水平，这就从根本上抓住了我军建设的主要矛盾。为了把新时期军队建设的总目标加以具体化，贯彻到各项工作中去，江泽民提出了“要按照政治合格、军事过硬、作风优良、纪律严明、保障有力的总要求，加强军队的全面建设，使革命化、现代化、正规化建设的目标贯彻到军队各项工作中去”。“五

句话”总要求是一个内容紧密联系的有机整体，是新时期部队建设的指导方针，是实现新时期军队建设总目标的总体思路和具体标准。努力践行“五句话”总要求，是把人民军队革命化、现代化、正规化建设推向新水平的必然要求。

4. 提出“三步走”发展战略

江泽民根据国际形势的发展和军队发展的普遍规律，提出了与我国国家发展战略相适应的国防和军队现代化建设“三步走”的发展战略。按照“三步走”发展战略，第一步要用十几年的时间，努力实现新时期军事战略方针提出的各项要求，为国防和军队建设打下坚实的基础。第二步再用十几年的时间，随着国家经济实力的增长和军费的增加，加快军队质量建设的步伐，使国防和军队现代化建设有一个较大的发展。第三步再经过30年的努力，到21世纪中叶，基本实现国防和军队的现代化。随着世界新军事变革的加快发展，后来，江泽民又把“三步走”战略构想的建军目标明确为“建设信息化军队，打赢信息化战争”，要求根据这个总的战略目标，完善和补充国防和军队建设远景规划。“三步走”发展战略对国防和军队现代化建设做了总体设计，规定了阶段性目标、任务和要求，提出了迎接挑战、深化改革的对策，使国防和军队建设能顺应时代发展的潮流，抓住国家建设和发展的机遇，加快现代化建设步伐，从而有效地增强国防实力。

5. 坚持党的绝对领导，把思想政治建设摆在首位

坚持党的领导是马克思主义军队建设理论的基本原则。新时期，江泽民将坚持党的领导提到一个新的高度来认识。他指出：坚持党对军队的绝对领导，是我们党的优良传统，是我们军队特有的政治优势，是人民军队永远不变的军魂。“加强军队建设，最根本的是要坚持党对军队的绝对领导。只有坚持党的领导，才能使我军始终保持无产阶级性质，坚持为人民服务的宗旨，在错综复杂的斗争中保持正确的政治方向。”必须把军队牢固置于党的绝对领导之下，切实加强军队中各级党组织的全面建设，加强思想政治建设，确保党对军队的绝对领导和指挥，确保军队现代化建设的正确方向，确保人民军队“永不变质”。

6. 积极推进中国特色军事变革

江泽民继承和发展邓小平关于军队要改革的思想，全面把握世界新军事变革的发展趋势，认真分析我军建设存在的问题，明确提出“要积极推进中国特色的军事变革，使我军适应当代科学技术和新军事变革加速发展的趋势，加快推进军队的各项改革和建设”“推进中国特色军事变革，必须按照实现信息化的要求，科学确立我军建设的战略目标、发展思路和具体步骤。”通过改革真正走出一条跨越式发展的道路。要立足于世界军事变革潮流不断发展和国内改革不断深化的实际，深刻认识推进中国特色军事变革的必要性和紧迫性，明确深化国防和军队改革的重点和改革必须坚持的基本原则。要按照未来高技术战争的要求，对我军的武器装备、组织体制、军事训练以及保障方式等进行革新和改进，构建我军新型军事体系。要发挥军事理论的先导作用，创新军事理论和作战思想，更好地指导和推动我军信息化建设和军事斗争准备。

（二）江泽民国防和军队建设思想的地位作用

江泽民国防和军队建设思想，深刻揭示了新的历史条件下国防与军队建设的特点和规律，为认识和把握军事运动发展提供了强大的思想武器。其科学价值就在于它在空前的深度和广度上展现了现实军事运动的本质联系，揭示了当代中国国防建设的特点和规律，揭示了中国特色军事变革的特点和规律，揭示了未来战争与军事斗争准备的特点和规律，揭

示了改革开放和发展社会主义市场经济条件下建军治军的特点和规律。

江泽民把创新作为引导我军走在世界军事发展前列的不竭动力，坚持用发展的办法解决国防和军队建设中遇到的问题，从变革中寻找我军跨越式发展的道路。他注重运用系统思维、综合集成的方法解决军事问题，坚持把国防和军队建设作为一个复杂的系统工程来谋划，放在国际战略全局和国家发展大局中来运筹。他把政治与科学有机结合起来，既注重从政治高度观察和思考军事问题，又注重把现代科学方法应用于军事领域。这些具有唯物辩证法的思维方式和思想方法，坚持了与时俱进与实事求是的统一、世界眼光与中国特色的统一、创新品格与科学态度的统一、把握全局与善抓关键的统一，是贯穿江泽民国防和军队建设思想的精髓，对面向未来思考谋划国防和军队建设具有重要的世界观和方法论意义。

四、胡锦涛国防和军队建设思想

胡锦涛指出，当今世界正在发生广泛而深刻的变化，当代中国正在发生广泛而深刻的变化，机遇前所未有，挑战也前所未有。新世纪新阶段国防和军队建设也面临前所未有的挑战和机遇。十六大以来，面对前所未有的挑战和机遇，以胡锦涛为总书记的党中央、中央军委，坚持把毛泽东军事思想、邓小平新时期军队建设思想、江泽民国防和军队建设思想与新的实际相结合，对国防和军队建设做出了一系列重要论述，提出了关于军事问题的诸多新论断、新思想、新观点、新结论，初步形成了具有鲜明时代特征的军事思想，丰富和发展了党的军事指导理论，为新世纪新阶段国防和军队建设及军事斗争准备提供了强大思想武器，也为推进马克思主义军事理论中国化的历史进程做出了杰出贡献。

（一）胡锦涛关于国防和军队建设重要论述的主要内容

1. 把科学发展观作为国防和军队建设的重要指导方针

新世纪新阶段，以胡锦涛为总书记的党中央，提出了科学发展观这一重大战略思想。科学发展观是推进社会主义经济建设、政治建设、文化建设、社会建设全面发展的根本指针，也是加强国防和军队建设的根本指导方针。国防和军队建设贯彻和落实科学发展观，是用党的创新理论指导国防和军队建设的根本要求，是适应国家安全形势发展变化的迫切要求，是新世纪新阶段国防和军队建设内在的必然要求。这是胡锦涛对我党关于国防和军队建设指导理论所做出的新概括，是对马克思主义军事理论中国化的重大创新，也是对马克思主义发展观的成功运用和发展。以胡锦涛为总书记的中央领导集体，从新世纪新阶段党和国家事业发展全局出发，创造性地提出了坚持“以人为本，全面、协调、可持续”的科学发展观。新世纪新阶段，国家安全和发展形势的新变化、新特点，要求我们必须坚持以科学发展观为指导，自觉从国际国内大局出发统筹国家安全与发展，以科学的思路、模式和方法推动军队建设全面协调可持续发展，不断提高应对危机、维护和平与遏制战争、打赢战争的能力，确保我军在日益激烈的世界军事竞争中赢得主动，在复杂多样的军事斗争中立于不败之地。

2. 有效履行新世纪新阶段我军历史使命

新世纪新阶段，胡锦涛着眼维护国家和民族的根本利益，提出了“三个提供、一个发挥”的历史使命：为党巩固执政地位提供重要的力量保证，为维护国家发展的重要战略机遇期提供坚强的安全保障，为维护国家利益提供有力的战略支撑，为维护世界和平与促进共同发展发挥重要作用。这一新的科学概括，开阔了国防和军队建设的战略视野，拓展了我军历史使命的科学内涵，是具有鲜明时代特征和中国特色的新的军队使命观。全军把捍卫国家主权、安全、领土完整，保障国家发展利益和保护人民利益放在高于一切的位置，全面加强部队建设，抓紧作好军事斗争准备，确保能够有效应对危机、维护和平，遏制战争、打赢战争，努力完成好维护国家主权和领土完整的反对民族分裂、捍卫国家边防安全、保护国家海洋权益等传统作战任务；努力适应国家利益拓展，在国际军事合作以及开放复杂的社会环境中，完成好保护我国外贸陆海战略通道安全、处置重大突发事件、参与维护世界和平等多样化的作战任务。胡锦涛关于新世纪新阶段我军历史使命的重要论述，深刻揭示了新的历史条件下国防和军队建设的本质规律，体现了党的历史任务对我军的新要求，反映了国家发展战略的新需要，抓住了军队建设带全局性、根本性的重大问题，进一步拓展了我军的职能任务，明确了国防和军队建设的发展目标，提高了军事斗争准备的标准，充实了军事力量运用的指导原则。

3. 努力建设一支听党指挥、服务人民、英勇善战的革命军队

胡锦涛指出："建设一支听党指挥、服务人民、英勇善战的革命军队，是革命的依托、民族的希望。""人民解放军的优良革命传统，集中起来就是听党指挥、服务人民、英勇善战。"这是对我军 80 多年发展壮大历史经验的精辟概括，也是对马克思主义建军学说的创新发展。听党指挥，是党和人民对人民军队的最高政治要求，要求我军必须坚持党对军队的绝对领导，必须在思想上、政治上和行动上同党中央保持高度一致，一切行动坚决听从党中央、中央军委的指挥，这集中体现了我军建设的根本原则和制度，是我军过去、现在和未来永远不变的军魂。服务人民，是人民军队一切奋斗发展的出发点和归宿，是人民军队必须永远坚持的根本宗旨，要求我军必须始终把人民群众作为最高的价值主体，坚持全心全意为人民服务的宗旨，坚决同一切破坏国家和人民利益的行为作斗争。英勇善战是人民军队的鲜明特征，是人民军队履行职能使命的根本要求，是我军作为"威武之师""胜利之师"的重要标志，要求我军必须具有勇往直前、压倒一切敌人而绝不被敌人所屈服的英雄气概；具有敢打硬仗、恶仗，一不怕苦、二不怕死，勇于牺牲奉献的革命精神；具有以劣势装备打败优势装备之敌的战略战术。

4. 以军事斗争准备为龙头带动军队现代化建设整体发展

胡锦涛指出，把军事斗争准备作为军队现代化建设的龙头，抓住发展重点，统筹发展全局，通过局部跃升促进整体提高，既是积极适应国家安全形势发展变化的需要，也是加快推进我军现代化建设的需要。一方面，要深刻认识军事斗争准备在我国安全、统一和发展全局中的重要地位，作为当前我军最重要、最现实、最紧迫的战略任务，集中资源和力量，紧抓不放、扎实推进，形成并保持在强大的信息化条件下的防卫作战能力。特别是要加强海军、空军、二炮参战部队以及其他参战力量建设，提高诸军兵种联合作战的能力。另一方面，在加紧做好现实军事斗争准备的同时，统筹军队现代化建设全局，着眼维护国家安全统一的长远需要，瞄准世界军事发展前沿，科学合理地确定军队现代化建设资源的投向和投量，长期经营，突出核心军事能力建设，以局部跃升带动国防和军队建设的长远发展，稳步推进中国特色军事变革，实现建设信息化军队、打赢信息化战争的战略目标。

5. 大力培育当代革命军人核心价值观

胡锦涛指出，要围绕强化官兵精神支柱，大力培育"忠诚于党、热爱人民、报效国

家、献身使命、崇尚荣誉”的当代革命军人核心价值观。这一重要指示为我军提高应对多种安全威胁，完成多样化军事任务能力提供了强大的精神动力。忠诚于党，就是要自觉坚持党对军队的绝对领导，高举中国特色社会主义伟大旗帜，坚定中国特色社会主义理想信念，任何时候任何情况下都坚决听党指挥；热爱人民，就是要忠实践行全心全意为人民服务的根本宗旨，视人民利益高于一切，永葆子弟兵政治本色；报效国家，就是要大力弘扬爱国主义精神，坚决捍卫国家主权、安全、领土完整和人民民主专政的国家政权，为建设富强、民主、文明、和谐的社会主义现代化国家贡献力量；献身使命，就是要履行军人神圣职责，爱军精武，爱岗敬业，不怕牺牲，英勇善战，坚决履行好新世纪新阶段军队的历史使命；崇尚荣誉，就是要自觉珍惜和维护国家、军队、军人的荣誉，视荣誉重于生命，自觉践行社会主义荣辱观。

（二）胡锦涛关于国防和军队建设重要论述的地位作用

胡锦涛关于国防和军队建设重要论述，丰富和发展了马克思主义的军事认识论和方法论，为不断开创国防和军队建设新局面提供了科学的思维方法。坚持用发展着的马克思主义指导军事实践，是我们党领导军事工作的优良传统和根本经验。从毛泽东思想、邓小平理论到“三个代表”重要思想，党的每一次重大理论创新，都为军事斗争和军队建设提供了新的理论指导。胡锦涛主持军委工作后，根据时代发展和军事实践的新要求，创造性地提出了在国防和军队建设中贯彻落实科学发展观、履行新世纪新阶段我军历史使命、贯彻以人为本建军治军理念、科学统筹军队建设和改革全局等一系列新思想、新观点、新论断，明确了新世纪新阶段国防和军队建设的发展目标、发展模式、发展动力、发展道路和发展保证，进一步回答了建设什么样的军队、怎样建设军队的根本问题。胡锦涛关于国防和军队建设的重要论述，使我军对新形势下军事训练的特点和规律、军事斗争准备的特点和规律、国防建设的特点和规律的认识达到了一个新的水平。

第五节　党的新时期军事指导思想

习近平强军思想是以习近平同志为核心的党中央，在指导建设强军事业伟大实践中孕育的科学思想体系，揭示了强军制胜的根本规律，闪耀着马克思主义思想方法的光辉，是指引强军事业发展进步的科学指南。习近平强军思想统筹发展和安全两件大事，统筹经济建设和国防建设两大领域，统筹国际和国内两个大局，统筹军队和地方两大部门，涵盖战争指导、建军治军和改革创新等各方面，打通建设、指挥、管理、监督等链路，是一个成型的理论体系。习近平对国防和军队建设高度重视，围绕强军兴军提出一系列重大战略思想、重大理论观点、重大决策部署，深刻阐述了国防和军队建设中带有根本性、方向性、全局性的重大问题。

（一）确立强军目标

近年来，随着改革开放不断深化，中国取得了巨大成就的同时，也遇到了种种新挑战，其中包括一些西方国家在政治、经济等多方面的围堵打压。中国要承担更多维护世界和平的责任，同时有效维护国家利益，就必须提升国防和军队建设水平，增强履行使命任务的能力。

1. 实现民族复兴要求具有强大的国防和军队

习近平总书记在致力于实现中华民族伟大复兴中国梦的进程中，提出并大力推进强军梦。党的十八大提出了强军的努力方向和基本构想："建设与我国国际地位相称、与国家安全和发展利益相适应的巩固国防和强大军队，是我国现代化建设的战略任务。"在十二届全国人大一次会议解放军代表团全体会议上，习近平总书记提出了新形势下的强军目标，也可以说是强军梦的本质属性，即建设一支"听党指挥、能打胜仗、作风优良"的人民军队。在党的十九大报告中，习近平总书记特别指出："必须全面贯彻党领导人民军队的一系列根本原则和制度，确立新时代党的强军思想在国防和军队建设中的指导地位，坚持政治建军、改革强军、科技兴军、依法治军，更加注重聚焦实战，更加注重创新驱动，更加注重体系建设，更加注重集约高效，更加注重军民融合，实现党在新时代的强军目标。"

强国必须强军，大国领跑世界必有强大的军事力量作后盾。翻一下人类发展史，每一个国家和民族的崛起，都是综合国力达到了领先世界的程度，其中一个重要因素就是拥有强大国防和军队。历史经验告诉我们，中国走的是和平发展道路，但应对各种风险和挑战却是必然的，是不以自己意志为转移的。

在一定意义上，遏制军事挑战的能力越强大，越能够把世界引向和平。当今世界在经历了两次世界大战后，在现存核武器足以消灭人类许多次的情况下，大规模战争的确不会轻易爆发，尤其是大国之间的大规模战争。但是世界已经形成高度关联体，牵一发动全身。这就决定了即使是一次不大的作战失利，一次局部战争的失败，都可能产生国家动荡。这一点，我们完全可以从世界范围内的每一次局部战争的后果看出来。也就是说，即使其他方面都处于良好发展期，处于上升阶段，只要发生一定规模的失败，就会冲击到思想和精神领域，这时，即使不会瓦解国家，也会导致社会动荡，进而迟滞前进步伐。这也是加强国防和军队建设的重要原因。

2. 维护国家利益要求建设强大的国防和军队

习近平总书记根据不断变化的国际形势，把强军作为维护国家根本利益的重要保障。他在主持军委扩大会议时强调："走中国特色强军之路，推动军队现代化建设跨越式发展，努力建设与我国国际地位相称、与国家安全和发展利益相适应的巩固国防和强大军队。"这表明，军队是维护国家利益的重要保证，同时说明国家越发展，经济规模越大，越需要强大的军事力量作为后盾。

当人类活动的利益溢出陆地边界，向其他不同领域延伸之时，国家利益的概念也有了新的拓展。国家利益已经超出传统的领土、领海和领空，向海洋、太空乃至无形的信息空间拓展，这些领域的利益成为国家利益的重要组成部分，这些领域的安全成为国家安全的重要内容。国家安全涉及的范围，不仅局限于传统的"领土边疆"，更扩大到国家利益发展的"利益边疆"。

新中国的成立，标志着中华民族百年的抵抗外侮、救亡图存的伟大胜利。但在相当长时期内，我国仍然面临大规模外敌入侵的现实威胁。强调"井水不犯河水"，维护国家的生存权，应成为国家利益和国家安全战略的重心。随着改革开放的深入和我国经济社会快速融入世界，"井水"与"河水"以及"江水"与"海水"的界限越来越模糊。在新的形势下，我国既要维护传统的"领土边疆"，又要维护国家的"利益边疆"，自然成为适应时代发展的必然要求。

3. 体现党和国家意志要求强大国防和军队奠基

习近平总书记以大国领袖的胸怀指出，强化和推进中华民族伟大复兴这个宏伟目标的实现，必须把强军作为提升党的执政能力与国家硬实力的主要举措之一。随着包括中国在内的一些新兴国家的崛起，西方国家认为自己主导制定的游戏规则受到威胁，“奶酪”进行了重新分配，因而便采取排斥和遏制措施。

这显然与当今时代的发展趋势不符。习近平总书记站在人类文明的前进方向和发展要求的历史高度，强调和平发展道路能不能走得通，很大程度上要看我们能不能把世界的机遇转变为中国的机遇，把中国的机遇转变为世界的机遇，在中国与世界各国良性互动、互利共赢中开拓前进。所以，习近平总书记在上海合作组织青岛峰会的讲话中强调：“我们要秉持开放、融通、互利、共赢的合作观，拒绝自私自利、短视封闭的狭隘政策，维护世界贸易组织规则，支持多边贸易体制，构建开放型世界经济。”

历史经验表明，雄厚的经济实力是一个国家强大的基础，但倘若没有相应的国防实力和军事能力作后盾，经济实力再强大，也难以避免陷入被动挨打的境地。应当看到，在相对弱小的军事实力条件下，国家越是富甲四海，就越会引来贪婪的目光和入侵之祸。我国北宋时期经济社会高度发展，但由于“刀枪入库，马放南山”，终致王朝覆亡。鸦片战争前，中国经济总量占世界的1/3，但军事落后，数十万军队竟被数千英军击败，国家很快陷入半封建半殖民地的深渊。历史昭示我们，能战方能止战。没有强大的军事力量作支撑，和平发展只能是一厢情愿。

随着中国的不断发展，已经并将继续尽己所能，为世界和平与发展做出自己的贡献。“万物并育而不相害，道并行而不相悖。”在世界多极化、经济全球化、社会信息化深入发展的今天，各国也已形成你中有我、我中有你的“互嵌”式关系结构。习近平总书记就曾多次指出：“世界繁荣稳定是中国的机遇，中国的发展也是世界的机遇。”中国和平发展、实现强国梦的过程，必将是全球战略格局重塑的过程。这不可避免地会成为矛盾的集中点、聚焦点。当前，我国安全环境更趋复杂，安全问题的综合性、复杂性、多变性显著增强，呈现出许多新特点、新挑战、新要求。我国周边安全环境不稳定不确定因素增加，国家安全面临的各种风险增大。在这样的情势下，以实现强军目标有效应对大国崛起的阻遏效应，化解各种复杂矛盾和严峻挑战，是实现强国梦的必然选择。

4. 承担国际义务要求中国拥有强大国防和军队

习近平总书记着眼中国承担大国责任和构建人类命运共同体，以强军来促进实现责任担当和作用发挥。中国大国地位来之不易，在全球化不断推进的今天，中国与其他发展中国家不只是利益共同体，也是安全共同体和责任共同体。因此，在维护自身海外利益的同时不断增进发展中国家及全人类共同福祉，在积极参与全球事务的进程中更好地增进自身的话语权和影响力，是中国思考大国责任的重要维度。

习近平总书记在外交场合提出一系列中国主张。从“迈向亚洲命运共同体”到“弘扬万隆精神”，再到拒绝“零和博弈”“强权独霸”，这些都体现着中国作为世界大国，决心在地区及国际社会发展中承担起责任与义务。这也是习近平总书记在联大发言中所提出的“中国建立一支8000人的常备维和部队”的初衷和理念。中国军队应该有“世界地图”。作为世界第二大经济体，中国的国家利益已遍布全球，在捍卫国家主权和领土完整的同时，如何保护中国的全球利益，已成为中国军队战略转型的主要方向。当前，中国军队保家卫国的方式和空间扩大了，中国的国际发展环境正在出现越来越多的变数，转型中的中国军队势必在对外战略中发挥更加重要的作用。近年来，中国军队全方位配合国家的全球战略，逐步走上国际舞台，既展示出大国的实力和自信，也成为维护世界和平与稳定的重要力量。

（二）整体谋划系统推进军队改革，把我国的国防和军队建设推向新境界

习近平总书记指出，为实现强军目标，就必须对军队进行改革。因为目前军队中存在一些尖锐矛盾和深层问题，影响了军队的凝聚力和战斗力。比如，存在的腐败问题不彻底解决，就可能让军队变质变色；我军打信息化战争能力不够，各级指挥信息化战争的能力不够，也属于重要的短板。关于产生这些尖锐矛盾和深层问题的原因，习近平总书记指出，“领导管理体制不够科学、联合作战指挥体制不够健全、力量结构不够合理、政策制度相对滞后。”由此，习近平总书记强调，深化国防和军队改革，是为了设计和塑造军队未来。这是因为，“从国际形势看，应对当今世界前所未有之大变局，有效维护国家安全，要求我们必须深化国防和军队改革；从党和国家工作全局看，坚持和发展中国特色社会主义，协调‘四个全面’的战略布局，要求我们必须深化国防和军队改革；从国防和军队自身看，贯彻落实强军目标和军事战略方针，履行好军队使命任务，要求我们必须深化国防和军队改革。”

要对军队进行改革，就必须坚持正确的政治方向，找到切实有效的着力点。坚持正确的政治方向，就是要通过一系列制度安排和体制设计，把党对军队绝对领导的根本原则和制度进一步固化下来并加以完善，强化军委集中统一领导，更好地使军队最高领导权和指挥权集中于党中央、中央军委。切实有效的着力点，就是对领导管理体制和联合作战指挥体制进行一体设计，通过调整军委总部体制、实行军委多部门制，组建陆军领导机构，健全军兵种领导管理体制，重新调整划设战区、组建战区联合作战指挥机构，健全军委联合作战指挥机构等一系列重大举措，着力构建军委—战区—部队的作战指挥体系和军委—军种—部队的领导管理体系。

（三）强力推进军民融合，为提升国防和军队建设提供新路径

在十二届全国人大三次会议解放军代表团全体会议上，习近平总书记就深入实施军民融合发展战略提出一系列要求。他强调，把军民融合发展上升为国家战略，是长期探索经济建设和国防建设协调发展规律的重大成果，是从国家安全和发展战略全局出发作出的重大决策。要真正落实好这一决策，必须认清目前存在的矛盾和问题，包括思想观念跟不上、顶层统筹统管体制缺乏、政策法规和运行机制滞后、工作执行力度不够等问题。同时，要厘清军民融合的基本内涵和努力方向，加快形成全要素、多领域、高效益的军民融合深度发展格局，丰富融合形式，拓展融合范围，提升融合层次。

军民融合发展是一项庞大复杂的系统工程，领域多，要素全，范围广。对哪些领域和项目可以“融”，“融”到什么程度，不能不加区分地搞一刀切，更不能照搬别国模式，必须从国情军情和各行业领域特点出发，划出军民融合的合理边界，为深度融合奠定基础。在边界划分条件上，军用资源和民用资源具有兼容性和比较优势，通过融合能实现资源的优化配置和高效集约利用。在边界划分原则上，坚持军事优先、兼顾经济，侧重国家安全考量，把融合重心放在为军事斗争准备做好服务上，无论是在机构设置、力量投入，还是机制构建、资源配置等方面，都必须充分考虑作战需求，以是否有利于战斗力建设、有利于巩固国防为首要标准。在边界划分主体上，军队是军民融合的动力源，理应更加自觉地从国家利益最大化出发，加快相关体制机制改革，真正把与军队核心作战任务无关的机构和职能剥离出去，为深度融合扫清障碍。

（四）大力加强政治建军，在国防和军队政治建设方面实现新突破

政治建军是我军建设的根本，也是胜利之本。习近平总书记在新的历史起点上强调加强党对军队的绝对领导，既坚持了我军的传统，同时又有了新突破。这个突破在于两个方面：一方面，在世界政治生态发生巨大变化的情况下，要不要坚持；另一方面，在大力推进依法治国、依法治军的今天，要下大力气推进制度建设，以制度强化党对军队的绝对领导。

习近平总书记从政治信仰、政治规矩、政治修养、政治行为着手，强调要大力加强中高级领导干部队伍建设。政治信仰，是我党我军特有的精神支柱和力量之源，是习近平总书记打造“能打仗、打胜仗”军队特别强调的切入点和突破口。广大官兵只有把“有灵魂”作为着眼点和落脚点，才能保证所有工作都奠基于坚实的思想基础之上。政治规矩，是习近平总书记在中央纪委全会上提出来的。他强调政治规矩也是从世界眼光来认识分析问题的。他特别要求军委机关要自觉遵守坚持军委集中统一领导的政治原则和政治纪律，增强组织意识、号令意识、纪律意识，坚持按制度来、按程序走、按规矩办。政治修养，是党员领导干部，特别是高级领导干部提升政治品德的必由之路。值得注意的是，习近平总书记对决策层的要求更高。他在中央军委“三严三实”专题民主生活会上讲到，军委班子要“五个做到”：听党指挥、政治坚定；善谋打仗、能打胜仗；开拓进取、改革创新；求真务实、真抓实干；廉洁自律、风清气正。他还提出了“六个进一步严起来实起来”：军委学习；政治纪律、政治规矩；军委工作制度；党管干部；党内政治生活；廉洁自律。政治行为，是履行党和人民交给的任务，把谋打赢作为最大职责要求，也是政治要求。因此，要从政治上矫正自己的行为，真正放到随时准备打仗上来，集中精力研究军事、研究战争、研究打仗。

（五）把国防和军队建设作为系统工程来抓，实现武器装备建设与强化官兵综合素质新结合

国防和军队建设的一切目的，都是为了坚持党对军队的领导，提升战斗力。习近平总书记抓住战斗力提升这个核心，注重战斗力生成的两个重要路径或环节：一个是硬实力，以国防科技发展创新为牵引的武器装备建设；另一个是软实力，提升官兵的政治素质、军事素质、人文素质和战斗精神。二者的有机结合，将形成强大的战斗力。

从改革后的新编制体制中，我们已经看到新质战斗力成为军队建设的着重点，并且着力以此为牵引和战略工程，进行超前布局，强调加强前瞻性、先导性、探索性的重大技术研究和新概念研究，积极谋取军事技术竞争优势，提高创新对战斗力增长的贡献率。

在软实力建设或者说在继承和发展政治优势方面，这种体现更为突出。在全军政治工作会议上，习近平总书记提出：“培养有灵魂、有本事、有血性、有品德的新一代革命军人”，这是着眼实现中国梦、强军梦发出的伟大号召，是我军血脉永续、根基永固的根本所在。“四有”明确了新一代革命军人应当具备的理想抱负、素质本领、精神特质和道德情操，体现了时代发展要求和官兵价值追求的有机统一。

分析与思考

1. 我国古代军事思想有哪些现实意义？
2. 毛泽东军事思想的主要内容是什么？
3. 邓小平新时期军队建设思想的主要内容是什么？
4. 江泽民国防和军队建设思想的主要内容是什么？
5. 胡锦涛国防和军队建设思想的主要内容是什么？
6. 习近平强军思想的主要内容是什么？

第四章　现代战争

学习目标

1. 了解战争的内涵、特点、发展历程。
2. 理解新军事革命的内涵和发展演变。
3. 掌握机械化战争和信息化战争的形成、主要形态、特征、代表性战例和发展趋势。

第一节　战争概述

据统计，自中石器时代初期（即原始社会后期）以来，在这5000多年的时间内，全世界共发生了15000多场战争，没有战争的年代断断续续加起来也只有短短的300多年。这些战争给人类带来了严重的灾难，对人类社会的发展产生了重大影响。一方面，战争促进了民族的融合和国家的形成，促成民族的独立、新生国家的诞生以及国家内部政权的更迭。另一方面，战争也制约着人类社会的发展和进步。战争与和平问题是人类社会最大的问题，如何认识战争，遏制战争，实现人类的永久和平，是全人类共同奋斗的目标。

一、战争的定义

战争，按《中国人民解放军军语》的解释，是指“国家或政治集团之间为了一定的政治、经济目的，使用武装力量进行的大规模激烈交战的军事斗争。战争是解决国家、政治集团、阶级、民族、宗教之间矛盾的最高形式”。战争是敌对双方使用武力进行的激烈的军事对抗活动，其本质是政治通过暴力手段的继续。

二、战争的本质

战争本质问题，在马克思主义以前一直是悬而未决的重要问题。西方近代著名军事理论家克劳塞维茨提出了“战争是政治的继续”这一著名论断，推动了人们对战争本质的认识。他不仅第一次明确提出了“战争无非是政治通过另一种手段的继续”的经典命题，而且还通过深入考察战争与政治的内在联系，具体规定了这一命题所包含的两方面的基本内容：在政治决定战争方面，阐明了政治孕育战争，政治支配战争，政治贯穿于战争三个基本观点；在战争反作用于政治方面，则阐明了政治必须同战争相适应的重要观点。然而，由于克劳塞维茨把政治看作超越阶级对立的“整个社会的一切利益的代表”，因而他不可能真正揭示出战争的本质。

马克思和恩格斯运用唯物史观的基本原理，深入考察战争本质，阐明了战争所继续的政治的阶级实质。马克思深刻指出，在阶级社会里，战争集中表现为“各国统治者和他们的臣民之间、国家和社会之间、阶级和阶级之间发生冲突”，当这种冲突日趋尖锐，以致剑拔弩张时，就“非诉诸武力不可”。

列宁在继承马克思和恩格斯关于战争与阶级相互联系原理的基础上，以完全崭新的视角，明确而深刻地揭示了战争的政治本质。列宁又给政治注入了经济和阶级的内涵，明确指出，政治是经济的集中表现，在阶级社会里，政治具有强烈的阶级性，并主要表现为各阶级之间的斗争，绝不能脱离经济利益和阶级斗争妄谈政治。列宁还根据战争是政治的继续的论点着重揭示了第一次世界大战的政治实质。列宁指出，以战争是政治的继续的观点考察第一次世界大战就会看到，“英、法、德、意、奥、俄这些国家的政府和统治阶级几十年来，几乎半个世纪以来实行的政治都是掠夺殖民地、压迫异族、镇压工人运动。当前这场战争正是这一政治的继续，也只能是这一政治的继续”。列宁强调指出，第一次世界大战是资本主义世界两大军事集团——以德国和奥匈帝国为主的同盟国同以英国、法国、俄国为核心的协约国，为争夺世界霸权、重新瓜分殖民地和势力范围在全球范围进行的一场帝国主义战争。

毛泽东在总结中国革命战争经验的基础上，深化了关于战争与政治内在关系的认识。一方面，毛泽东阐明了战争一刻也离不开政治的道理。他指出：“‘战争是政治的继续’，在这点上说，战争就是政治，战争本身就是政治性质的行动，从古以来没有不带政治性的战争。”战争绝不是单纯的军事行为，而是由一定时期内各种错综复杂的社会政治关系引起的，又总是为一定阶级、国家、民族和政治集团的政治目的服务的，它是政治性质的行为，它合乎逻辑地包含在政治范畴之内，从这个意义上说，战争就是政治，也只有站在政治的高度观察战争，才有可能真正认识战争的实质。另一方面，毛泽东阐明了战争是解决阶级、民族、国家、政治集团之间的对抗性矛盾的最高斗争形式，具有其特殊性的道理。他指出：“战争有其特殊性，在这点上说，战争不即等于一般的政治。战争是政治的特殊手段的继续”。即是说，战争有其一套特殊组织，一套特殊方法，一种特殊过程，人们绝不能按照一般对待政治那样去对待战争，必须脱出寻常习惯，而按照战争规律去指导战争方能取得胜利。毛泽东还从这个意义上精辟地概括道：“政治是不流血的战争，战争是流血的政治。”毛泽东的论述以其丰富的内涵深刻阐明了战争与政治的内在联系。

三、战争形态的划分

战争形态是指以主战兵器技术属性为主要标志的战争历史阶段性的表现形式和状态。对于战争形态的划分，人们探讨和研究得比较多，也一直没有停止过对这一问题的辩论。它主要有三代说、四代说、六代说、九代说、十代说，还有二十代说等。当前采用较多的主要是三代说、四代说、六代说和九代说。

三代说是美国的托夫勒提出的。他认为人类社会先后出现过三种战争形态：第一种是农业革命引起的第一次浪潮战争，即冷兵器战争；第二种是工业革命引起的第二次浪潮战争，即机械化战争；第三种是工业社会向信息化社会过渡时期正在发生的第三次浪潮战争，即我们现在所说的信息化战争。这种三次浪潮理论，在我国 20 世纪 80 年代一度非常流行。

四代说是我国的军事学者梁必清提出来的。他认为人类社会经历了四种战争形态：第一种是金属化战争，即冷兵器战争，也称使用金属兵器的战争；第二种是火器化战争，即热兵器战争，也称火药产生后的战争；第三种是机械化战争，即火力和机动力结合之后的战争；第四种就是信息化战争。

六代说是俄罗斯少将斯利普琴科提出的。他认为到目前为止，战争经历了六代。第一代是步兵和骑兵出现后接触式的徒手战争；第二代是火药和滑膛枪出现后的接触性沟壕式战争；第三代是线膛炮和来复枪出现后的战壕和散兵壕式战争；第四代是坦克、飞机出现后的陆地战壕式接触战争；第五代是核武器出现后战略规模的非接触式核战争；第六代是信息化武器出现后的、可以在任何距离上以非接触方式摧毁任何国家经济潜力的战争。其中，他认为前四代是接触性的战争，后两代是非接触性战争。当时，斯利普琴科曾预言，2010 年后第六代战争将全面登台亮相。

九代说是中国学者董子风提出的。他认为人类典型战争形态有徒手式战争、木制化战争、金属化战争、火药化战争、机械化战争、核战争、信息化战争、智能化战争和结构化战争九种。

四、中国战争的演变历程

人类在有文字记载的 5000 多年历史中，经历的大大小小的战争近 15000 次。纵观人类战争史，战争形态和作战样式，总是随着时代和社会生产力的发展而不断变化。人类战争的形态，在经历了徒手战争、冷兵器战争、热兵器战争、机械化战争、高技术战争之后正在向信息化战争形态演变。从发展阶段来看，中国古代战争的发展演变主要分为四个阶段，即古代战争、奴隶社会时期、封建社会前期、封建社会后期。

（一）原始社会：战争与兵器的萌芽

原始社会时期，部落之间时有械斗发生。但当时的械斗只能称之为打群架，因为当时并无阶级和国家，这种械斗也没有明确的政治目的与军事目的，只是为了争夺生存空间，所以不能将这种械斗称为战争。械斗中使用的工具多是生产工具，但它们已具有兵器的雏形，是兵器的前身。这些工具包括石刀、石斧、石矛、棍棒等。大约在 10 万年前，出现了投石器。3 万年前，出现了弓箭。

起初，械斗工具与农、牧、狩猎的工具并无区别；后来，工具渐多，械斗时即选用那些较利于杀伤对手的生产工具充当械斗工具，逐渐积累了有关知识，并通过实践，对械斗工具不断进行改进，这有力地促进了兵器的诞生与发展。

在原始社会晚期，距今 5000 多年前，阶级和国家逐渐形成，战争也随即出现。为了适应战争的需要，械斗工具终于脱离了生产工具而自成一派，按其自身规律向前发展。传说中的黄帝与蚩尤大战于涿鹿，正反映了战争与兵器形成时的情况，后世把许多兵器的发明归功于他们。

（二）奴隶社会：车战盛行于世

当阶级、国家形成后，生产力不断发展，科学技术有了很大进步。此时，车辆、城市以及青铜等金属开始出现并得到广泛应用。大约公元前 7 世纪时，又出现了铁。这一切成果都很快地被应用于军事斗争上。比如，冷兵器的种类、数量和质量都有了发展，威力也增强了。

夏代的时候，出现了战车。战车的迅速发展，使各国军事力量有了相当大的增长，战车成为各国军事力量的重要组成部分，甚至可以说是中坚力量。各诸侯国拥有战车的数量都很庞大，车战常是决定胜负的关键。此时的冷兵器与个人防护装备也常为适应车战的需要而发展。

这一时期，出现了一些早期的攻防器械，如侦察车、早期攻坚车、投石机等，但总的看来，城防体系还不坚固，攻守器械也不完备和多样，攻防都未充分发展。这些器械在战争中尚无决定性的作用。投石机相当于现代战争中的远程火炮，是中国古代发明的又一种重要的远射兵器，破坏力很大。

进入封建社会初期，战争情况出现了新的变化。在出土的秦始皇兵马俑的行列中，除步兵外，还有战车和骑兵。这种情况反映出当时正处于战车与骑兵过渡、交替的过程中。大约到了汉代，战车逐步淘汰。

诸侯国的频繁战争既刺激了兵器的发展，也催生出一批杰出的军事家，如孙武、孙膑、吴起、吕望、尉缭等人。他们名留青史，为后世留下了不朽的军事理论。

（三）封建社会前期：城垣攻防决定胜负

到了封建社会前期，战车退出历史舞台，城垣的攻防成为决定胜负的关键。这个阶段各类攻守器械的发展引人注目：守方努力使城防固若金汤；攻方则尽力克服面临的难题，为此创造了许多攻城办法以及种类多、威力大的攻城器械。

这一时期冷兵器发展很快，此时的中国科技文明高速发展，并领先于世界。战争工具的发展正反映了这种盛况。

（四）封建社会后期：火药改变了战场的面貌

约在公元 8 世纪，火药的发明改变了战场的面貌。火药是道教的方士们在炼制长生不老的丹药时意外发明的，自此火药登上了军事历史舞台。火药最早在唐代用于实战，接着出现了多种威力巨大的火器，纵横疆场，对冷兵器造成极大冲击，传统的战争模式也为之改变。这是一场真正意义上的军事革命。

在 13 至 14 世纪，火药和火器通过阿拉伯地区传至欧洲，推动了世界文明的进步。以后，中国火器的发展日趋缓慢。15 世纪后，西欧更先进的火器及火器制造技术返回火药及火器的故乡——中国。后来，中国在鸦片战争中一败涂地，完全结束了中国古代兵器的显赫历史。此时冷兵器虽仍在战争中使用，但其重要性已越来越小了。

五、研究战争的目的

当今世界，虽然和平与发展是时代的主流，但是，更应看到霸权主义和强权政治依然存在，局部冲突和热点问题此起彼伏，全球经济失衡加剧，南北差距拉大，传统安全威胁和非传统安全威胁相互交织，世界和平与发展面临诸多难题和挑战。继海湾战争、科索沃战争、阿富汗战争、伊拉克战争之后，北非和中东地区持续动荡的加剧，由于境外势力的干预，导致埃及和利比亚政权更迭。现在的叙利亚局势正处在持续动荡之中。也就是说，当今世界并不太平。

当前，美国战略重心东移，以美国为首的西方国家企图从战略上对我国进行封锁，印度、越南、菲律宾和日本等邻国与我国还有领海领土的争议。东部，韩朝两国摩擦不断，西南边境，印度多次大量增兵（近年来增兵约 10 万人）争议地区附近。在南中国海，从 20 世纪 80 年代开始，不少周边国家都陆续提出主权要求，尤其是一些东南亚国家，甚至开始出兵抢占南沙群岛的岛屿。

“国无防不立”。我们研究战争的目的，就是培养忧患意识和国防意识。探讨战争、研究战争，就是要在和平年代不断用新的战争观念，不断地用新的战争手段，来应对未来可能爆发的战争，建设和巩固我们的国防，保证我们的祖国和人民不受欺凌，为中华民族的伟大复兴梦保驾护航。

第二节　新军事革命

一旦技术上的进步可以用于军事目的，并且已经用于军事目的，它们便立刻几乎强制地，而且往往违反指挥官的意志而引起作战方式上的改变甚至变革。

——恩格斯

当今世界，以信息技术为核心的新技术浪潮，推动着信息化时代飞速到来，引发了军事领域一系列革命性的变化。这场军事变革的实质，是一场以信息化为主要特征的军事信息化革命。这场新军事革命首先发生发展于美国等西方发达国家，可以从海湾战争算起，以大量高技术兵器用于实战为标志，以信息化建设与发展为核心，其速度之快、范围之广、程度之深、影响之大，是人类文明有史以来影响最广泛、最深刻的一次军事革命。随着高新技术的进一步发展，当前这场新军事变革已进入一个新的质变阶段，并将发展成为一场遍及全球、涉及所有军事领域的深刻革命，将对世界军事形势、国际战略格局乃至战争形态的演变产生深刻影响。

一、新军事革命的概念

新军事革命，是指在工业社会走向信息社会的时代，以信息技术为核心并得以广泛应用，从而引起军事领域武器装备、军事理论和组织体制等一系列的根本变革，导致彻底改变战争形态和军队建设模式的一场革命。这次军事变革是由信息社会孕育出来的，是信息社会的产物。新军事革命包含四个要素：新军事技术、新武器装备、新军事理论、新组织体制。

二、新军事革命的主要内容

新军事革命是人类文明由工业时代向信息时代转变的产物，是当代国际综合国力竞争在军事领域的反映，是以夺取并保持绝对军事优势为目标，以高技术特别是信息技术的飞速发展为动力，通过“系统集成”和“虚拟实践”，最终实现军事体系由机械化向信息化转变的过程。新军事革命的本质与核心是信息化，其目的是建设信息化军队，打赢信息化战争。当前，世界新军事革命已进入深入发展阶段。主要国家一方面积极消化前期军事改革和转型所取得的成果，军队建设进入相对稳定期和调整适应期；另一方面，不断总结反思，调整纠偏，整合资源，准备推动新一轮军事改革。

世界新军事革命深入发展的主要标志：主要国家纷纷提出军队建设新的发展目标。美军提出了“二次转型”目标，要求建设更精干、更灵敏、更先进、战备程度更高的新型联合部队。俄罗斯“新面貌”改革进入调整完善阶段，力求实现“精干高效、机动灵活、装备精良、训练有素”的建军方针。日本提出了“机动防卫力量”构想，力求建设快反、机动、灵活、持续的多能型自卫队。欧盟主要国家提出了“建立一支规模小、装备精、轻型化、机动灵活、快速反应能力较强的实战型军队”的建军方针。

世界新军事革命深入发展的基本内涵如下：

(1) 体制编制的联合化、小型化、自主化趋势更加明显；

(2) 武器装备呈现出向数字化、精确化、隐形化、无人化的发展趋势；

(3) 联合作战形态向“四非”（非接触、非线性、非对称和非正规）和“三无”（无形、无声、无人）作战方向发展；

(4) 军队指挥形态更加扁平化、自动化、网络化、无缝化，一体化联合作战指挥体系逐步形成；现代国防管理体制不断完善。

世界新军事革命深入发展的突出特点如下：

一是深刻性。主要国家军事改革正在从军事技术层面、军事组织层面、作战理论层面，深入到军事文化层面，提出了军事转型文化、联合文化和理论创新文化等。

二是全面性。世界主要国家军事改革和军事转型不仅涉及信息化军事技术形态、联合化组织形态和高效化管理形态，而且包括了军事理论形态、作战形态、保障形态、教育形态等各个领域。

三是务实性。美军着力提升指挥控制能力、情报能力、火力打击能力、机动能力、防护能力、保障能力、信息能力、国际交流能力。俄军着眼于提高应对各种安全威胁的能力，尤其是提高应对大规模空天袭击和地区战争的能力。

四是不平衡性。美国始终处于领先地位；英国、法国等其他发达国家紧随其后，积极跟进，加快推进军事转型；俄罗斯开展“新面貌”军事改革，现已完成军事组织形态的转型；印度、巴西等新兴国家以改善武器装备为重点，正在进行有选择的军事改革。

当前，世界新军事革命加速发展，各主要国家加紧推进军事转型、重塑军事力量体系，这将对国际政治军事格局产生重大影响。

三、新军事革命的发展趋势

随着新军事革命的宏观性、整体性、未知性、前瞻性空前增强，对战略规划的需求越来越迫切。世界各主要国家纷纷顺应时代发展趋势，把新军事变革定位为国家职责，纳入整体规划，加大投入力度，求得国防与经济建设的同步发展。比如，在美国政府和国会的强力推动下，美国军费投入持续攀升，2018 年军费超过 7000 亿美元，其中 40%以上直接用于新军事变革。俄罗斯政府则制定了“联邦军事学说”，为进行新军事变革制定了大政方针，并在国家财政非常困难的情况下，支持军队进行了四次大规模调整改革。各国还普遍重视发挥国家经济、国防、智力等资源的综合效益，缩短新装备从研制生产、交付使用到形成战斗力的周期，不断提高国防和军队建设的投入产出比。因此，推动军队全面转型便成了新军事革命的重要趋势之一。

1. 技术形态

军事技术形态正在向智能化、网络化、微型化的方向发展。主要国家着力发展各种新型武器装备。美军计划到 2030 年左右全面完成 C4KISR 系统建设。俄军计划到 2020 年前建成全军统一的自动化数字通信网络系统。美国、英国、法国、俄罗斯等国都在研制人工智能作战系统，包括无人飞行器、地面机器人、水面和水下机器人作战系统。一些国家已正式把网络空间作为继陆海空天电之后的第六维作战空间。美国正在研发各种网络侦察、网络防御和网络进攻等武器系统。俄罗斯网络攻防武器研制取得了突破性进展。目前，全球有100多个国家具有开发网络武器的能力。美国已成功进行了50多次的导弹拦截试验和数次电磁轨道炮试射，目前正在研制可攻击敌方卫星的XSS-11微型卫星。俄罗斯加紧研制空天飞行器。英、法等国均有空天飞行器研制计划。日本和韩国加紧部署导弹防御系统。

2. 组织形态

军事组织形态正在向优化结构、减员增效、模块组合、“去重型化”的方向发展。一是优化结构，完善联合作战效能。美国将联合作战层级由旅战斗队下沉至营战斗队；俄罗斯建立了4个联合战略司令部；日本成立了联合参谋部，形成了联合作战指挥体制；印度成立了联合国防参谋部和三军联合的战区司令部。二是压缩规模，增加基本作战单位数量。主要国家军队在减少员额的同时增加基本作战单位数量。美国陆军基本战术行动单位从33个增加到73个作战旅。俄国陆军基本战术兵团从36个增加到113个常备旅。三是“去重型化”，提升作战部队的机动能力。美军斯特赖克旅成为其陆军数字化程度最高、机动性最强、可执行多种任务的主要作战部队。俄军实行新编制，按照不同任务分类建设轻型、中型和重型常备旅。英军和德军裁减了陆军重型装甲部队，组建了更加机动、灵活、轻便的，可执行多样任务的新型作战旅。

3. 作战力量

作战力量正在向一体化、无人化、网络化、太空化的方向发展。美、俄等国军队正在大力发展新型作战力量，并在实战中运用和检验新的作战方式和方法。一是无人化作战部队应运而生。目前，世界主要国家十分重视发展无人武器系统，正在积极着手建设无人作战力量。2013年底，全球在机器人方面的防务开支超过134亿美元。美国国会明确要求到2015年战场无人化作战系统达到50%。俄军预测，到2025年左右，人工智能机器人武器装备将成为未来战场上的主战武器装备，将彻底改变传统作战方式，带来军事领域的真正革命。二是网络攻防部队成为重要作战力量。美国防部宣布组建40支网络部队，其中13支用来攻击对手。俄罗斯也建立了网络作战部队，其破网技术取得了突破性进展。目前，全球网络军备竞赛掀起高潮，超过40个国家组建了网络战力量。三是新型特种作战行动作用增大。新型特种作战部队在规模数量、职能任务、作战方式和行动样式上发生了很大变化，成为可达成战略目的的新型作战力量。四是空天作战部队正在酝酿建立。美国正在研制可攻击敌方卫星的微型卫星和空天飞机，到2020年前将可实施反导、反卫星等太空攻防作战行动。俄罗斯拥有相当规模的太空武器，并明确将空天战略性战役作为在未来战争中首先实施的战略性战役之一。其他一些国家纷纷建立太空兵和太空司令部，积极准备实施空天作战行动。世界50多个国家拥有空间飞行器。主要大国基于时代前沿战略技术形成了特定战略能力。空间已经成为国际战略竞争的制高点。

4. 国防管理

国防管理正在向注重战略规划、提高军费使用效益、增强科研创新能力、提高军队职业化水平的方向发展。主要国家十分重视国防改革，积极转变国防管理方式。一是提高战略规划水平。美国不断推动战略管理制度化、标准化和程序化建设，提高国防管理运行效率和国防投入效益。俄罗斯制定了《2020年前俄联邦武器装备发展纲要》等一系列战略规划文件。法国国防部制定了“六年军事规划法”和军队发展中期和长期计划。二是提高国防投入效益。美国更加强调优化军费投向投量，对关键地区、关键领域和关键力量的投入不减反增。俄罗斯近五年军费预算平均增长率为20%左右，装备采购费比重不断加大。三是提高科技创新能力。美国不断加强对军事前沿技术、高技术装备和高风险项目进行总体规划及跟踪研究。俄罗斯积极调整优化国防科技布局和军工体系，提升国防科技竞争力。四是提高军队职业化水平。法军暂停义务兵役制，实行全面职业化。德国从混合兵役制转向全志愿兵役制。俄军始终把职业化作为军队建设的发展方向，其合同兵比例不断提升。

第三节　机械化战争

一、机械化战争的基本内涵

机械化战争是一种主张陆军实行机械化和依靠机械化军队取胜的军事理论，亦称“坦克制胜论”。

机械化战争的特点：机械化战争与装甲车辆、火炮技术、流水线生产，人员培训等因素息息相关，例如第二次世界大战的苏德战争就是机械化战争；机械化战争是工业革命的产物，是用人操纵机器去打仗，重视军队的机动能力，扩展人的四肢，节省人的体力。

坦克在第一次世界大战中使用以后，显示出很强的突击力。富勒认为，坦克出现以后，陆军机械化是必然的发展趋势，战争将是一种纯粹的机械化活动，战争胜负“百分之九十九在于武器”，战场上坦克数量多的一方胜利的机会亦多。他认为，骑兵将退出战场，步兵降为辅助兵种，炮兵则需提高机动能力。他还主张，作战时，首先以坦克出敌不意地突向敌人的纵深，摧毁其首脑机关，同时以飞机轰炸其交通枢纽和补给系统，接着使用摩托化步兵和炮兵扩大战果，追歼逃敌，一次会战即夺取战争的胜利。富勒的理论，虽然指出了军队建设和作战方法发展的某些趋向，但过分地夸大了坦克的作用，贬低了人和其他兵种在战争中的作用。

二、机械化战争的代表性战例

闪击战是第二次世界大战期间德军率先使用的一种由航空部队与装甲部队进行密切协同的战术战役模式。是以对敌方重要的战役战术目标、指挥中枢、交通枢纽等进行空袭迅速取得制空权、瘫痪地方指挥体系，同时以坦克部队、炮兵、装甲及摩托化步兵等多兵种组成密集的装甲突击群，在战术空军的协同下迅速突破敌防线，并向敌方纵深目标进行快速的穿插机动，对敌方进行分割包围，从而对敌方进行歼灭作战的模式。

闪击战理论是第二次世界大战中纳粹德国军事战略的基础。这一理论要求在敌方未能有效组织防御和战争动员的情况下，在几个星期或者几月的短时间内夺取战争的胜利。

闪击战理论是纳粹德国在充分认识到飞机和坦克这两种划时代的武器的日益成熟对战争形态和军事思想的改变，也是对自身战争潜力的客观考量。德国力求以闪电式的突袭迅速瓦解敌国的反击能力，避免持久的拉锯战。

闪击战理论最重要的原则是：战役发起前做到隐蔽、迅速地展开作战部队，保障战略的突然性。战役发起后迅速用优势空军瘫痪敌方，同时集中使用装甲部队突破敌方防线，迅速向纵深穿插包围，对敌方兵团进行合围歼灭。

第二次世界大战初期，希特勒基于上述理论，主张先发制人，集中陆军和空军，像漆黑的夜里突然出现的闪电一样地打击敌人，攻势凌厉，似乎无往而不利。1939 年 9 月至 1940 年 6 月，他用闪击战占领了波兰、丹麦、挪威、荷兰、比利时、法兰西等国。具体时间是 27 天内征服了波兰，1 个小时拿下丹麦，23 天征服挪威，5 天征服荷兰，18 天攻克比利时，39 天征服号称“欧洲最强陆军”的法国……1941 年他再次用闪击战进攻苏联，同年 12 月便打到莫斯科郊外。第二次世界大战后，特别是随着导弹核武器的发展，闪击战仍被超级大国视为一种有效的战争样式。

三、机械化战争和信息化战争的区别

在世纪之交的十余年间，人类历史上相继爆发了四场具有划时代意义的高技术局部战争：海湾战争，科索沃战争，阿富汗战争与伊拉克战争。它们的爆发使一种全新的战争形态——信息化战争逐渐浮出水面，虽然在目前阶段，信息化战争还只显露出冰山一角，但它取代机械化战争成为现代化战争的主体形态的趋势已是不可遏制，从而使传统的战争理念、战争方法在一夜之间黯然失色成为历史。

在过去由于部队之间距离较近，战场局限于视距范围内，简单的通信手段就可以满足，比如手势、旗语、火光、声音、烟雾等。由于武器装备的运动速度加快，相隔距离较远，必然产生信息通信问题。通信联络成为制约武器装备发挥能力的瓶颈。越南战争，霉菌飞机由于敌我识别系统不完善（也是出于政治考虑），必须要目视辨别敌我后才可以发射导弹，大大削弱了麻雀导弹的作战能力。在洲际弹道导弹时代，导弹从发射到在目标爆炸，仅 30 多分钟，如果信息通信技术不完善，根本没有时间反应，只能被动挨打。二战发展的地空联合作战、海空联合作战，都对通信指挥提出很高要求。例如中途岛海战，美国如果没有充分信息，绝对不会取胜的。

信息化战争已经成为信息时代的基本战争形态，是信息化军队在陆、海、空、天、信息、认知、心理七维空间，运用信息、信息系统和信息化武器装备进行的战争。自 20 世纪 90 年代以来，以微电子、通信技术、网络技术、软件和系统集成技术为代表的信息技术突飞猛进，对世界各国政治、军事、经济、文化、社会等带来了深刻的影响。在军事领域，迅速发展和广泛运用的信息技术正猛烈地冲击着传统的军事思想和战争观念，引发了一场空前的军事变革，其实质就是把工业时代的机械化军事形态改造成信息时代的信息化军事形态，而信息化战争正是新军事变革推动的结果。

作为信息时代的主体战争形态，信息化战争既不同于农业时代的冷兵器战争形态，也不同于工业时代的机械化战争形态，它属于知识经济、信息时代的高技术战争形态，也是相对于机械化战争的未来战争形式。因而较之其他战争，它呈现出鲜明的时代特征：首先，信息资源主导化。在信息化战争中，信息是核心资源，是决定胜负的关键性因素。信息化战争是以争夺战场的制信息权为主要行动的战争，信息成为部队战斗力的核心因素。在科索沃战争和阿富汗战争中美国由于夺取和保持了绝对的信息优势，因而以很小的代价取得了战争的胜利。其次是武器装备的信息化，科学技术在军事领域的运用，是引发战争形态发生深刻变革的根本原因。信息化的武器装备系统是以计算机为核心、以信息技术为基础的一体化武器装备系统，其结构主要包括信息武器，单兵数字化装备和 C4KISR 系统。

同时，作战空间的多维化也是信息化战争的一大特征。在信息化战争中，虽然活动的依托仍离不开物理空间，但决定胜负的因素主要取决于信息空间，主要包括网络空间、电磁空间和心理空间。高技术局部战争实践表明信息化战争的战争空间明显拓展，呈现出海、陆、空、天、电等多维一体化趋势。

在未来的战争中，信息化技术将得到更为广泛的应用，智能化武器将大量涌现，它们的大量应用将大幅缩短战争持续时间，有效提高资源的利用率，发挥出巨大威力，甚至可以说，掌握了高技术武器的一方将获得战场的主动权。信息化的作战平台将成为战场支撑，作战形式将发生质的飞跃，作战思想也将发生重大改变。

第四节　信息化战争

一、信息化战争的基本内涵

信息化战争是一种充分利用信息资源并依赖于信息的战争形态，信息化战争依托网络化信息技术，大量运用具有信息技术、新材料技术、新能源技术、生物技术、航天技术、海洋技术等当代高新技术水平的常规装备，交战双方以信息化军队为主要作战力量，在陆、海、空、天、电等全维空间展开的多军兵种一体化的战争。

信息化战争与以往战争最大的不同点，就在于信息的地位和作用发生了变化。信息作为一种新型资源，改变了物质和能量的作用方式，进而改变了作战制胜机理，无可争议地成为生成战斗力的新的主导资源。

信息化战争的基本内涵：一是信息化战争作为信息时代的产物，是该时代生产水平和生产方式在战争领域的客观反映；二是信息化战争必然以信息化军队为主体作战力量，战争双方至少有一方拥有信息化军队才能进行战争，机械化或半机械化军队之间打不了信息化战争；三是信息化战争的主要作战工具是信息和信息化、智能化武器装备平台，使诸作战单元实现了网络化、一体化；四是要在七维战场空间中进行，其中在航天空间、信息空间、认知空间和心理空间占相当大的比例；五是在物质、能量和信息等作战诸要素中，信息起主导作用，信息能在战争中表现为火力和机动力的物质能量；六是战争的破坏性和附带性伤亡依然存在，但附带破坏将降至最低限度。

二、信息化战争的特征

（一）战争工具——信息主导

战争工具决定着战争形态，有什么样的战争工具，就会有什么样的战争形态。信息时代的战争工具主要是信息化武器装备，信息化武器装备的主要特征是实现了武器装备的信息化、智能化和一体化。

能量结构。能量结构及能量释放方式是决定武器杀伤机理的基本要素。从能量构成要素来看，信息化战争中，战争能量从传统的体能、化学能、电能、电磁能、机械能、核能等物理能量转变为智能。智能是信息化战争中的主导能量，它通过对其他物理能量的控制而产生效能。信息化战争中，机械时代的动力、平台、武器等仍具有重要作用，但能量释放结构产生了变化，电子信息装备由辅助性、保障性装备变为主导型装备，并通过系统方式渗透、融合到动力、平台、武器中去，对能量及能量释放的时机、方式、数量、比例等进行精确控制，从而达到投入最小、效益最高的目的。

效能标准。机械化战争主要强调数量和规模的累加，信息化战争则强调质量对效能的控制。传统战争主要通过火力摧毁来达成杀伤破坏的目的。信息化战争中，信息技术除对多种不同能量和武器装备相互融合外，还可对能量释放效能进行有效控制，控制的结果是更加精确，能够通过较少的能量释放获取极大的作战效果。因此，在战斗毁伤效能方面，不再强调装药量的多少，而是突出精确有效的原则。精确高效的度量指标是效费比。高效费比是指在战争中投入较少、效益较高，通常可达 1∶10 以上。要想达到这样的目的，必须提高武器的命中精度。

（二）战争力量——整体凝聚

体系对抗。信息化战争中，作为主要武器装备的 C4ISR 系统、信息战装备、精确制导武器和信息化作战平台，通过全球信息栅格进行无缝连接之后，将形成全维度、全天时、全天候的一体化、实时化作战体系。在这样的作战体系中，传统战争中那种贪大、求全和追高的观念将没有任何意义，因为品种、规模、性能不再是提高作战效能的关键性要素，系统集成和横向一体化成为最关键的要素。武器装备品种再多、规模再大、性能再好，如果不能并入系统，则不可能发挥作用，在战场上不仅不能形成战斗力，反而将成为好打的目标。信息化战场是一体系统对抗的战场，拥有完善的信息化作战体系的一方能够控制作战手段，灵活选择目标并控制战争进程和节奏；没有相应信息化作战体系的一方，则群龙无首，一盘散沙，数量众多但没有灵魂，因而难以形成作战效能。

力量凝聚。机械化战争中，战争力量主要表现为物质力量。信息化战争中，智能和知识处于力量凝聚的核心和主导位置，战争力量的凝聚主要依靠信息控制。从力量要素来看，信息化武器装备成为主导性要素，传统的机械化作战平台地位下降。力量的凝聚，必须是在掌握制权优势，尤其是在夺取并控制信息优势和空天优势的前提下进行的。只有这样，才能确保在准确的时间，把所需的力量准确地调整和机动到准确的地点和方向，对目标进行精确打击。信息化战争中，指挥艺术和军事谋略仍非常重要，但重点偏向两个方面：一是战略层面交战双方的排兵布势、斗智斗勇和战略欺骗；二是战役战术层面的自动化指挥和控制。

（三）战争时空——全维一体

时间加速。信息化战争中，弹道导弹速度达到 15 马赫，战术导弹速度达到 3~5 马赫，然而，比这个速度更快的是光速和电磁波速度，每秒钟 30 万千米，所见即所得。只要眼睛看见目标，这个目标就意味着立即被击毁。

空间融合。冷兵器战争和热兵器战争中，都是在平面单维空间内进行的战争。机械化战争中，不断向空中、海洋、水下、太空和电磁空间拓展。信息化战争仍然需要分别制权，各军兵种仍可继续主宰各自传统的作战空间，所不同的是在时间、空间和力量诸要素之间，必须统一标准，实现互联、互通、互操作，最终形成一个相互融合的体系。这样一个横向一体化的网络体系建立起来之后，陆、海、空、天、电等相互分离的作战空间将成为一个全维一体的作战空间，在这个全维空间内，战场是流动的，信息是实时的，时间、空间和力量等诸要素是融合的，力量的运用将非常灵活而且可调、可控。

（四）战争实施——精确控制

全频谱控制。传统战争中，战争的实施主要依托作战指挥方式和作战手段的运用。信息化战争中，当全球信息栅格建立起来之后，全维空间呈现一体化模式，在这样的作战空间内，传统的战场概念将不复存在，依托于特定战场和特定军兵种而萌生的作战方式也将自然消亡。届时，精确控制将成为信息化战争的精髓。精确控制主要是全频谱控制战，侧重进行战略信息战和战场信息战，目的是对全维空间、全频谱信息、全部作战力量和战争资源进行有效控制。控制的结果有两个：对己方而言，通过系统集成使力量倍增，作战效能呈指数增加；对敌方而言，通过控制使之处于瘫痪，部队因失去指挥而成为乌合之众，兵力兵器因失去空间将无法机动，因失去时间只能坐失良机、被动挨打。在这种情况下，即便拥有力量，也已经被分割、被瓦解，难以发挥有效作用。

精确打击。精确作战从量变到质变经历了半个多世纪，跨越了三个历史阶段。第一，从近距厮杀到火力毁伤。第二，从面杀伤到点摧毁。精确制导武器在战争中的使用比例从越南战争中的0.2%、海湾战争中的8%，提升到伊拉克战争中的70%。第三，从精确摧毁到实时打击。伊拉克战争中使用的精确制导武器，已经具备了三种能力：一是自主攻击能力。发射后不管，武器自动寻找并摧毁目标。二是实时攻击能力。从发现目标到打击目标实现一体化，武器反应时间趋于实时。三是防区外发射能力。作战平台可远离威胁区使用武器，既能准确打击目标，又可实现自我防护。

（五）战争保障——多维聚焦

精确保障。从保障对象上来看，冷兵器战争中人是战争中保障的主要对象。热兵器和机械化战争中，作战平台和枪炮弹药等武器成为保障的主要对象。信息化战争中，侧重于智力、知识、信息、网络的综合保障，在此基础上加强对保障要素的融合与控制。由于信息化武器装备与机械化武器装备是相互融合的，所以机械化战争中保障的要素大部分将继续存在下去，但必须用信息化理念、网络和软件加以改造，使所有保障要素融入作战体系中去，从而达到有效控制和精确保障的目的。

多维保障。传统战争中，战场建设和战争动员是战争力量的重要组成部分。在信息化战争全维保障的情况下，战场建设将更具备军民两用的特征，而且平时和战时必须实现快速转换。随着战争持续时间急剧缩短，传统的战争动员模式必须改变，在时间上强调快速动员，在内容上重视信息动员，在方法上突出预储预置，以满足战争对快速保障的需求。

力量保障。信息化战争中，更加强调质量效能，质量表现为知识，效能表现为控制，数量规模依然重要，但将是有知识、能控制的数量和规模。战争不再是军人的专利，以计算机和网络为核心的军事装备也不再是军队的专属，最先进的技术可能最先使用于民用装备。因此，保障力量表现为信息化保障，这种性质的保障难以区分军用还是民用。所以，军队专有保障开始向社会化保障发展，专业清晰、分工明确的机械化保障开始向专业模糊、系统集成的信息化保障推进，用来进行实际作战的兵力兵器越来越少、越来越精，而软件设计、网络控制、信息资源、装备维修等保障力量明显增加，“牙齿”越来越锋利，“尾巴”越来越粗壮。

（六）战争制胜——人机融合

人机一体。信息化战争中，人的智能与武器的性能融为一体，赋予武器以智慧和灵性。信息化武器不再是傻大黑粗的机器组件，而是具有人工智能、会思考、能判断，可以自动发现、识别和打击目标的机器人，“战斧”巡航导弹、JDAM 卫星制导炸弹等都是这样的机器人武器。人的高超智慧、指挥艺术等可先期融入武器系统之中，也可在作战过程中通过对武器的实时控制来提高其作战效能。这样的智能化武器与机械化武器装备最大的不同，就是专属性增强。未来战争需要更高素质的人才，没有知识、没有文化的军队是愚蠢的军队，愚蠢的军队是无法打赢信息化战争的。

自动控制。全球信息栅格建成之后，在战役战术层面将实现自动化实时指挥，人工干预、边想边干的指挥模式越来越少。指挥艺术和军事谋略在很大程度上表现在战前的作战运筹和战中的战略性交战，甚至被融入人机交互系统、专家知识库系统和武器智能制导系统中去。因此，指挥层次越来越少，指挥效能越来越高，呈现实时化、扁平化、一体化特征。战略指挥员直接指挥到单兵、单舰、单机的现象越来越普遍，战略性战斗将成为信息化战争中的主要作战样式。

三、信息化战争的代表性战例

（一）科索沃战争

科索沃战争被誉为第一场信息化战争，下面我们来回顾一下。

科索沃战争（Kosovo War），是一场由科索沃的民族矛盾直接引发，在以美国为首的北约的推动下发生在 20 世纪末的一场重要的高技术局部战争。其持续时间从 1999 年 3 月 24 日至 1999 年 6 月 10 日。

科索沃战争以大规模空袭为作战方式，以美国为首的北约凭借占绝对优势的空中力量和高技术武器，对南斯拉夫联盟的军事目标和基础设施进行了连续 78 天的轰炸，造成了 1800 人死亡，6000 人受伤，12 条枢纽被毁，50 架桥梁被炸，20 所医院被毁，40%油库和 30%的广播电视台受到破坏，经济损失总共达 2000 亿美元。

科索沃战争作战行动呈现战场空间扩大、持续时间压缩、人力密度减小、战略指导直接等新特点；以及突然性、集中火力、精确行动、联合作战等作战原则；要求军队战场感知力要强、作战指挥效率要高、战场生存力要强、后勤保障能力要强，促进了军事理论的发展。

科索沃战争是以美国为首的西方国家利用绝对空中优势，对弱势的南联盟进行打击，武力迫使其就范的战争。其作战样式是一种典型的非接触式交战，交战双方从始至终都没有在战场上近距离交战，这在世界战争史上是极为少见的。

在作战过程中，北约主要采用三种战法：一是在距离战场上千公里处发射巡航导弹进行攻击；二是从美国本土或盟军基地出动隐形轰炸机，在电子干扰机的伴随支援下，深入战区，投射精确制导炸弹；三是在掌握战区制空权的前提下，使用有人驾驶作战飞机从防区外发射精确制导武器，攻击预定目标。

依托现代信息技术的支持，北约指挥机构向一线部队下达命令只需 3 分钟，越级向导弹部队下达命令仅需 1 分钟，配合由 GPS 制导的巡航导弹、激光制导炸弹和联合直接攻击弹药，实现了信息与火力一体化，基本做到了“发现即摧毁”。

作为弱势一方的南联盟在战争初期，利用山多洞多、地形复杂的地形优势，在全国修建了许多洞库和地下设施，在北约空袭前就将大部分飞机、坦克、导弹等重装备藏于地下，躲过了大规模空袭，达到保存主战装备和作战部队实力的目的。

虽然南联盟进行了积极的抗击，但却没有有效的反击手段。

（二）海湾战争

在海湾战争中，以美国为首的“多国部队”使用了57颗各类卫星，其中仅侦察卫星就有34颗；还使用了150多架侦察、预警飞机，30架无人驾驶飞机，7500多部高频电台，1200多部甚高频电台，7000多部特高频电台；建成了118个地面机动卫星通信终端，12个商业卫星终端，使卫星通信的总容量达到68兆比特/秒；在战区内有3000台计算机与美国国内计算机联网；作战高峰期，每天保持70多万次电话呼叫，传递15.2万次电文；每天管理3.5万多个频率。海湾战争中的通信系统建设被称为“军事史上一次最大的通信系统专项工程”。

正是因为有了计算机、数据库和卫星以及作战系统的一体化，才能保证数千架飞机既不互相挡道，又不互相碰撞，同时又能高速通过“112个不同的空中加油航线、660个限航区、312个导弹交战空域、78条攻击走廊、92个空中战斗巡逻点以及36个训练区”，还能使之与6个独立国家不断变换的民航线路非常精确地协调起来。

此外，还集中了3500多架各型飞机、250余艘各型舰船、3500多辆坦克，对伊拉克实施了空、海、陆一体化、多方位地打击和封锁。其中，美军仅装备了56架的F-117A隐形战斗轰炸机，就动用了48架参战。当时仅有的14艘现役航空母舰，就先后有8艘派往战区。发射了运往战区的500枚先进巡航导弹中的一半多，动用了30多颗卫星进行航天侦察，集中使用了各类精确制导武器，开创了“爱国者”导弹成功拦截“飞毛腿”导弹的先例。

四、信息化战争的发展趋势

（一）战争的表现形式不断拓展

未来的信息化战争将在战争的暴力性、战争的层次以及战争的主体等方面发生重大的变化，从而使传统的战争概念受到冲击，战争的表现形式有了很大的拓展。

1. 战争的暴力性减弱

传统的战争理论认为“战争是流血的政治”，但未来的信息化战争中，由于各种经济活动和社会活动的高度计算机化、信息化和网络化，社会的经济生活和政治生活更多地依赖于各种信息系统。战争则有可能成为不流血或少流血的政治。像支撑社会经济和政治活动的金融系统、能源系统、交通系统、通信系统和新闻媒介系统等，都是以计算机为基础的信息网络系统。信息和信息系统既是武器，也是交战双方攻击的主要目标。而只需通过网络攻击、黑客入侵和利用新闻媒介实施大规模信息心理战等“软”打击的方式，破坏敌方的计算机信息网络，瘫痪敌方指挥系统，瘫痪敌国经济，制造敌方社会动乱，把战争意志强加给对方，以不流血的形式换取最大的政治和经济利益。在使用各种“硬”摧毁手段的作战中，进攻一方也不再以剥夺敌国的生存权利，或完全夺占敌方的领土等作为最终目标，而是注重影响对手的意志，尽可能地减少战争的伤亡，力争以最小的伤亡代价换取最大的胜利。战争暴力性将会减弱，传统战争的暴力行动将被非暴力的“软”打击行动所替代。

2. 战争的层次更加模糊

在未来的信息化战争中，战争的战略、战役和战术层次会逐渐模糊。一方面，战役或战术行动具有战略意义。由于大量信息化、智能化装备和系统的集中运用，武器装备的作战效能越来越高，精确打击和信息战等作战行动对敌方军事、政治、经济和心理的攻击威力越来越大，因而小规模的作战行动和高效益的信息进攻行动就能有效地达成一定的战略目的。这使得战争进程更为短暂，战争与战役甚至战斗在目的上的趋同性更为突出。另一方面，作战行动将主要在战略层次展开。信息化战争不再是从战术突破到战役突破再到战略突破，而是战争一开始，打击的对象就将主要集中于关乎敌方政治、经济和军事命脉的重要战略目标。尤其是在信息化战争中起主导作用的战略信息战，它对敌方经济和政治信息系统的攻击，以及对敌方民众和决策者心理的攻击，更具有全纵深和全方位的性质。大规模的信息进攻和超视距的非接触作战将成为未来信息化战争的主要行动样式。

3. 战争的主体多元化

传统的战争主要发生在国家和政治集团之间，战争打击的目标主要是对方的军事力量和战争潜力，战争的主体是军队。而在信息时代，由于信息技术和信息系统高度发展，计算机网络联通了整个世界，使得整个世界的政治、经济、科技和文化的联系日益密切，国家的安全受到来自多个方面、多种势力的威胁，表现出易遭攻击的脆弱性。实施信息攻击的主体既可能是军队，也可能是社会团体，还可能包括恐怖组织、贩毒集团和宗教极端分子等。随着科学技术的发展，使制造常规弹药易如反掌，制造核武器、化学武器和生物武器的技术也正在越来越多地被人们了解和掌握，这就使一些社会团体和组织，不仅可以掌握和使用常规武器，而且也有可能掌握和使用核生化武器，以及掌握和使用计算机病毒等信息武器。因此，这种情况使国家安全面临着严峻的挑战，并使得发动和从事战争的主体呈现出多元化的特征。当战争爆发时，受到攻击的一方，可能难以判明谁是真正的对手，也难以迅速做出有效的反应和反击。战争不仅会在国家与国家之间展开，而且也可能会在社会团体与社会团体之间、社会团体与国家之间、少数人与社会团体之间展开。为了应对这种挑战，仅仅依靠军队力量是不够的，还必须依靠社会的各种力量，进行广泛的全民战争。

（二）战争的威力极大提升

战争的发展，从某种意义上说实际上就是作战效能不断提升的历史。核武器的出现，使热兵器作战效能的发展走到了极限。人类对武器作战效能的追求，反而使得具有最大杀伤威力的核武器无法在实战中运用。然而人类并没有放弃对武器作战效能的追求，大量信息化武器和新概念武器的出现和运用，将使未来信息化战争具有亚核战争的威力。

首先，信息化时代的军事技术将把常规作战效能推到极致。未来信息化战争的常规作战效能将是建立在军事工程革命、军事探测革命、军事通信革命和军事智能革命已经完成或基本完成的基础之上。在这四大军事技术革命中，军事工程革命的起步最早。军事工程革命已经使传统武器装备跨越空间和速度基本达到物理极限。军事探测革命将使得侦察、探测的空域、时域和频域范围大大扩展，使对作战行动的感知、定位、预警、制导和评估达到几乎实时和精确的程度。军事通信革命将在未来信息化战争中实现军事信息的无缝链接和实时传输，使各指挥机构和部队、各侦察和作战平台之间达到在探测、侦察、跟踪、火控和指挥方面的信息畅通，真正实现实时指挥和控制。军事智能革命将真正实现作战指挥活动和作战武器装备的自动化和智能化。智能化指挥系统将使指挥控制活动的准确性和时效性大幅度提高。作战平台将集发现、跟踪、识别和自主发射为一体。智能化弹药将具有自动寻找和发射后远程打击的精度达到米级的特点。同时大量高度智能化的机器人将投放战场，使指挥活动和作战行动的效率极大提高。

其次，大量新概念武器的使用将使信息化战争的作战效能具有亚核战争效果。在信息化时代，随着科学技术的进一步发展，大量新概念武器会不断出现和应用于战争。这些新概念武器具有完全不同的杀伤和破坏机理，它们不以大规模杀伤对方人员的生命为目标，而是通过使对方的作战人员和武器装备丧失作战功能，或通过改变敌国的生态和自然环境来达成战争目的。

新概念武器中具有大面积破坏与毁伤效果的主要有次声波武器、电磁脉冲武器、激光武器和气象武器等。次声波武器具有洲际传送能力，并且可以穿透 10 多米厚的钢筋混凝土，因此作用范围极广。在高空施放的电磁脉冲弹可以在瞬间使大范围的电子设备丧失功能。在信息化战争中，大量新概念武器装备虽然不具备核武器那种大规模、大范围的物理杀伤和破坏作用，但它们所拥有的系统集成能力、战场控制能力、精确摧毁能力和能够高效达成战略目的的能力是核武器所无法相比的。从这个意义上说，信息化战争具备了亚核战争的威力。

（三）军队将向小型化、一体化和智能化方向发展

在未来信息化战争中，伴随着新军事革命的步伐，军队的发展趋势，将是高度的小型化、一体化和智能化。

1. 军队的规模将加速小型化

未来信息化战争中，先进的信息化系统和远距离的投送能力为军队的小型化奠定了基础。由于军队的作战能力将成指数增长，小规模的高度一体化和智能化的军队，即可达成战略目的。因此，未来军队的组织体制在数量规模上将具有两个基本的发展趋向。

军队的总体规模将大幅度缩小。随着军队的信息化程度和作战能力的不断提升，缩减军队规模将是必然的趋势，拥有庞大的常备军将成为历史。

作战部队的建制规模将更加小型灵巧。未来军和师的编制将可能最终消亡，旅、营或更低级别的战术单位将成为主要的作战建制，并可能出现按作战职能编成的小型作战群或能够同时在陆、海、空等多维空间作战的一体化的小型联合体。为适应未来信息化战争的需要，一些技术密集、小巧精干的新型兵种作战单元也将相继出现并逐步增多。

2. 军队信息系统的构成将高度一体化

未来信息化战争是高度一体化的作战，未来军队编成的一体化，将主要表现为按照系统集成的观点，建立“超联合”的一体化作战部队。为此，未来军队信息系统的构成，将按照侦察监视、指挥控制、精确打击和支援保障四大作战职能建成四个子系统。侦察监视子系统将所有天基、空基、陆基和海基侦察监视平台和系统连为一体，完成对作战空间全天候、全方位的实时感知；指挥控制子系统把所有战略级、战役级和战术级指挥控制和通信系统联为一体，将对作战空间的感知信息转变为作战决策和控制；精确打击子系统把陆海空天的信息和火力系统构成一体化的精确打击平台；支援保障子系统为作战行动提供实时精确的保障。这四个子系统的功能紧密衔接、有机联系，构成一体化的作战系统。

按照这个思路构建的军队，将从根本上抛弃工业化时代军队建设的模式，克服偏重发挥军种专长和追求单一军种利益的弊端，使作战力量形成“系统的集成”，从而能够充分发挥整体威力，实施真正意义上的一体化作战。

3. 军队的指挥与作战手段将高度智能化

信息化发展的高级阶段是智能化，因此信息化战争的发展趋势之一就是实现指挥平台与作战手段的高度智能化。随着纳米技术的发展，军用微型机器人将大量地投放于战场，执行侦察探测、信息传递、破袭敌电子设备和武器系统以及杀伤敌作战人员等任务。一是指挥控制手段的高度自动化和智能化。其标志是C4KISR系统的高度成熟与发展。未来的C4KISR系统将真正实现侦察监视、情报搜集、通信联络、火力打击和指挥控制的无缝链接，成为作战指挥与控制的信息高速公路，可以高度自动化地确保指挥员近实时地感知战场，协调、控制部队和武器平台的作战与打击行动。C4KISR系统的高度发展，将使军队指挥员观察战场和指挥作战的能力大幅度提高。计算机是自动化指挥控制系统的核心，是实现智能化作战指挥的基础。随着高技术群体的不断发展，未来将相继出现智能计算机、神经网络计算机、光计算机、高速超导计算机、生物计算机等新概念计算机，这将使人工智能技术迈上新的台阶。人工智能技术将由运算、存储、传递、执行命令转向思维和推理；由信息处理转向知识处理；由代替和延伸人的手功能转向代替和延伸人的脑功能。从而为作战指挥控制提供更加先进的智能化手段，使作战指挥与控制进入自动化、智能化时代。

二是大量智能化的武器系统和平台将装备军队，投入作战。在未来信息化战争中，精确制导武器系统、对空防御系统、勤务支援系统、物流分配保障系统和具有发射后自动寻的功能的智能化弹药将得到更加广泛的运用；无人驾驶的智能化坦克、飞机和舰船也将规模化投入战场。无人机在阿富汗战争中已经发挥了重要的作用。尤其值得关注的是，众多类型不同、功能各异的纳米机器人，可能在战争中被大规模地投放于战场，执行侦察探测、信息传递、破袭敌电子设备和武器系统以及杀伤敌作战人员等任务。

三是许多作战行动将发生在智能化领域。在传统的机械化战争中，虽然在智能化领域中也存在着敌我对抗活动，如敌我之间的谋略对抗就是一种思维对抗，但这种对抗是间接的，需要用部队真实的作战行动才能表现出来。然而，在未来的信息化战争中，由于信息战的广泛运用，智能化领域将会发生激烈的对抗。认知、信息和心理这些智能化的范畴，既有可能是作战所使用的手段，也有可能是作战所要打击的目标，因此在智能化领域将会发生大量的直接对抗的作战行动。为了阻止敌方及时制订出正确的作战计划，不仅需要采用谋略行动欺骗敌方，而且更需要采取信息攻击手段，直接打击敌方的C4KISR系统，破坏敌方的决策程序。

分析与思考

1. 简述中国战争的发展历程。
2. 新军事革命的概念是什么？
3. 分析机械化战争和信息化战争的特点。

第五章　信息化战争及装备

学习目标

1. 了解信息化装备的内涵、分类、发展及对现代作战的影响。
2. 熟悉世界主要国家信息化装备的发展情况。

第一节　信息化战争及装备概述

一、信息化战争的产生与形成

信息化战争，是人类社会政治、经济、科学技术和战争实践发展到一定阶段的必然产物。

信息化战争是社会经济形态发展的必然结果。战争形态是人类社会经济形态的产物，因为人们从事战争的工具和手段，是由特定时代的社会经济形态所提供和决定的。

农业时代的手工业生产方式，决定了战争能量的释放形式主要是依靠人的体能，战争所使用的武器主要是冷兵器。因此，这一时代的战争被称为冷兵器战争。在漫长的农业时代，社会所创造的工具是人力工具，由于科学技术水平低下，生产力发展缓慢，生产工具只能通过人力来驱动，靠人去操纵，人们也只能使用手工制作的青铜和铁质的刀枪剑戟、弓箭和战车等冷兵器进行战争。这一时代有限的物质条件和效率低下的人力生产工具，以及自给自足的分散式农业生产和作坊式的手工业，使得战争形态的演变十分缓慢。

工业时代的机器大工业生产方式，决定了热能成为战争能量的释放形式，战争所使用的武器为机械化武器。因此，这一时代的战争被称为机械化战争。从 17 世纪上半叶开始，伴随着蒸汽机的发明和电力、化学等工业的产生，人类进入工业时代。由于人们对能量、物质资源的利用和动力生产工具的使用，导致了社会生产方式的机械化、电气化和规模化。机器大工业生产方式的出现，使人们能够大量运用火炮、坦克、飞机和舰船等机械化武器装备从事战争，战争的能量释放形式从以人的体能为主转变为使用热能和核热能。战争物质基础发生的根本性变化，必然推动和要求战争形态发生革命性的变革，使工业时代的战争呈现出空间广阔、规模宏大、人数众多、进程缓慢、消耗和损失巨大的特征。从冷兵器战争演进到机械化战争，完成这场军事革命的进程持续了近 300 余年。

20 世纪中叶以来，由于科学技术的飞速发展和生产力水平的大幅度提高，以计算机技术和信息技术为龙头的高新技术群不断涌现，人类开始进入了信息时代。进入 21 世纪，高技术的迅猛发展和广泛应用，推动了武器装备的发展和作战方式的演变，促进了军事理论的创新和编制体制的变革，由此引发新的军事革命。随着信息技术在军事领域的广泛运用，大量信息化武器装备投入战场，为新一轮战争形态的变革提供了物质基础。在科学技术和战争实践的推动下，一场迄今为止人类军事史上波及范围最广、变化最深刻、发展最迅速的军事革命正在世界范围内蓬勃兴起。一个以使用信息化武器装备为主导，使战争基本方式发生根本变化的信息化战争，开始登上战争舞台。

人类社会和战争历史的发展表明，社会的经济形态是战争形态的母体，有什么样的经济形态，就会孕育出什么样的战争形态。这是不以人的意志为转移的客观规律。

1. 高技术的发展是信息化战争产生的直接动因

战争形态的重大变革，通常发生在技术革命之后，而技术革命又往往是在科学技术水平迅猛发展并发生质的飞跃的情况下出现的。20 世纪 50 年代以来，世界上陆续出现了一大批高新技术群：以微电子技术、电子计算机技术、人工智能技术和通信技术为基础的信息技术；以导弹为代表的精确制导技术；以人造卫星和航天飞机为代表的航天技术；以激光技术为先导的聚能技术；以核聚变为代表的新能源技术；以新材料为基础的隐形技术等。其中，信息技术在高技术群中起主导作用。这些新技术一经出现，便以前所未有的速度向深度和广度发展。高技术的迅猛发展和运用，必将导致新的技术革命。毛泽东曾经指出，“技术上带有根本性的、有广泛影响的大的变化，叫作技术革命。蒸汽机的出现是一次技术革命，电力的出现是一次技术革命，太阳能或核能的出现也是一次技术革命。”高技术群的出现，除其本身的发展具有革命性之外，它的影响之深远、波及领域之广阔，是历史上任何一次技术革命都无法比拟的。如今，高新技术群体，尤其是微电子技术和计算机技术已渗透到人类社会活动的各个领域，引发了政治、经济、科技、军事和文化等各个领域的深刻变革，已经产生并将继续产生难以估量的重大影响。科学技术的进步必将引起军事领域的技术革命。与以往历史上的军事技术革命不同的是，当今这场军事技术革命不是由单项和少数民用领域的技术引发的，而是由多项高技术交叉综合作用的结果。因此，这场军事技术革命是全方位的。其中起核心作用的技术是军事信息技术。其骨干技术包括：微电子技术、计算机技术、光电子技术和军事航天技术。军事技术革命的出现，必然导致武器装备发生质的变化。以军事信息技术为核心的军事高技术群，使人类进行战争的工具发生了时代性的飞跃，即由机械化武器装备阶段进入了信息化武器装备阶段。这必然引起作战方式、作战理论和军队编制体制的根本性变革。

2. 近年来局部战争实践是信息化战争产生的基础

20 世纪 90 年代以来先后发生的海湾战争、科索沃战争、阿富汗战争和伊拉克战争，是人类战争史上具有划时代意义、起承前启后作用的战争。它们既是工业时代机械化战争的延续，更是孕育信息化战争雏形的“母体”。这几场局部战争几乎都使用了全新的武器和全新的战法，每场战争都给人们以耳目一新的感觉。人们越来越强烈地感悟到，战争形态正在发生深刻变化，机械化战争形态正向信息化战争形态转变，信息化战争已处于萌芽阶段。海湾战争闪现了新军事革命的影子，世界从此进入一个新的战争时代。信息攻击、远程精确打击、陆海空天电一体化作战，成为主要作战行动。传统的线性作战、梯次攻击、层层剥皮的作战方式已经被拒弃，“零死亡率”的战争已经成为人们追求的目标。

总之，近年来几场局部战争的实践，使人们已经深刻感悟到新的战争形态所具有的深刻内涵，战争实践成为推动信息化战争形成和发展的催化剂。它促使人们更加自觉地接受信息化战争，适应信息化战争，更重要的是主动地选择和设计信息化战争。

二、武器装备信息化

20世纪后半叶至21世纪初，科学技术发展的浪潮以锐不可当之势冲击着人类的各个方面。一大批逐步形成的高技术群，以空前的规模飞速发展，创造着比以往任何时代都要大得多的精神财富和物质财富。这场新技术来势之迅猛、作用之巨大、争夺之激烈、影响之深远、波及面之广阔，都是以往历次技术革命所不能比拟的。新技术革命的大潮把世界各国推上了一条新的起跑线，特别是信息技术在军事领域的广泛应用，引起军事理论、作战样式和战争形态的根本性变化，催生了以信息化为核心的新军事革命。新军事革命的基础是武器装备的信息化。

信息化装备是指信息技术含量高，信息技术对武器装备性能的提高及对其使用、操纵、指挥起主导作用，具有信息探测、传输、处理、控制、制导、对抗等功能的作战装备和保障装备。信息化的武器装备系统，又是以计算机技术为核心、以信息技术为基础的一体化的武器装备系统。它主要有信息化武器弹药、信息化作战平台、军用智能机器人、单兵数字化装备以及指挥控制系统等。

信息武器系统，包括软杀伤型信息武器和硬杀伤型信息武器。软杀伤型信息武器，是指以计算机病毒武器为代表的网络攻击型信息武器和以电子战武器为代表的电子攻击型信息武器。这类武器已在海湾战争中开始使用。硬杀伤型信息武器，主要是指精确制导武器和各种信息化作战平台。信息化作战平台，装有大量的电子信息传感设备，并与C4KISR系统联网。它们集侦察、干扰、欺骗和打击功能于一体，既可实施战场探测，为精确打击和各种战场行动提供目标信息，还可实施信息攻防作战，是信息化战争的重要物质基础。

单兵数字化装备，是指士兵在数字化战场上使用的个人装备，也称信息士兵系统（它由单兵计算机和无线电分系统、综合头盔分系统、武器分系统、综合人体防护分系统和电源分系统几个部分组成）。信息化的士兵装备，既是战场网络系统的一个终端，也是基本的作战单元，具有人机一体化的远程传感能力、攻击和生存能力，能够实时实地为炮兵和执行空地作战任务的飞机提供数字化的目标信息。阿富汗战争中，美空军准确无误地对地面目标实施攻击，就是得益于特种作战部队装备的信息士兵系统将整个战场数字化网络连为一体，为其提供了及时准确的目标数据。单兵数字化装备的出现和运用，意味着陆军作战效能将出现革命性变化。

C4KISR系统，是战场指挥、控制、通信、计算机、杀伤、情报、监视和侦察系统的简称，它把作战指挥控制的各个要素、各个作战单元黏合在一起，是军队发挥整体效能的“神经和大脑”。在信息化战争中，C4KISR系统是敌对双方的主要作战目标，围绕着C4KISR系统展开的攻击和防护成为战争的重要作战行动。海湾战争具有划时代的意义。在人类战争史上，它是工业时代向信息时代过渡时期发生的一场战争，尽管还称不上完整意义上的信息化战争，但是它所显示的信息化战争的特征，在而后的科索沃战争、阿富汗战争、伊拉克战争中，已经表现得十分清楚。

三、信息化装备的种类

信息化装备主要包括综合电子信息系统、信息化弹药、信息化作战平台、单兵数字武器、计算机网络武器等。信息化武器装备与机械化武器装备的最大区别在于，前者是网络系统中的武器，后者是单个武器平台。发展信息化武器装备既是新军事革命的基本内容，又是建设信息化军队的物质和技术基础。

（一）综合电子信息系统

综合电子信息系统，即指挥、控制、通信、计算机、情报、监视与侦察系统（C4KISR），又称指挥自动化系统，是所有信息化武器和整个军队的“神经中枢”，是战斗力的“倍增器”。综合电子信息系统和精确打击武器一起构成的探测——打击系统是信息化战争的核心，依靠这种系统可以实现“发现即摧毁”的目标。

随着技术的进步和需求的变化，综合电子信息系统始终处于不断发展和完善之中，其内涵逐步扩展，功能不断增强，系统名称也在不断变化。美国是世界上最早开发和使用综合电子信息系统的国家。早在20世纪50年代，美国就已建成了世界上第一个“指挥与控制”（C2）系统。60年代，随着远程武器特别是战略导弹和战略轰炸机大量装备部队，通信手段在系统中的作用日益完善，于是形成“指挥、控制与通信”（C3）系统。70年代，美国将情报作为指挥自动化不可缺少的因素，形成“指挥、控制、通信与情报”（C3I）系统。到了80年代又加上“计算机”一词，变成“指挥、控制、通信、计算机与情报”（C4）系统。海湾战争后，综合电子信息系统进一步增加了监视与侦察功能，演变为C4ISR系统。经过50多年的发展，美国的综合电子信息系统已由最初个别指挥机构分别建立的综合电子信息系统和在各军兵种内部的综合电子信息系统，发展成为三军一体的综合电子信息系统。当前，美国正在试图建立全球一体化的综合电子信息系统。

进入21世纪以来，世界各主要国家都把综合电子信息系统建设摆在重要位置，作为发展信息化武器装备体系的“龙头”。从各国的情况看，综合电子信息系统主要有三种发展趋势。一是继续大幅提升信息获取、处理和使用能力。信息传输量将得到大幅度增加，可具有指挥、控制、情报、图像、战勤支援、建模与仿真等功能，情报信息可实时传输和处理。二是实现一体化无缝链接。可实现在全球任何地方获得全方位信息接入和得到信息支援。三是提高生存能力。综合电子信息系统是作战打击的主要目标，提高抗干扰和抗毁伤能力，也是未来综合电子信息系统发展的一个趋势。

（二）信息化弹药

信息化弹药，即精确制导弹药，是指依靠自身动力装置推进，能够获取和利用目标所提供的位置信息，并由制导系统控制飞行路线和弹道，命中精度很高的弹药。目前，信息化弹药已经发展成为家族成员众多的大家庭，包括制导炸弹、制导炮弹、制导子母弹、制导地雷、巡航导弹、反辐射导弹等。

与传统弹药相比，信息化弹药的一个突出特点是能够获取并利用有效信息来修正弹道，准确命中目标，因而具有极高的战斗效能。信息化弹药的出现，是军事技术发展史上的一次革命，它使弹药从原来的不可控发展到部分可控或完全可控。在西方发达国家，信息化弹药的发展已经历了三代，目前正在向灵巧型、智能型方向发展。灵巧型弹药是一种在火力网外发射、“发射后不管”、自动识别与攻击目标的弹药。智能型弹药是能利用声波、无线电波、可见光、红外线、激光等一切可利用的直接或间接的目标信息，自主选择攻击目标和攻击方式的精确制导弹药。

为适应迅猛发展的世界新军事变革，特别是未来信息化战争中实施精确打击的现实需要，世界各主要国家都在大力发展信息化弹药。

（三）信息化作战平台

信息化作战平台，是指装有大量电子信息设备，如一体化传感器、电子计算机、高性能弹药、自动导航定位设备等，集成了光电技术、新材料技术、新能源技术等众多高新技术，可通过 C4ISR 系统联结，具有高智能化水平和综合作战能力的武器载体。主要包括坦克和装甲车等陆上平台、水面舰艇和潜艇等海上平台、喷气机和直升机及卫星等空中及太空平台、智能机器人等无人作战平台。

20 世纪 70 年代以来，美国等西方军事大国就开始将信息技术广泛应用于新型高性能武器装备的研制，因而出现了种类繁多的信息化作战平台，如美军的 M1 系列主战坦克、M2 系列步兵战车、宙斯盾驱逐舰、F-22“猛禽”战斗机，俄罗斯的 T-90 主战坦克、“现代”级导弹巡洋舰、“金雕”战斗机等。这些作战平台装有多种信息传感设备和通信器材，可与 C4ISR 系统联网，具有较强的探测、识别、打击、机动、定位和突防等综合能力。展望未来，信息化作战平台将呈现出如下发展趋势。

一是高度信息化。未来的信息化作战平台将配有多种通信设备和探测设备，并具有足够的计算机联网能力，能够与上级和友邻互通作战信息，为精确火力打击提供目标信息，为作战行动及时而有效地提供辅助信息。

二是隐身化。未来几乎所有作战平台都将或多或少地采用隐身技术。

三是轻型化和小型化。在信息化战场上，“发现即摧毁”正在成为现实，传统大型或超大型作战平台面临着巨大威胁。更加重视作战平台的机动能力、实现作战平台的轻型化和小型化是一个重要发展趋势。

四是智能化。随着人工智能技术的日益成熟，以智能机器人为代表的无人作战平台系统将在战场上发挥越来越重要的作用，无人战争时代正在加速成为现实。如今，在地面、空中、水下等战场上，人们已经可以看到用于实战的机器人哨兵、机器人工兵、机器人步兵，甚至无人智能坦克、无人智能潜艇等无人化作战平台。

（四）单兵数字化装备

单兵数字化装备，又称“单兵一体化防护系统”。目前，美国、俄罗斯、英国、以色列、澳大利亚等很多国家都制订了单兵数字化装备开发计划。从结构和功能上看，美、英、法等国正在研制的单兵数字化装备大同小异，主要由以下五个分系统组成。

（1）一体化头盔分系统。该系统能够为数字化战场上的士兵提供所有视听信息，主要部件包括增强型视频放大装置、周围听力装置、高分辨力头盔显示器、无线电头盔控制装置、防护面具和电源等。

（2）计算机分系统，亦称“单兵 C3I 分系统”，可为士兵提供通信、预警、定位和防护等服务，起到综合情报管理的作用，主要部件包括夜间枪具瞄准专用的视频强化图像增强器，光电信号转换式平板显示器，全球定位系统，储有文字、图像、数据、战场态势等信息的单兵计算机等。

（3）武器分系统。该系统集观察、瞄准、射击于一体，能完成昼夜监视、跟踪、精确射击等多项任务，主要部件包括制式步枪、热成像仪、夜战用激光瞄准仪和远距离听力装置等。

（4）先进军服分系统。该系统具有防弹、防化学战剂、防火、防热核、防红外监视、防激光等功能，主要部件包括战斗服、防弹衣、手套、新型战斗靴、制冷圆领衫、承载组件等。

(5) 微气候空调分系统。该系统是独立的温度调节系统，可提高士兵在炎热或严寒战场条件下的作战能力，主要部件包括主动冷却背心、周围空气监视器、过滤器、风扇等。单兵数字化装备的开发研制被认为是武器系统发展的一个里程碑。目前，西方军事强国正在制定和实施一系列“数字化单兵作战平台”发展规划。可以预料，随着数字化军队和数字化战场建设的逐步完善，未来“数字化”的士兵将不再是执行作战命令的最小单位和简单的“地面人”，而是有指挥、协调、保障功能的作战单元。从技术角度上来看，可能是实现人和战场脱离，地面无人作战时代的开端。

(五) 计算机网络武器

随着军事技术革命的不断深入，在未来武器装备发展中，以信息技术为核心、以信息对抗为目的的计算机网络武器将大量涌现并成为夺取和保持“制信息权”的主要手段，同时也会成为未来武器装备体系中一个十分重要的组成部分。计算机网络武器，主要包括计算机网络侦察、计算机网络攻击和计算机网络防护武器装备。

1. 计算机网络侦察武器装备

计算机网络侦察武器装备主要包括网络扫描器、网络窃听器、电磁侦测器等。

(1) 网络扫描器，能广泛收集目标系统的各种信息，包括主机名、IP 地址、所使用的操作系统版本号、提供的网络服务、存在的安全漏洞、用户名和目标网络的拓扑结构等，特别是寻求敌网络系统的安全漏洞或安全弱点，并力求找到安全性最薄弱的敌主机作为网络攻击的突破对象。网络扫描器是当今最常使用、最危险的网络侦察武器，许多网络入侵都是从使用网络扫描器开始的。

(2) 网络窃听器，是一种能监视网络状态和数据流的软件或工具。网络窃听器一般应部署在网络中的重要位置，如在网关、路由器、防火墙一类的设备或重要网段上。好的网络协议分析软件可以用来分析 OSI 七层模型的每一层的数据包。它既可以用于分析广域网，如 DDN、帧中继、X. 25 的数据包，也可以用来分析局域网，如以太网、令牌环网、FDDI 等的数据包；既可以用于分析 TCP/IP 协议，也可以用来分析 IBM 的 SNA、NETBIOS 等协议；既可以用于分析 FTP、TELNET、RLOGIN 等应用层的协议，也可以用来分析 RIP、OSPF 等路由协议。功能更全的网络窃听器不仅能截获网络通信数据包，还能修改数据包。网络密码破译器，是能从敌网络所截获的密文中推断出原来的明文的软件或工具，功能强大的网络密码破译器还能采用删除、更改、增添、重放、伪造等方法向密文中加入假消息。理论上讲，任何密码都是可以破译的。实际中是否需要设法去破译，主要取决于破译的代价是否大于可能获得的结果、破译的时间是否大于结果的有效期、是否能产生足够多的数据供破译使用。

(3) 电磁侦测器，能对敌方计算机网络系统内各种电子设备所发射或辐射的电磁信号进行搜索、定位、检测、识别、记录和分析，获取对方计算机信息系统内的有关信息和情报。

2. 计算机网络攻击武器装备

计算机网络攻击武器装备主要包括计算机病毒、预设陷阱、微米/纳米机器人，以及芯片细菌等。

(1) 计算机病毒，是一种人为编制的有害程序，它能在计算机系统运行过程中把自身精确地或经修改复制到其他计算机程序体内，从而对源程序进行置换和破坏，甚至毁灭整个信息系统中的软件和数据。

（2）预设陷阱，是在信息系统中人为地预设一些“陷阱”，以干扰和破坏计算机系统的运行。预设陷阱一般可分为硬件陷阱和软件陷阱两种。其中硬件陷阱主要是芯片捣鬼活动。即蓄意修改、变动、设计或使用集成电路芯片，以达到破坏计算机系统的目的。软件预设陷阱的种类则比较多。较典型的有“特洛伊木马”“逻辑炸弹”和“陷阱门”等程序。

（3）微米/纳米机器人，主要是用来攻击电子设备的硬件系统。这些微小型机器人系统是微米/纳米技术和微机电系统发展的结果，其形状类似黄蜂或苍蝇，大小比蚂蚁还小，而且能飞、能爬，很难被发现或识别，可以大量“飞入”或“爬入”敌方的信息中心大楼及保密室，通过计算机的接口钻进计算机或网络服务器，偷窃秘密信息或破坏信息系统。

（4）芯片细菌，是经过特殊培育的、能毁坏计算机等信息系统硬件的一种微生物，主要是用来攻击计算机硬件。这种细菌能“吃掉”硅芯片，毁坏计算机内的集成电路，进而破坏整个城市、大楼、站点或实验室中的信息系统。

3. 计算机网络防护武器装备

计算机网络防护武器装备主要有网络哨兵、信息加密系统、网络防火墙等。

（1）网络哨兵，实质上是一种计算机网络安全监控系统，通常安装于网络服务器或主机之上，主要用于对入侵网络的人员进行威胁预警，提高网络的预警防护能力，并确定网络进攻的范围、目标和性质等。

（2）信息加密系统，是指采用自动加密技术、能给文件或电子邮件提供加密和解密一体化功能的系统。用户可通过台式计算机或笔记本电脑在开放式平台系统中传送秘密信息数据，系统自动控制对特定文件的访问等。典型装备有终端密码机、数据库密码机和链路密码机等。

（3）网络防火墙，是用来保护计算机网络安全的一种常用手段，它能允许你“同意”的人和数据进入你的网络，同时将你“不同意”的人和数据拒之门外，最大限度地阻止网络中的黑客访问你的网络，防止他们更改、拷贝、破坏你的重要信息。如美国的“响尾蛇”防火墙已能实现通过互联网在机密网络和大众网络之间安全地传送信息，目前在研的增强型防火墙还能探测蓄意闯入用户并做出反应。“黑洞”防火墙服务于北约“咨询、指挥与控制”局的信息防御需要，可使北约国家，特别是西欧各国能通过互联网进行安全的信息交流。除此之外，还有身份认证与鉴别系统、访问控制与安全审计系统等均属于网络防御武器装备。

第二节　国外武器装备发展趋势

武器装备是国之重器，随着高技术的迅速发展，推动各国武器装备建设呈现出了新的气象和趋势。武器装备建设标志着一个国家综合国力的体现，也是一个国家大国地位的象征。近年来，世界主要国家都在加快战略调整，而且积极推进武器装备建设，力图谋求绝对的军事优势。一方面，军事装备建设可以促进世界格局的改变，另外一个方面，军事装备的建设可以促进综合国力的增长。所以，武器装备的建设也是军队现代化建设的一个重要的内容。

一、美国武器装备现状及发展趋势

1. 陆军装备发展现状

（1）在主战平台方面。美国陆军的主战平台已初步实现数字化。如陆军 M1A2SEP 主战坦克、AH-64D 直升机等现役主战平台“嵌入”先进的信息系统，信息能力得到增强。陆战平台数字化改造的同时，其作战能力、火力和机动能力也有大幅度的提高，如“斯瑞克”等中型主战平台快速发展，重性履带装备与中、轻型轮式主战装备的优势互补，使得陆军适应多种作战样式，战略机动性大大增强。

（2）在制导武器方面。就美国陆军已装备的多种防空导弹来说，初步形成了一个纵横交错、多层防护的火力配系。其中动能反导武器“爱国者-3”是当前世界范围内唯一实战部署的。而美国陆军所拥有的大量反坦克导弹，包括直升机、无人机载“海尔法”、“陶”式反坦克导弹，以及多种型号的车载和便携式反坦克导弹，都已具备强大的空地一体反装甲能力，可以对世界上第三代主战坦克进行精确有效的打击。

2. 海军装备发展现状

（1）在海战主战平台方面。美国海军的主战平台具有配置灵活的特点。目前美军海上平台所形成的 4 种主要作战单元，使其具备大范围的制空制海能力、对地攻击和导弹防御等方面的能力。如航母打击大队能够在制海、对地攻击等作战任务中保持优势；远征打击大队能够完成垂直登陆和平面登陆的立体化运送，完全具备独立应对中小规模冲突的能力；巡航导弹潜艇打击大队，以改装后的“俄亥俄”级核潜艇为例，可装载 154 枚“战斧”巡航导弹，相当于 1 个航母打击群的携载数量，具有极强的对地攻击能力；而导弹防御水面作战大队以宙斯盾舰为核心，具备了导弹防御作战能力、远程监视和跟踪能力以及反低轨道卫星的作战潜力等。

（2）在舰载制导武器方面。美军目前主要发展的有反舰导弹、反潜导弹、防空导弹和鱼雷，其中对地攻击的巡航导弹和防空反导导弹发展相对较快，整体保持世界先进水平。或许是作战思想的改变，美军的潜射、舰载反舰导弹发展程度一直不高，只是强调空中平台携载。而在 2004 年就开始交付的新型“战术战斧”巡航导弹，既能通过卫星数据链传送导弹本身的运行状态，又能在飞行状态中对目标进行重新瞄准，并有效地传送战场的图像信息。特别是在最近的几次局部战争中，“战斧”巡航导弹凭借它良好的性能发挥了重要的作用。

3. 空军装备发展现状

（1）在航空主战平台方面。美军一是具备了实现“全球力量”的到达能力，如现役装备的 B-1B、B-52、B-2A 三型远程轰炸机，具备空中加油后到达全球任何地点遂行作战的能力，其中 B-52 除了能够发射空射巡航导弹进行远距离攻击外，还可以携带大量常规炸弹实施“地毯式”轰炸，B-2A 隐身轰炸机不仅具有穿透敌方先进防空系统的能力，还有携带 80 枚“小直径炸弹”（SDB）对分散目标进行精确打击的能力。二是具备了高度信息化的能力，如美军现有的 2200 架改进型第三代战斗机 F-15、F-16 和第四代战斗机 F-22，不仅配装了性能先进的有源电扫描阵列雷达，还加装了 Link-16 数据链，具备飞行中接收外部信息的能力。三是具备了突出的隐身能力，这些能够有效渗透打击其他国家的先进防空系统，为遂行后续空中和地面打击清除威胁。

（2）在机载制导武器方面。美军的机载制导武器主要可以分为三种，即空空导弹、空地导弹和制导炸弹，其数量之多、技术之先进、门类之齐全已构成世界之最。第一，美军的空空导弹已形成的近距格斗和中距拦截两大系列都是以 AIM-9、AIM-120 为基本型。当前，美军所采购的“先进中程空对空导弹”AIM-120 已累积超过 1.6 万枚，其中空军库存大约为 5300 枚。第二，近十几年来，使美军保持强大打击能力的主要装备是防区外空地/舰导弹，其特点是精度高、类别全。第三，随着制导炸弹成为最近十年军事装备的发展热点，美军加大了对“联合直接攻击武器”（JDAM）和“小直径炸弹”的生产，相应的战争中制导导弹的使用比例也大大增加了。

所以说，被称为“空中霸主”的美国空军，不仅拥有最先进的机载制导武器，还发展了多类别的精确打击武器，成为全球空军发展的重要依托力量。

4. 美国武器装备发展趋势

为了保证“先发制人”的进攻性军事战略的实施，美军在精简军队的同时，特别注重高质量武器系统的发展。

（1）网电装备趋向侦攻防一体化。

（2）无人装备趋向自动化、协同化、武器化。

（3）研发新的慑战装备高超声速飞行器。

（4）加快新概念武器的实用化步伐。

（5）注重主战平台在网络环境下综合作战能力的提升。

（6）特别注重多种新技术的开发与应用，包括信息技术、生物技术、脑与认知技术、新材料技术、致密能源技术、增材制造技术。

二、俄罗斯武器装备现状及发展趋势

1. 陆军装备发展现状

俄罗斯陆军是俄军武装力量中装备最为充足的军种，其兵种之多，武器类型之齐全，令人叹为观止。

在人员编制上，俄罗斯约有 100 个旅，这其中主要包括摩步旅、坦克旅、炮兵旅、战役战术导弹旅、地空导弹旅、特种作战旅、空降突击旅、电子对抗旅。然而，从普京上任之后，俄罗斯开始大幅削减坦克兵数量，只保留 4 个独立坦克旅和编入旅级部队的 20 多个坦克营，以体现俄军对“陆军突击力量”的重视作用。陆军导弹兵和空降兵等快速反应部队也受到特别重视，目前每个军区都建立了“伊斯坎德尔”导弹旅，装备“伊斯坎德尔”战役战术导弹，每个军区都部署 1 个空降突击旅，作为战役战略司令部的战略预备队。此外，每个军区还编组了 1 个特种作战旅，为了应对局部战争，未来特战旅的数量还会继续增加。

在武器装备上，主要有主战装备、战斗支援装备、工程保障装备、技术保障装备等。

2. 海军装备发展现状

俄罗斯海军可以说是继承了苏联海军的大部分资产，目前由四大舰队（北方舰队、太平洋舰队、黑海舰队、波罗的海舰队）和一个里海分舰队构成，统计共有 123 个海军兵团和部队。按照海军力量划分，俄海军可以分为战略核力量和常规力量。虽然，俄罗斯的海军一直被贴上“衰败”“不景气”的标签，但是随着俄罗斯经济实力的回升，对各种舰艇的改造正在积极筹备中。

目前，海军共装备有 1 艘航空母舰，即“库兹涅佐夫海军元帅”号重型航母；4 艘护卫舰；12 艘驱逐舰；74 艘轻型护卫舰；55 艘潜艇，包括 955 级“北风”级核动力潜艇和 677 型常规动力潜艇等。

3. 空军装备发展现状

俄罗斯空军现役飞机型号多，类别繁杂，从远程战略轰炸机到各种无人机一应俱全。俄罗斯共有 3400 余架军用飞机，包括战斗机、拦截机、固定翼攻击机、运输机、教练机、直升机、武装直升机。主力战机方面，现役主要有造型优美的“海盗旗”战略轰炸机、TU22-M3“逆火”、苏-30 多用途战斗机等；空军直升机方面，主要包括“米”和“卡”两个系列，现装备或定型的直升机主要有：米-28、卡-50 和最新型的卡-52 战斗直升机；米-24 及其改进型米-25、米-35 多功能武装直升机；米-8 轻型运输直升机，米-26 重型运输直升机等。

4. 俄罗斯武器装备发展趋势

随着世界范围“一体化”作战理念的逐步普及，各种武器装备间的“互联、互通、互操作”正在成为世界主要国家武装力量所追求的目标之一。俄罗斯也在顺应世界军事发展趋势，加紧淘汰老旧武器装备，更新新型武器装备，力图形成能够适应未来信息化战争需要的新型武器装备体系。未来几年，加快新武器列装以及军工系统的发展将是俄军发展的重要内容。根据俄军武器装备发展规划，2020 年前俄军新武器装备数量将占到全部武器装备的 70%以上。

（1）装备体系由相互独立走向一体化。

（2）武器装备逐步实现现代化。

（3）集中精力，研制发展新武器。

三、英国武器装备现状及发展趋势

第二次世界大战结束之后，虽然英国丧失了世界霸主的地位，但是其数百年积累的工业与科技基础仍令人不能小视，仍然具备研制和生产具有世界一流水平武器装备的能力。目前英军现役的武器装备，大部分都是英国自己设计制造的，形成了齐全先进的装备体系。

1. 陆军装备发展现状

21 世纪，英国陆军武器装备的发展现状主要表现为种类齐全、数量较多、整体水平较高。英国陆军是以营或团为核心，然后依照任务需要增减其他战斗单位。英国陆军编制内有 1 个装甲师、5 个步兵师、15 个常备炮兵团、7 个预备役炮兵团以及 1 个特别空勤团。其中，有 1 个装甲师和 1 个步兵师随时处于战备状态。

在地面突击能力方面，英国陆军装备有“挑战者”2 主战坦克、“武士”步兵战车和各型装甲车。“挑战者”2 和“武士”都属于战后第三代主战装备，火力、防护和机动性能在同类装备中处于一流水平，具备优良的火控系统，可以在昼夜和恶劣气候下同数千米外的敌军交战。

在火力支援能力方面，英国陆军装备有新型的 AS90155mm 自行榴弹炮、MLRS 多管火箭炮。英国陆军的火力支援能力可以覆盖 60 千米半径内的所有区域，并可随时为装甲部队提供快速的机动支援。

除了地面武器装备外，从20世纪60年代起，英国陆军就开始装备直升机，早期的直升机以“侦察兵”“黄蜂”等轻型直升机为主，进入70年代之后，“山猫”通用直升机和“小羚羊”武装直升机开始列装军队，使其具备了空中突击能力。但是由于这些直升机在火控、载弹量、装甲防护方面比较弱，从1998年开始，英国陆军陆续装备了67架性能更好、攻击能力更强的WAH-64“长弓阿帕奇”直升机，并在阿富汗投入使用。“阿帕奇”的投入使英国陆军的近距离空中支援能力有了很大提高。

2. 海军装备发展现状

近些年来，世界经济出现好转，国际战略形势随之发生变化，英国海军紧跟军事变革时代潮流，与时俱进制订了装备发展计划。大力发展海上纵深打击平台和装备，全面提升其远洋作战能力和战略投送能力。

自1990年以来，英国海军的兵力持续削减，但仍然保持着一支包括轻型航母、核潜艇、水面舰艇和两栖部队在内的结构合理、功能齐全的强大舰队。从英国海军舰艇的数量、性能来看，其整体作战能力均远强于其他军种，仅次于美、俄两国海军，位居世界第三。

1998年，英国国防部先后出台了多份关于皇家海军未来建设的重要文件，在这些文件的指导下，皇家海军将重点放在提高同北约盟国之间的联合作战能力和两栖作战能力上，开始精简装备并加强新型装备特别是信息化装备的建设。达到服役年限的“无敌”级航母开始陆续退役，而代之以更大型的“伊丽莎白女王”级航母。此外，皇家海军还陆续装备了新型两栖攻击舰和两栖船坞登陆舰，以加强两栖作战能力，还有其新服役的“机敏”级核潜艇更是具备对岸攻击的能力。

目前，英国皇家海军由水面舰艇部队、航空兵、潜艇部队和皇家海军陆战队组成。现在处于转型时期的英国皇家海军水面舰艇部队，各种装备正在更新换代，战斗力有所下降。

其中，2艘“无敌”级航母已经退役，其搭载的“海鹞”舰载机已经于2006年全部退役，仅存的“卓越”号实际上已经没有固定翼舰载机可用，基本上失去了战斗力，按计划也将退役，这使得皇家海军的航空突击力量在新的“伊丽莎白女王”号航母服役前将处于一段“空白期”。不过，近年来皇家海军先后装备了1艘“海洋”级两栖攻击舰和2艘“海神之子”级两栖船坞登陆舰，显著增强了两栖作战能力。

从1998年开始，英国的核威慑全部由海基核力量担任，其核心就是4艘“前卫”级弹道导弹核潜艇。该艇属于英国第二代弹道导弹核潜艇，拥有现代化的动力、降噪、武器和作战指挥系统，是世界上最先进的导弹核潜艇之一。

3. 空军装备发展现状

进入21世纪以后，英国皇家空军逐步淘汰了老式的“狂风”F3和“鹤”式战机，代之以新型的“台风”战斗机，而“狂风”GR4攻击机和侦察机则还要继续服役一段时间。

目前英国空军共装备各型飞机1002架，其中作战飞机为112架“狂风”GR4和68架“台风”战斗机，其余为各种支援与保障飞机。其实英国空军目前的装备实力同20世纪90年代初期相比有很大下降，因为其专门用于近距离支援的“美洲虎”和“鹤”式攻击机已经退役，这使得皇家空军的近距离支援能力大大减弱，尤其是“火神”轰炸机的退役使皇家空军的打击半径从6000千米锐减到了1500千米左右。

不过因为英国同美国之间的特殊关系以及英国在北约中的重要地位，远程攻击任务可由盟国完成，所以英国皇家空军只需负责本土的防空作战。为此，英国专门成立了防空作战中心，用于统一指挥整个防区内北约国家的空中作战和防空作战。另外，尽管“狂风”F3 战斗机已经退役，但是对地攻击型的“狂风”则全部保留，加上新型的“台风”本身就同时具备强大的空战和对地攻击能力，因此英国皇家空军尽管实力下降，防空和远程攻击能力却不减反增。

在 1982 年的英阿马岛之战中，当时的英国空军由于没有预警机的原因，无法对低空飞行的敌机进行及时的发现和捕获，只能用驱逐舰担负远程预警的任务，导致损失了两艘驱逐舰（“谢菲尔德”号和“卡文特力”号），这让他们意识到了预警飞机的必要性和重要性。目前皇家空军之所以拥有较强的空中侦察和预警能力，也主要归功于他们在 20 世纪 90 年代初引进的 7 架美国 E-3 预警机。该机是目前世界上最先进的空中预警指挥中心之一，可在 667 千米外发现轰炸机一类的大型目标，同时处理 600 批目标并引导 100 批己方飞机进行作战。

4. 英国武器装备发展趋势

从最近的几次局部战争来看，作为军事强国之一的英国，发现现代信息和新军事技术已经成为战争胜负的决定性因素。于是，英军总结历史经验，并借鉴美国成熟的军事理论成果，提出建立新型武装部队的目标。为了实现该目标，首先要进行的是武器装备的信息化、智能化、技术化改造。其具体的发展方向是：紧跟军事发展潮流，在广泛推进应用信息技术的同时，保持相当的核威慑力量，加强主战平台的信息化建设，促进电子信息系统的一体化发展，逐步增强单兵作战的武器配置，以进一步巩固和加强武器装备的综合作战能力。

（1）继续发展战略核武器。

（2）主战平台走向信息化。

（3）趋向综合一体化的电子信息系统。

（4）无人装备成为新趋势。

（5）发展“未来综合士兵技术”。

（6）导弹趋向多功能化。

四、法国武器装备现状及发展趋势

法国拥有门类十分齐全的军事工业体系，其完备性仅次于美、俄两国，大到坦克、航母、战机，小到各类导弹、枪械、器材，尖端的如核武器、航空发动机、卫星，通常的如车辆、火炮，无一不能自己生产。同时，法国也一直试图通过武器出口来发展军事工业。事实上，武器出口已经成为法国军事工业长远发展战略的重要组成部分。而军工企业，尤其是国有军工企业在出口武器方面也拥有相当大的自主权。不过，这往往导致法国的外交政策受到武器出口意愿的影响。

1. 陆军装备发展现状

法国陆军极为重视军队的作战能力，一直将作战能力作为军队能力建设的核心，因此对陆军的武器装备极为注重，大力发展陆军的武器装备。相关数据表明，法国部队约 40% 的经费都用在装备的更新和升级上。

法国重视对武器装备的升级和改造，如陆军装备大都是老式的轻型装甲车，通过对其升级和改造来提升其性能，满足对现代战争的需要，而且重视对具有远程精确打击能力和夜间作战能力的武器的研发。目前，随着远期部队装备的列装，法国地面作战的能力得到大幅度提升，一些新的武器装备开始应用在地面作战中，如 VBCI 步兵战车、“虎”式直升机、“凯撒”自行榴弹炮和 FELIN 单兵作战系统等。

在战车装备方面，法国主要装备有轮式 VBCI 步兵战车，该战车具有极强的机动能力，并装有 25mm 机关炮和先进的弹药，而且 FELIN 单兵作战系统与 VBCI 步兵战车紧密结合，为作战人员配备了全套适合不同作战形势的装备。

此外，法国陆军装备还有“凯撒”自行榴弹炮，该火炮机动性强，发射速度快，对目标有精准的打击能力。同时，LRM 多管火箭炮也在积极地升级和改进，升级后的 LRM 多管火箭炮将成为采用单装药制导火箭的单管火箭炮。

2. 海军装备发展现状

海军在法国军事力量中占有重要地位，是一个通用的多兵种军种，具有极高的机动性、灵活性和打击力，并且能在各种形势复杂的战争中使用常规武器或核武器独立或与其他军种配合完成各种作战任务。在装备发展上，法国海军与时俱进，引进和自主研发了多种军事装备以增强自己的海军实力，无论是海上战舰还是各种鱼雷和反潜导弹等均达到世界先进水平。

目前，法国海军主要装备有导弹驱逐舰、导弹护卫舰、“西北风”级通用登陆舰、巡逻舰等各式舰艇。此外，最新的“福宾”级导弹驱逐舰也已经列装，该驱逐舰具有先进的武器配备。

在海军航空兵力上，法国航空兵装备有多架直升机、辅助飞机、战斗机和舰载机等，如“超级军旗”攻击机、“阵风-M”战斗机、E-2C“鹰眼”预警机等。岸基航空兵的主要装备有“猎鹰”系列飞机、“大西洋”巡逻侦察机和 E-3F“望楼”预警机等。在海上防空武器方面，主要有“紫苑-15”防空导弹发射装置、“萨德拉尔”防空导弹发射装置和“萨盖”电子战系统等。

3. 空军装备发展现状

法国空军拥有先进的装备平台，不仅拥有“幻影”“阵风”战斗机平台，而且还拥有法国与他国合作研发的 A400M 大型运输机平台。在制导方面，拥有先进的精确制导武器、战略核导弹以及巡航导弹，在卫星制导炸弹的研发上也逐步迈入世界先进水平的行列。

法国空军的战斗机具有世界先进水平，其中，以“阵风”战斗机为代表的法军战斗机的综合性能达到了世界三代，甚至三代半的水平，是法国空军武器装备的杰出代表。

“阵风”系列战斗机是由法国自主研制的战斗机，可在昼夜及各种气候条件下完成多种任务，如对地攻击，制空作战等，该战斗机有多种型号，可满足海军和空军的不同需求，空军型“阵风-C/B”和海军型“阵风-M”等。

在制导武器方面，法国空军拥有各类先进的空空导弹和制导武器，空对地精确制导武器已成为空军执行轰炸任务的首要装备。其中，制导炸弹主要有激光制导炸弹、MP22 惯性制导炸弹和模块化空地武器等。在空地导弹方面，主要装备有“阿帕奇”空地导弹和 Scalp-EG 巡航导弹，空空导弹主要有“阿塔姆”导弹、“米卡”空空导弹和“阿玛特”反辐射导弹等。

4. 法国武器装备发展趋势

21 世纪是经济和科技飞速发规的时代，在新的时代背景和国际形势下，未来的战争更加注重信息化、智能化和陆、海、空三军协同作战的一体化。因此，注重与时俱进和科技创新的法国，其武器装备发展也逐步向信息化、智能化和一体化方向迈进。

（1）武器装备趋于隐身化和多功能化。

（2）信息装备趋于一体化。

（3）制导武器趋于智能化。

（4）军用卫星趋于小型化。

（5）无人机武器和新概念武器得到进一步发展。

五、日本武器装备现状及发展趋势

随着军事战略向“海外干预”与“主动先制”转变，近年来日本积极调整武器装备发展重点，在继续加强弹道导弹防御系统建设的同时，还大力发展具有较强进攻能力和远程作战能力的新型主战平台。经过几十年的发展，日本目前已经建起攻防兼备的武器装备体系。其现有装备具有较强的制海、制空、陆战、反导等作战能力，是目前亚太地区最先进、信息化程度最高的装备。

1. 陆上自卫队装备发展现状

从地理位置看，日本是一个四面环海的岛国，极易受到攻击，而日本又向来重视海军、空军的建设，其陆军建设较为滞后，严重影响了陆、海、空三军联合作战的能力。因此，随着时代的发展和国际形势的变化，日本开始重视陆军的建设，相应地，其陆上自卫队武器装备也得到了飞速发展。日本陆上自卫队的武器装备发展现状主要有以下几个方面。

首先，日本陆上自卫队大力研制装备 10 式主战坦克，以形成快速的反应能力。

其次，日本陆上自卫队大力发展防生化武器装备。针对生化武器的攻击，日本不仅积极组织国民和军队学习防生化武器的常识，而且，还积极研制防生化武器装备，并以自卫队和警察为主力，不断提高对生化武器的检测和洗消能力，同时完善和强化运输体系。

2. 海上自卫队装备发展现状

日本历来重视海上自卫队的建设，因此其海上自卫队装备也相应成为武器装备发展的重点，日本海上自卫队的装备发展现状有以下几方面。

首先，日本海上自卫队积极研制装备 P-1 新型反潜巡逻机，该反潜巡逻机动力强劲，拥有先进的机载航电设备。

其次，日本海上自卫队大力研制和发展轻型航母。与“日向”级相比，日本海上自卫队的第三艘航空母舰 22DDH 舰不仅吨位大，而且点防御能力也远在“日向”级之上。该航空母舰的飞行甲板和机库布局不仅能搭载直升机，还能搭载固定翼战机、旋翼飞机和无人机。与此同时，日本还加快万吨级大型导弹驱逐舰的建造，不断加大“宙斯盾”导弹驱逐舰的数量。

最后，日本海上自卫队不断扩大“苍龙”级潜艇的规模。日本“苍龙”级潜艇具有优越的隐身性能和反潜能力，是 21 世纪日本的主力潜艇。

3. 航空自卫队装备发展现状

日本航空自卫队以“洋上防空”为核心，不断引进和研发高技术、高性能的装备，积极武装其航空自卫队队伍，调整军事战略。通过发展先进的侦察预警装备和远程打击武器，提高对空侦察预警能力，增强远程攻击能力，迅速成为一支规模较大、装备先进、训练有素的强大空中力量。

首先，日本航空自卫队引进了美国的F-35战斗机，首批引进的是F-35A。F-35战斗机的引进，不仅使日本空军在未来的作战中确保了制空权的争夺，而且还使其具备了攻击地面和海上目标的能力。其次，日本航空自卫队继续研发“C-2”运输机，走自主研发之路。无论是在续航能力、航程、大型化、数字化还是短距起降、远程投送和生存能力等方面均有大幅度提升。

4. 日本武器装备发展趋势

自20世纪90年代中期以来，日本一直以世界第二的军费（每年450亿美元以上）发展军事力量，仅次于美国。目前，日本空军已装备了性能优于美F-16的F-2型支援战斗机50架，F-15改进型战斗机210架；同时拥有4架E-767预警机、空中加油机和3000千米以上的超视距雷达。种种迹象表明，日本正利用向伊拉克派兵和朝鲜半岛因核问题出现紧张局势的机会，异常快速地加快扩充军备的步伐，通过和拟订了一系列今后数年的武器装备发展计划。

日本武器装备一直坚持攻防兼备，高精尖的发展路线，尤其重视海上自卫队、航空自卫队装备的发展，在未来，日本将继续重点发展海上自卫队、航空自卫队武器装备，不断提升其反导能力，并裁减陆上重型装备，加快武器装备的更新换代。可以说，在未来，日本自卫队武器装备将向数字化、网络化、隐身化和一体化方向发展，不断提高信息化条件下的信息攻防能力、远洋综合作战能力、远程打击能力和防空反导能力。在模式上，也由传统的防御型模式向能主动出击、有效威慑和应对的“攻防兼备型”转变。

陆上自卫队试图以美军为样板，建立一支装备好、机动性强、能灵活多样地执行各种任务的高科技型数字化陆上自卫队。海上自卫队逐步向大型化、远程化方向发展。航空自卫队逐步向隐形化、大型化和远程化方向发展，并重点引进和自主研发具有高技术、高性能的新型武器装备。

第三节 综合电子信息系统

综合电子信息系统，即指挥、控制、通信、计算机、情报、监视与侦察系统（C4ISR），又称指挥自动化系统，是所有信息化武器和整个军队的“神经中枢”，是战斗力的“倍增器”。综合电子信息系统和精确打击武器一起构成的探测——打击系统是信息化战争的核心，依靠这种系统可以实现“发现即摧毁”的目标。

C4ISR是军事术语，意为自动化指挥系统，是指在军事指挥体系中采用以电子计算机为核心的技术与指挥人员相结合，对部队和武器实施指挥与控制的人机系统。它是现代军事指挥系统中，7个子系统的英语单词的第一个字母的缩写，即Command（指挥）、Control（控制）、Communication（通信）、Computer（计算机）、Intelligence（情报）、Surveillance（监视）、Reconnaissance（侦察）。

一、指挥控制系统

（一）指挥控制技术概述

指挥控制技术，是在军队指挥系统应用的，便于指挥员和指挥机关对所属部队的作战和其他行动的指挥，实现快速和优化处理的一系列信息技术的统称。它以电子计算机技术为核心，是集侦察、监视、情报、指挥、控制、通信等于一体的综合技术体系。

军队指挥控制技术的内涵，随着科学技术进步和作战需求的变化而逐步扩展，其称谓也随之不断变化。自从出现军队后，大同小异的各种类型的 C1（指挥）体制就诞生了。这种下级服从上级、将军指挥士兵的指挥体制延续至今已达数千年，其应用的指挥技术手段包括简易信号、有线通信、无线通信等传统技术手段。20 世纪 50 年代，随着军事装备的现代化、自动化，军兵种数量大增，作战距离、作战范围持续增大，部队机动能力也大大提高，军事指挥领域引入了“控制”一词，应用了控制技术，出现了 C2（指挥与控制）系统。20 世纪 60 年代，随着远程武器特别是战略导弹和战略轰炸机的大量装备，通信手段在 C2 系统中的作用日益完善、影响日益重要，于是又加上“通信”，形成了 C3（指挥、控制、通信）系统。20 世纪 70 年代，美国首次把“情报”作为指挥自动化不可缺少的因素，出现了 C3I（指挥、控制、通信、情报）系统，并在较长时期内成为指挥系统自动化的代名词。20 世纪 80 年代末，由于计算机技术在指挥信息系统中的地位和作用日益增强，又加上“计算机”，变成 C4I（指挥、控制、通信、计算机、情报）系统。20 世纪 90 年代中期，美国根据海湾战争的经验，进一步认识到掌握战场态势的重要性，提出“战场感知”的概念，即利用各种侦察监视技术手段，全面了解战区的地理环境、地形特点、气象情况，实时掌握敌我友三方兵力部署和武器系统配置情况及其动向，为作战行动提供可靠的依据。C4I 技术体系的内涵又进一步扩大，新融入了“监视与侦察”，变成了 C4ISR。进入新的世纪，随着军队信息化水平的不断提高，C4ISR 与武器平台、弹药等作战系统的“融合”不断加深，同时信息系统的对抗手段也不断增多，使 C4ISR 系统不仅仅是保障性的指挥控制手段，而且逐渐具有杀伤进攻的作战能力，因此，C4ISR 系统又将新增“杀伤”手段，从而变成了 C4KISR 系统。

（二）指挥控制技术的分类

在功能上，指挥信息系统大体由信息获取、信息处理、信息传输和综合控制四个分系统构成。因此，对应上述功能，指挥控制技术可分为信息获取技术、信息处理技术、信息传输技术和综合控制技术。

信息获取技术，是遍布陆、海、空、天的各种侦察与监视平台以及其搭载的雷达、夜视、光电和声呐等各种类型传感器的应用技术。

信息处理技术，是借助输入输出设备和计算机系统对获取的各种情报信息进行整理综合、有效管理和及时更新的技术方法和手段。

信息传输技术，是保证信息通过各种信道、交换设备和通信终端实现迅速、准确、保密和不间断传输的技术措施。

综合控制技术，是确保对备作战单元进行精确控制，确保指挥员意图实现的技术措施，包括精确计算、作战模拟、决策支持和实时控制。这是指挥信息系统的核心技术。

在指挥、控制、计算机和通信（C4）系统中，其主体是计算机技术和通信技术。此外，由于指挥信息系统向一体化方向发展的趋势越来越明显，综合集成技术和体系结构技术成为新的技术生长点。因此，对指挥控制技术的研究，主要围绕计算机技术、现代通信技术、系统综合集成技术和网络系统技术展开。

（三）指挥控制技术的组成与功能

1. 计算机技术

电子计算机的发明是20世纪最辉煌的科学成果之一，使人类在继化学能、物理能之后，又找到了信息能。计算机从它诞生之日起就应用于军事领域，而且计算机技术的开发与进步往往始于军事应用的需求。

在军队指挥信息系统中，计算机主要的应用是信息处理，计算机技术的核心是信息处理技术。从作战指挥控制的角度来说，信息处理技术渗透到信息流程的大多数环节。在信息传输中采用的信息编码、加密技术；在信息存储时采用了压缩、索引技术；利用复制、镜像技术，实现信息共享；利用变换、选切技术，实现信息显示；信息安全技术中也大量采用了信息处理技术。

计算机的信息处理功能在指挥信息系统中的应用包括：一是军用文电处理，为各级领导机关、部队提供及时、可靠、安全和保密的信息，实现信息处理的自动化和规范化；二是军用图形处理，即利用计算机处理图上的作战态势信息；三是建立军用数据库系统；四是作战仿真，是实兵演习、沙盘作业、图上作业等传统手段的补充和发展，是用量化手段研究对抗双方或多方军事冲突过程的有效方法；五是人工智能和专家系统。

2. 现代通信技术

计算机技术在通信领域的广泛应用，使得数字通信、网络通信成为现代通信技术飞速发展的重要支柱。现代网络使通信技术发生了革命性的变化。网络通信具有三点优势：一是可以满足多业务通信传输的需要；二是可以传输多媒体信息；三是实现信息传递的宽带和高速化。由于网络通信的发展，自动交换技术、光纤通信技术、卫星通信技术等新的通信技术得到了长足的发展和应用，构成了一个多种手段、立体化的通信网络。这些网络在军事上的应用，使军事通信发生了深刻的变化，军事战略通信网、指挥自动化通信系统、战略战术通信网和军民结合的卫星通信网联成一个整体；使战场瞬息万变的态势可实时传输，供指挥员进行决策；使远程精确打击成为可能，毁伤效能大幅度提高；使作战效果得到及时反馈，作战节奏大大加快，彻底地改变了现代战争的面貌。现代通信技术的快速发展集中体现在：程控数字交换技术是现代通信的基础，微波通信技术扩大了通信容量，光纤通信技术增强了实时通信能力；卫星通信技术实现了全球通信；移动通信技术解决了“动中通”难题。

3. 系统综合集成技术

系统综合集成，是指使一个整体的各部分能够彼此有机地协调工作，以发挥整体效益，达到整体优化的方法。集成不仅强调将各个系统物理地集合在一起，更强调这些系统在逻辑上的联系。系统综合集成技术是对多种系统和技术进行裁剪，恰当合理地选择相关技术和策略，最佳地选择和配置各种软件和硬件资源，以构成满足用户需求的、整体性能最优的各类集成技术的统称。

系统运行环境集成。它是将不同的硬件设备、操作系统、网络系统、数据库系统、开发工具和其他系统支撑软件集成为一个应用系统，形成高效、协调的应用平台，使得系统中的每一个用户都可以共享软件及硬件资源。

信息集成。从信息资源管理出发，进行全系统的数据总体规划、分布分析与应用分析，统一规划设计数据库，使不同部门、不同专业、不同层次的人员，在信息资源方面达到高度的共享。利用各种技术手段，在运行环境和信息集成的基础上，建立一个满足用户功能需求的完整系统。系统最终是为人员及其组织服务的，同时系统也是由人来控制的。通过对人员和组织的协调，使之适合集成后的系统，包括协同分工、友好的人机界面、智能化、自动化系统等。

集成的各个方面内容是有机的整体，信息集成是系统综合集成的核心，应用功能集成直接影响系统的效率和质量，系统运行环境集成决定了系统的技术水平和运行效率，人与组织的集成是系统效能发挥的关键。

通过各种综合集成技术，进行综合设计、综合整体集成、综合高效运用、综合技术嵌入和综合扩充更新，建立一个结构最优、自适应、高性能、高度抗毁与生存能力强的实时互操作的大系统。在战场上，实现武器、信息、战法的集成，实现火力、机动、防护、探测定位与跟踪、精确打击的集成；在武器装备上，实现平台、武器、信息化系统和支援保障系统的集成；在作战空间上，实现陆、海、空、天、电、信息的集成；在体制上，实现人员、武器、军事理论以及作战条令的集成。

4. 网络系统技术

网络系统技术的发展与运用，已经在军事领域内引起了一场深刻的革命。网络系统技术正处于快速发展之中，其发展现状和趋势集中体现在信息网络技术、平台网络一体化系统技术和指挥控制系统技术几个方面。

信息网络技术的主体是先进的软件技术、通信技术和计算机技术，以及支持主体技术的微电子技术、激光技术、自动控制技术、空间技术、高清晰度成像和显示技术等，已成为现代军事技术的核心与主体技术。信息网络技术是自 20 世纪 60 年代末以来逐渐发展起来的，是最具先进性、应用性的一门综合性的技术。信息网络是由若干台独立计算机和其他数据终端设备在特定的硬件和软件支撑下，通过通信线路互联构成的系统。在计算机及其软件得以高度开发、多媒体技术有了迅速发展的今天，网络技术可以将各作战单元、各级各类指挥中心，在电磁干扰环境下与快速运动中形成全国、全军自动化指挥信息网络；各级各类指挥中心、各作战单元之间可互联、互通、互操作、互工作，实现数据、信息资源共享。

平台网络一体化系统技术，是通过将平台及平台上的所有信息设备进行一体化系统设计，即使平台的作战效能达到最佳，也可获得最好的实效，从而满足未来作战环境的需要。通过采用多功能通用标准电子模块和具有多频谱传感器实时数据融合能力的计算机，不仅将多种信息战功能集于一身，真正实现雷达告警、导弹发射和攻击告警、信息支援、信息干扰及规避、协同一体化，而且与平台上其他信息设备综合为一体，达成信息共享。

由于网络技术的发展，高技术作战平台的这种网络联通和信息融合能力越来越强。比如，现在的遥控飞行器自身就携带有侦察、跟踪、瞄准装置和弹药，侦察发现目标后，通过平台单元内的信息协同，就能够很快将目标摧毁；侦察机的雷达发现 100~200 千米距离上的目标后，数秒钟之内就能完成信号处理、传输工作，并引导地面兵器准确打击目标；预警卫星能将所捕获到的敌目标信息及时传输给攻击系统，并能引导攻击系统对目标实施及时和准确的攻击，因而具有边发现和边摧毁的能力，等等。自海湾战争以来，美国十分注重发展网络一体化的作战平台，把全球信息感知和全球指挥控制作为联合作战的重要能力之一。

未来战争将是体系与体系的对抗，要求指挥控制系统应实现网络状指挥信息结构，即由一系列节点联结成网络，覆盖整个战场地域，具有横向连通、纵横一体的扁平状外形，克服了树状结构信息传输慢、横向之间难以沟通、指挥灵活性和安全稳定性差的缺点。

“扁平化”指挥结构的主要特点包括：一是信息共享。它使更多的作战单元同处于一个信息流动层次，使情报、目标数据和其他数据在各作战单元之间进行分层式分发。二是确保作战指挥通信的稳定和不间断。它缩短了信息流程，当某一分支或节点遭到破坏和干扰时，可利用网络的多路横向信息路径传递指挥控制信息。三是能实施机动指挥。它可不设固定指挥所，利用车载或机载的形式，在作战地域或空域适时机动。四是网络化指挥信息机构可便利地使部分节点设置为假目标，以假乱真，隐真示假，诱骗敌人，隐蔽自己的企图，实现指挥所的隐蔽伪装。

（四）指挥控制技术对战争的影响

指挥控制技术在军事领域最直接和最重要的应用结果，就是物化为军队指挥信息系统。所谓军队指挥信息系统，是指以计算机技术为核心，具有指挥控制、情报侦察、预警探测、通信、电子对抗和其他作战信息保障功能的军事信息系统。因此，指挥控制技术的作战运用，通过军队指挥信息系统的功能得以体现。

1. 军队战斗力的“倍增器”

指挥信息系统可以极大地提高军队的战斗力。战斗力是指军队实施战斗行动和完成战斗任务的能力，主要取决于两个方面要素：一个是作战实力（简称“兵力”），另一个是指挥控制能力（简称“用兵能力”）。战斗力不是兵力、用兵能力两个方面要素的简单相加，而是（战斗人员+武器系统）×（指挥谋略+指挥控制系统）的系统之积。因此，要想使兵力和兵器最佳组合，充分发挥它们的作战效能，最大限度地提高军队的战斗力，除了指挥员要有精深的谋略和高超的指挥艺术外，还需要功能强大的指挥信息系统。因为只有借助高效能的指挥信息系统，指挥员才能全面地了解战场态势，做出正确的决策，并迅速、准确地加以贯彻执行，实现对部队和武器系统的有效指挥控制。否则，即使有较强的军事实力，在信息化条件下的局部战争中也难以发挥作用。1991 年海湾战争爆发时，伊拉克的防空力量并不弱。据有关资料介绍，其空军有 4 万多人，作战飞机 560 余架（包括 30 架先进的米格-29 和 94 架“幻影”战斗机），2 个防空导弹旅，地空导弹发射装置约 730 部，防空导弹约 3700 枚；各种高射炮 4000 多门，防空武器比较齐全，有些还相当先进。但多国部队在发起大规模空袭前，首先实施高强度的综合电子战，瘫痪了伊军 C3I 系统。

2. 军队一体化作战体系的“黏合剂”

指挥信息系统可以将现代军队的各个系统有机地联为一体，充分发挥整体威力。现代战争是诸军兵种一体化联合作战，参战军兵种多，武器平台多，战场分布广，如果没有一个高效率、高度集中统一的指挥信息系统作为军队的神经中枢，那么这支军队只能是一盘散沙，无法发挥应有的效能。因此，指挥信息系统是现代化军队一体化作战体系的“黏合剂”。美军认为，现代战争条件下，没有现代化的指挥信息系统，就等于没有一支军队。

从20世纪90年代以来，海湾战争、科索沃战争、阿富汗战争及伊拉克战争，都充分表明了这一点。阿富汗军队基本上没有指挥信息系统，因此根本无法与美军直接对抗；南联盟的指挥信息系统是不完整的，因此只能组织有限的防护，也难以与以美国为首的“北约”军队抗衡；伊拉克虽然建立了较为先进的指挥信息系统，但却无法确保其在战时正常工作，或系统运行不稳定、不可靠，或缺少防护手段易遭摧毁，从而不能发挥应有的交通作用，也同样逃脱不了失败的命运。相反，美军则高度重视并投巨资建设指挥信息系统，因此在战争中收到了奇效。

3. 军队指挥控制的重要手段

指挥信息系统可以大幅度提高联合作战指挥员的指挥能力。

首先，它可为联合作战指挥员提供对广阔作战空间的感知能力。指挥员可在远离战场的指挥所里通过显示设备，实时、形象、直观地掌握战场态势和有关情况，了解战场态势所需时间大大缩短。

其次，它可增强联合作战指挥员的有效用兵能力。联合作战指挥员可通过战场态势显示屏和通信网络直接指挥作战部队的行动，可对来袭的敌方各种空中目标实现从情报侦察、探测预警、监视捕捉、敌我识别、跟踪制导、电子对抗到命中目标的全程指挥控制，提高各种信息化武器装备的作战效能。

再次，它可为联合作战指挥员提供高效的通信保障。由有线载波、微波接力、对流层散射、卫星和激光等通信设备组成的通信网，可保证指挥员对部队实施高效的实时指挥控制。系统的这些功能提高了指挥员协调陆海空三军参战部队的效率，使之保持协调一致的作战节奏。同时，各级参战部队也能更好地适应战场环境的变化，形成对敌绝对优势，不仅能有效、有选择地摧毁敌方目标，成倍地提高联合作战能力，而且还能最终保障各军种部队在任何时间和任何地点都能有效地进行联合作战。

最后，它能使战略决策层直接感知和控制战术行动。在现代战争中，有可能出现一些战略性战斗行动，超越战役级而直接与战略级发生关系。如美国空袭利比亚、出兵海地等军事行动，规模虽然不大，但事关全局。在处理这种战略性战斗行动时，既要求前线指挥员要直接对战略决策层负责，也要求战略决策层拥有实时掌握战术情况的能力，这一切都离不开指挥控制系统。

4. 打赢信息化条件下局部战争的根本保证

指挥信息系统是进行信息化条件下局部战争的基础，也是打赢信息化条件下局部战争的根本保证。在信息化条件下的局部战争中，作战力量的指挥控制将更加受制于复杂的战场环境。在包含大量信息化武器装备的数字化、网络化战场上，指挥控制系统能使信息与能量实现最佳结合，既能为战场上所有作战单位提供“无缝”的信息传输能力和互操作能力，又能在任何时间、任何地点，接收实时、融合、逼真的战场图像，准确提供敌人或潜在敌人指挥控制部队的各种信息，可全向发布、响应命令，指挥控制己方部队。另外，指挥控制系统是取得信息优势的必备条件。实施信息战的主要任务是压制、削弱、破坏和摧毁敌方指挥控制系统，同时确保己方指挥控制系统免遭这种攻击，使己方的信息收集、处理、传输和利用等不受影响，建立起信息优势。为此，敌对双方可能采取的战法主要有网络战、病毒战、干扰欺骗、实体摧毁等。这些对抗行动都将主要集中在指挥控制系统上，显然，其性能优劣将决定着信息战的成败。

（五）指挥自动化系统的发展趋势

指挥自动化系统通过战争的考验，表现出了很多超常的能力和作用，也存在着很多问题，仍然需要改进和发展。指挥自动化系统的发展趋势是发展具有多层次、多手段、全方位、高精度、远距离的探测侦察系统，以提高情报侦察能力；发展具有抗毁、保密、抗干扰的通信系统，以提高电子对抗的能力；发展分布式、智能化的自动数据处理系统，以提高指挥自动化系统的生存能力；重视系统的互通性和兼容性，以提高指挥自动化系统一体化程度和整体效能。

二、侦察监视系统

（一）侦察监视技术的内涵

侦察是军队为获得军事斗争特别是战争所需要的敌方或有关战场的情况而采取的措施，是“知己知彼”实施正确指挥、获得战争胜利的重要保障。侦察的直接目的是探测目标，具体可分为发现目标、识别目标、监视目标、跟踪目标和对目标进行定位。要达到探测目标的目的，一定要借助于技术手段和装备。

侦察监视技术就是指发现、识别、监视、跟踪目标并对目标进行定位所采用的技术。发现，就是将目标与目标背景作比较，或依据周围背景的某些不连续性，将潜在的目标提取出来，确定目标在某个地方；识别，就是确定目标的真假和区分真目标的类型；监视，就是严密注视目标的动静；跟踪，就是对目标的连续不断地监视；定位，是指按照一定的精度探测确定出目标的位置，包括目标的方位、高度、距离、运动方向和速度。在高技术条件下，可以为指挥人员的决策提供及时、全面、准确的情报信息，是现代战争取得胜利的重要保障。

侦察监视技术原理是：利用多种媒介传感器，探测目标的红外线、光波、声波、应力（振动）波、无线电波等物理特征信息，从而发现目标并监视其行动。各种侦察监视器材装备搭载不同的作战平台，就形成了对战场侦察监视的不同手段。

（二）侦察监视技术的分类

侦察监视技术的分类方法多种多样。根据运载侦察监视技术设备平台的活动区域不同，可分为地（水）面、水下、航空和航天侦察监视。按侦察任务、范围和作用的不同，可分为战略、战役和战术侦察监视。根据实施侦察监视技术的原理的不同，可分为光学、电子和声学侦察监视。

（三）侦察监视技术的现状及运用

1. 地面侦察监视技术

地面侦察监视，是在陆地上进行的侦察监视行动。其手段除熟悉的光学侦察外，还有无线电技术侦察、雷达侦察和地面传感器侦察等。

无线电技术侦察，是指使用无线电技术器材搜集和截收对方无线电信号的侦察。它可以截收和破译敌方无线电通信信号，查明敌方无线电通信设备的配置、使用情况及战术技术性能，以此判明敌人的编成、部署、指挥关系和行动企图。无线电技术侦察具有隐蔽性好、获取情报及时、侦察距离大、不受气象条件限制和不间断地对敌进行侦察等优点，但也被敌方无线电通信距离、器材性能和采取的各种隐蔽措施所制约。无线电技术侦察主要包括无线电侦收、无线电侦听和无线电测向等。无线电侦收，是使用无线电收信器材接收敌方无线电通信信号，从中获取情报的方法。无线电侦听，是使用无线电收信器材收听敌方无线电通话，从中获取情报的方法。无线电测向，是利用无线电测向设备确定正在工作的无线电台的方位。

雷达侦察，是使用雷达设备，利用物体对无线电波的反射特性测定目标距离、速度、方位和运动速度的侦察方法。具有探测距离远、测量精度高、能全天候使用等特点。它是目前应用非常广泛的一种侦察方法。雷达的种类很多，按任务或用途可分为警戒、引导雷达和武器控制雷达等。比如对空情报雷达，主要包括对空警戒雷达、引导雷达和目标指示雷达，是用于搜索、监视和识别空中目标的雷达；对海警戒雷达，安装在各种水面舰艇或海岸、岛屿上，是用于对海面目标进行探测的雷达；机载预警雷达，是预警飞机的专用雷达，它可以探测、识别各种高度上的空中目标和地（水）面目标，引导己方飞机作战等；弹道导弹预警雷达，主要用来发现战略弹道导弹的发射，并测定其瞬时位置、速度、发射点、弹着点等弹道参数，为预警、防御和反导提供必要的信息。

地面传感器侦察，是指对地面目标运动所引起的电磁、声响、地面震动和红外辐射等变化量进行探测，并把它们转换成人能识别与分析的图像及电信号的设备。地面传感器通常由探测器、信号处理电路、发射机和电源四个部分组成。其设置方法主要有人工埋设、火炮发射和飞机空投等方式，具有受地形限制小、结构简单、便于使用和易于伪装，以及容易受干扰等特点。目前，使用比较广泛的有震动传感器、声响传感器、磁性传感器、应变电缆传感器、红外传感器等。

2. 水下侦察监视技术

水下侦察监视，是利用水下侦察监视设备来探测水下的各种目标。它是现代侦察监视系统的重要组成部分。水下侦察监视装备大体可分为两类，即水声探测设备和非水声探测设备。水声探测装备，主要有声呐、水下噪声测量仪、声线轨迹仪、声速仪等；非水声探测装备，主要有磁探仪、红外线探测仪、废气探测仪等。

声呐，是利用声波对水中目标进行探测、定位和识别的水声探测装备。它是最主要的水下侦察监视装备，俗称水下“千里眼”“顺风耳”。声呐按其工作方式分为主动式和被动式两种。主动式声呐，主要由发射机、换能器、接收机、显示器、定时器和控制器等组成。发射机产生电信号，经换能器，把电信号变成声信号向水中发射，声信号在水中传递过程中，如遇到目标，则被反射，返回的声信号被换能器接收后，又变成电信号，经接收机放大处理，就会在显示器的荧光屏上显示出来。被动式声呐，主要由换能器、接收机、显示控制台等组成。当目标在水中、水上航行时，所产生的噪音被换能器接收变成电信号，传给接收机，经放大处理再传送到显示控制台进行显示。主动声呐和被动声呐的区别在于主动式声呐需要主动地向海中发射声信号，测定目标方位和距离。能够探测静止无声的目标，但同时也很容易被敌方侦听，使自己暴露。被动式声呐不主动发射声信号，只接收海中目标发出的噪声信号，从而发现目标，测出目标方向和判别目标性质。它的隐蔽性、保密性好，识别目标能力强，侦察距离较远，但不能探测静止无声的目标，也不能测定目标距离。

根据使用对象不同，声呐可分为水面舰艇声呐、潜艇声呐、航空声呐和海岸声呐等。

水面舰艇声呐。水面舰艇难以隐蔽，为了探测水中障碍，与己方潜艇进行水声通信，特别是为了避免遭受潜艇攻击和反潜作战的需要，水面舰艇往往装有几种不同类型的声呐，包括搜索、射击指挥、探雷、测深、侦察识别、通信等。

潜艇声呐。潜艇隐蔽于水下，对声呐的依赖程度高于水面舰艇。潜艇为了搜索、发现、区分、识别、监视和跟踪水面舰艇、潜艇等目标，探测水雷等水中障碍及进行水下通信和导航，通常装有多种类型的声呐。如噪声测向仪、回声定位仪、侦察仪、探雷器、水下敌我识别器、水下通信仪、声速测量仪、声线轨迹仪、测深仪和测冰仪等。

航空声呐。主要用于直升机对潜艇实施搜索、发现、区分、识别、监视和跟踪。航空声呐包括吊放式声呐、拖曳式声呐和声呐浮标系统三种。其中，吊放式声呐，便于对大面积海区实施搜索，能较迅速地查明有无潜艇活动。拖曳式声呐，收放十分方便，阻力小，搜索效率高。有些水面舰艇也装备了反潜预警用的拖曳线列阵声呐系统，将数百个换能器组装在拖缆上，组成长达数百米的线阵，放到一千米水深层，具有远距离侦察能力。声呐浮标，适用于对大面积海域的搜索，使用比较便捷。反潜直升机先将若干声呐浮标按一定的要求布于搜索海区，而后飞机在上空盘旋，接收和监听由浮标系统发现并发射的目标信息，由此分析判断，确定潜艇等目标的准确位置。

海岸声呐。在港口附近的海区、重要海峡和航道，设置的固定换能器基阵，以此来实施对潜警戒，并引导岸基或海上的反潜兵力实施对潜攻击。海岸声呐的工作方式通常以被动式为主。其隐蔽性能好、探测距离较远，但体积庞大，安装维修困难，特别是易受气象条件和海底地质情况的影响。

3. 航空侦察监视技术

航空侦察监视技术，是指利用航空器在环绕地球的大气空间时，对敌方军队及其活动、阵地、地形等情况进行的侦察与监视，具有灵活、机动、准确和针对性强等特点。所以，即使有了侦察卫星，空中侦察仍然是获取战略情报和战术情报的基本手段。主要侦察设备有可见光照相机、多光谱照相机、激光扫描相机、红外扫描装置、电视摄像机、合成孔径雷达、机载预警雷达、无线电及其他侦察设备。

航空侦察监视平台，主要包括有人驾驶侦察机、侦察直升机、无人驾驶侦察机和预警机。

有人驾驶侦察机，从设计上分为两类：一是专门设计的侦察机，其特点是生存能力强，侦察容量大、精度高；二是由各型飞机改装的侦察机。比如，由运输机和轰炸机改装的侦察机主要用于完成战略、战役侦察任务；由歼击机、歼击轰炸机改装的侦察机主要用于完成战术侦察任务。

侦察直升机，可依靠视觉和各种光学观察设备进行直接观察，还普遍装备了航空照相机、电视摄像机、红外扫描装置等侦察监视设备。其优点是有利于对地面进行更细致、更准确的观察，能够在空中旋停，可以在己方空域直接监视敌战术纵深内的活动目标。

无人驾驶侦察机，它能够携带可见光照相机、电视摄像机、前视红外遥感器及侧视雷达等侦察设备，具有成本低、可靠性高、体积小和机动灵活特点。但在地面需要维护保养和测试，操作比较复杂，地面对飞机的控制信号及飞机向地面传送侦察的数据易受到电子干扰。无人与有人驾驶侦察机只能互为补充，而不能相互取代。

预警机，它是航空侦察监视系统的重要组成部分，起到了活动雷达站和空中指挥中心的作用，由载机和电子系统组成。电子系统包括监视雷达、数据处理、数据显示与控制、敌我识别、通信、导航和无源探测等。能够引导各种飞机进行作战、为战区指挥员提供各种作战情报。它具有监视范围大、生存能力强、指挥控制能力强等特点。

4. 航天侦察监视技术

航天侦察监视，是利用航天器上的光电遥感器和无线电接收机等侦察设备获取情报。航天侦察与监视的主要特点，一是轨道高，发现目标快，侦察范围广，可在短时间内侦察广阔的地域；二是可长期、反复地监视全球，也可定期或连续地监视某一地区；三是可在短期内或实时地提供侦察情报；四是不受国界和地理条件的限制。

航天侦察监视的分类，按是否载人，可分为卫星侦察和载人航天侦察，就目前来说卫星侦察仍然是主要方式；按任务和侦察设备可分为照相侦察卫星、电子侦察卫星、导弹预警卫星和海洋监视卫星等。

照相侦察卫星，是侦察卫星中发展最早、发射最多的卫星，同时是航天侦察监视任务的主要承担者。它同时使用可见光相机、红外相机、多光谱相机及电视摄像机等不同种类侦察设备，可以优势互补。有的照片直观，易于判读；有的能识别伪装；有的便于识别更多的目标；有的可进行近乎实时的传送。目前，只有少数国家能够发射并回收照相侦察卫星，其中美国的水平最高，历史最长。

电子侦察卫星，是航天侦察的主要平台之一。为保证电子侦察卫星的寿命，其高度不能太低；为保证侦察效果，又不能太高，一般高度在 300~1000 千米。电子侦察卫星上装有侦察接收机和磁带记录器，当卫星飞经敌方上空时，将接收的各种频率的无线电信号记录在磁带上，当卫星飞经本国地球站上空时，再回放磁带，以快速通信方式将信息传回。电子侦察卫星具有天线覆盖面积大、侦察范围广、持续时间长、手段优越和安全等特点。

导弹预警卫星，用于监视、发现和跟踪敌方战略弹道导弹的发射及其主动段的飞行，并提供早期预警信息。此外，还兼顾探测核爆炸的任务。它利用红外探测器，探测导弹在主动飞行期间发动机尾焰的红外辐射，为保证不误报，还使用电视摄像机加以配合，准确地判明导弹发射。导弹预警卫星属地球同步卫星，通常由 3 颗预警卫星组成预警网，每颗卫星负责地球表面的 V3 区域。一旦有导弹发射，卫星上的红外望远镜在导弹发射后大约 90 秒时就能探测到尾焰产生的红外辐射信号，并传送到地面站，然后又传送到指挥中心。此过程仅需要 3~4 分钟，能为己方争取 15~30 分钟的预警时间。海湾战争中，美国利用导弹预警卫星，使“爱国者”导弹成功地拦截了伊拉克的“飞毛腿”导弹。

海洋监视卫星，主要用于探测、监视海面状况和舰船、潜艇活动，侦收舰载雷达信号和窃听舰船无线电通信。能在全天候条件下鉴别舰船的编队、航向和航速，并能探测水下核潜艇的尾流辐射等，还可为舰船的安全航行提供海面状况和海洋特性等重要数据。它具有覆盖海域广阔、探测运动目标、轨道高，以及由多颗卫星组网等特点。

（四）侦察监视技术对作战的影响

侦察监视技术的发展及其在战场上的应用，使战场侦察与监视手段显著改善。侦察手段多样化，各种手段综合运用，大大提高了大面积监视能力、精确侦察能力、夜间或复杂条件下全天候侦察能力、实时或近实时侦察能力和识别伪装的能力，对作战也产生了深刻的影响。

1. 作战空间扩大

现代侦察技术装备可以覆盖整个战场并在全球范围内进行全纵深、大面积的侦察和监视。陆战场监视系统侦察纵深可达 150 千米之远；高空侦察机飞行距离 4800 千米，值勤时间 12 小时，每小时监视能力达 38.9 万平方千米；卫星侦察与监视可覆盖数百万平方千米。作战侦察距离的增大，为实施远距离作战提供了条件，又使传统近战法受到严重挑战，因而必须探索新的对敌作战方式。

2. 信息获取手段改善

侦察技术的发展，使现代战争的情报侦察方式发生了变革。过去战场侦察主要是依靠侦察兵或特工人员使用目视观察器材进行侦察，而现代战争的情报侦察主要是使用配备有先进的光、电、磁传感器的侦察设备，获取军事情报，为制订作战计划和采取作战行动提供依据。使用现代侦察手段，可以深入敌人后方，全面详细地了解掌握战场的情况。

3. 指挥质量提高

现代战场复杂多变，实时获得高质量的情报信息越来越显重要。现代侦察监视技术特别是卫星、遥感技术应用于军事领域后，使获取信息的范围显著增大，速度和准确率也大大提高。海湾战争中，为了对付伊拉克的“飞毛腿”导弹，美军使用的预警卫星能在“飞毛腿”发射后 90~120 秒内捕获目标并判明弹着点，3 分钟即可将信息传至海湾的防空导弹部队，可以提供 90~120 秒的预警时间，为实施指挥和反击赢得时间。高技术侦察装备这种实时、快速、准确传递信息能力和手段，极大地提高了作战指挥的时效性。

现代侦察监视系统不仅能为指挥员提供直读、直观、直闻的不同距离的、全方位的、有声有色的情报，还可用计算机的逻辑功能帮助计算、分析和判断，对指挥员做出的计划方案进行“对抗模拟”比较方案的可行性，以便指挥员选择最佳方案，提高指挥质量。

4. 促进反侦察技术发展

侦察技术在战场上的运用，促进了反侦察技术的发展。战场“透明度”越来越大，部队隐蔽行动企图更加困难，必须探索新的伪装方法和行动方法。如常用的伪装方法对目视侦察和微光侦察有效，但热成像器材出现后，这些方法失去了作用。高技术侦察设备大量使用，使战场目标的生存面临更大的威胁。要提高战场目标的生存能力和达成战役战斗的突然性，必须发展反侦察技术。

（五）现代侦察监视技术的发展趋势

由于各种高技术手段的广泛应用，现代侦察技术正在进入一个崭新的发展阶段。主要发展趋势，一是空间上的立体化。由于现代武器的射程急剧增加，部队的机动能力迅速提高，现代战争已经向大纵深的立体战争发展，为了适应这种变化，侦察监视体制必须是由空间、空中、地（水）面、水下侦察监视设备组成的“四合一”立体系统。二是速度上的实时化。高技术武器装备快速多变，部队机动能力加强，要求侦察监视所用的时间尽量短，因此，必须采取措施提高信息的处理和传输速度。三是手段上的综合化。随着侦察监视技术的改进，各种反侦察设备和伪装干扰技术也得到了发展，为了识别伪装，要加强对地面目标特征的研究，加速研制新的红外、激光、微波遥感器，采取多种手段并用，提高侦察效果。四是侦察监视与攻击系统一体化，将部队的侦察监视系统与武器装备有机地结合起来，构成一个作战整体。以便发现目标时能及时摧毁目标。五是提高侦察监视系统的生存能力。侦察监视系统在侦察监视目标的同时，自身也将受到对方的侦察和监视，侦察监视系统易受反侦察武器和精确制导武器的攻击，因此，提高侦察监视系统自身的生存能力是刻不容缓的问题。

三、导航系统

目前，世界上有4大卫星导航系统，分别是美国的全球卫星定位系统（GPS），中国的北斗导航系统，俄罗斯的格洛纳斯导航系统和欧洲的伽利略卫星导航系统。不过各国的卫星定位系统发展的状态却完全不同。

最完善的当然是美国的GPS系统，美国GPS卫星导航系统是利用在空间飞行的卫星不断向地面广播发送某种频率并加载了某些特殊定位信息的无线电信号来实现定位测量的定位系统。该系统由空间运行的卫星星座、地面控制部分、用户部分三个部分组成。美国起步早，技术成熟，GPS系统已经成了目前世界上军用民用卫星导航系统的第一选择。

第二就是中国的北斗导航系统，中国北斗卫星导航系统是中国自行研制的全球卫星导航系统。是继美国全球定位系统（GPS）、俄罗斯格洛纳斯卫星导航系统（GLONASS）之后第三个成熟的卫星导航系统。北斗卫星导航系统（BDS）和美国的GPS、俄罗斯的GLONASS、欧盟的GALILEO，是联合国卫星导航委员会已认定的供应商。北斗卫星导航系统由空间段、地面段和用户段三个部分组成，可在全球范围内全天候、全天时为各类用户提供高精度、高可靠定位、导航、授时服务，并具有短报文通信能力，已经初步具备区域导航、定位和授时能力，定位精度10米，测速精度0.2米/秒，授时精度10纳秒。中国卫星导航技术起步晚，但其快速发展已经让北斗有了独占一方的资本。

接着是俄罗斯的格洛纳斯导航系统，“格洛纳斯”系统标准配置为24颗卫星，而18颗卫星就能保证该系统为俄罗斯境内用户提供全部服务。该系统卫星分为“格洛纳斯”和“格洛纳斯-M”两种类型，后者使用寿命更长，可达7年。研制中的“格洛纳斯-K”卫星的在轨工作时间可长达10年至12年。该系统是俄罗斯为了抗衡美国GPS系统而诞生的导航系统，在俄罗斯之外的地区用户寥寥。

目前，中国的北斗导航系统已正式向全球提供RNSS服务，有39颗在轨卫星。2019年还将再发射5~7颗，2020年再发射2~4颗卫星后，北斗全球系统建设将全面完成。

第四节　新概念武器装备

一、新概念武器装备

（一）新概念武器概述

高技术的发展，正在引起军队武器装备的巨大变革，新概念武器系统将更多的取代传统武器投入到战争中使用。新概念武器是指在工作原理和杀伤机理上有别于传统武器、能大幅度提高作战效能的一类新型武器。这种新型武器在设计思想系统结构、总体优化、材料应用、工艺制造、部署方式、作战样式、毁伤效果等方面都不同于传统武器。新概念武器的研究和应用，将为未来高科技战争带来革命性的影响和变化。

目前，正在探索和发展中的典型新概念武器，主要有定向能武器、动能武器、高超声速武器和非致命武器等。这些新概念武器为武器装备的发展开辟了崭新的领域，在一定程度上代表了未来武器装备的发展方向。

（二）定向能武器

定向能武器，又叫“束能武器”，是利用各种束能产生的强大杀伤力的武器。定向能武器发出的能束，可对目标的结构或材料以及电子设备等特殊分系统、系统进行硬破坏，也可以通过调节功率的大小，对目标进行软破坏。定向能武器，依其被发射能量的载体不同，可以分为激光武器、粒子束武器、微波武器。无论能量载体性质有什么不同，作为武器系统其共同的特点是，首先束能传播速度可接近光速，这种武器系统，一旦发射即可命中，无需等待时间；其次能量集中而且高，如高能激光束的输出功率可达到几百至几千千瓦，击中目标后使其破坏、烧毁或熔化；另外由于发射的是激光束或粒子束，它们被聚集得非常细，来得又很突然，所以对方难以发现射束来自何处，对方来不及进行机动、回避或对抗。定向能武器包括激光武器、高功率微波、射频武器和粒子束武器。一般主要指高能激光和微波，它们可以挫败处在任意发射阶段的弹道导弹，包括发射初期、加速中、飞行中和最后阶段。是美国、俄罗斯和中国等军事科技较为发达的国家一直大力发展的一类新型武器，而日本对此也非常重视。

目前，发展中的定向能武器主要包括激光武器、激光致盲武器、车载战术反导激光武器、机载激光武器、地基反卫星激光武器、高功率微波武器和粒子束武器等。

1. 激光武器

激光武器主要由高能激光器，精密瞄准跟踪系统和光速控制发射系统等组成。根据激光功率的大小和武器用途的不同，激光武器可分为激光干扰与致盲武器、战术激光武器、战区激光武器和战略激光武器，其中后三者为高能激光武器。

激光武器的工作原理，以反导弹的防空激光武器系统为例，首先由远程预警雷达捕获目标，并将目标信息传送给指挥控制系统，指挥控制系统通过目标分配与坐标变换，引导精密瞄准跟踪系统捕获并锁定目标，精密瞄准跟踪系统再引导光束发射系统使发射望远镜对准目标。当目标处于适当位置时，指挥控制系统发出攻击命令，启动激光器，由激光器发出的光束，经控制发射系统射向目标，并对其进行破坏。

2. 激光致盲武器

激光致盲武器使用可见激光，可使数千米至 10 千米以外的人眼暂时或永久失明。如果照射到正使用望远镜、瞄准镜等光学仪器，则眼底承受的激光功率密度将呈平方倍增长，造成更严重的伤害。这类武器也可以破坏光电侦察、光电制导和火控系统中的光电探测器。激光致盲武器已经在 20 世纪 90 年代战场上投入使用，如美国陆军研制的“魟鱼”式激光致盲器，在海湾战争中投入使用。大功率的战术激光武器目前仍处于实验研究阶段。预计，战术激光武器用于对付地面装甲目标，用于防空击毁低空飞机、拦截或击毁战术导弹在近期内尚不可能，真正进入实战应用，估计要到 21 世纪 30 年代。

3. 车载战术反导激光武器

1995 年美国陆军和以色列国防部开始合作研制车载“鹦鹉螺”激光武器系统。2000 年 6 月 6 日，美国在试验中利用“鹦鹉螺”激光武器成功击落了“喀秋莎”火箭弹，并在 8 月底又成功进行了同时击落 2 枚“喀秋莎”火箭弹的试验。美国陆军准备在 2010 年前用这种武器系统取代“毒刺”防空导弹系统。以色列国防军也即将开始部署这种高能激光武器。

4. 机载激光武器

这是一种战区激光武器。美国于20世纪90年代初开始研制机载激光武器，其目的是研制能够拦截和击毁助推段的敌方战术弹道导弹。1998年6月，美国空军成功地进行了正常飞行重量的高能激光器组件的首次发射试验。

5. 地基反卫星激光武器

该武器属于战略激光武器，可对在轨卫星等目标进行软、硬破坏，是未来空间攻防作战武器系统的重要发展方向。美国的试验表明：激光武器对抗卫星不仅是可行的，而且十分有效。

6. 高功率微波武器

高功率微波武器可通过高功率微波摧毁敌人的电子装备或使其暂时失效，从而瓦解敌方武器的作战能力，破坏敌方的通信、指挥与控制系统，并能造成人员的伤亡。这种武器分为单脉冲式微波弹和多脉冲重复发射装置两种类型。自从1973年第一台高功率微波源问世，经过三十几年的发展，高功率微波技术已逐渐走向成熟。微波功率从最初的400兆瓦发展到目前的15吉瓦，频率从1吉赫发展到140吉赫，提高了近两个数量级。

7. 粒子束武器

被称为粒子的物质是指电子、质子、中子和其他带正、负电的离子。粒子只有被加速到光速才能作为武器使用。粒子束发射到空间，可熔化或破坏目标，而且在命中目标后，还会发生二次磁场作用，对目标进行破坏。

粒子束武器是用粒子加速器将粒子源产生的粒子（电子、质子或者离子）加速到接近（相对论速度）光速，并用磁场聚焦成密集的束流，直接地或去掉电荷后射向远距离目标，在极短时间内把极多的能量传给目标，以此摧毁目标或对目标造成软破坏。

粒子束武器是一种尚处在研究关键技术和论证可行性阶段的先进战略防御武器；如果可行，在未来的战争中，部署在空间轨道上的粒子束武器可起两方面的作用：一是作为反卫星和反导弹的武器。同天基激光武器相比，粒子束武器有以下优点：粒子束武器不需光学部件和反射镜，而用磁铁聚焦粒子束，设备坚固；加速与聚焦粒子束的加速器与磁铁等设备本身就产生强辐射，不会受空间辐射的影响，适合在空间工作；粒子束不仅能把能量沉积到目标表面上，而且能透入目标内部，至少在理论上可以通过几种不同的方式毁伤目标。

美国和苏联是世界上从事粒子束武器技术研究的主要国家。早在20世纪60年代，苏联就开始研究利用粒子束武器作为反卫星和反导弹武器的技术可行性，已在粒子源和加速器等关键技术等方面做了大量基础性工作，并取得了一定的成果。美国也从20世纪60年代就开始研究粒子束武器技术，并在80年代初将其列为SDI计划的一个重要研究项目，在技术上也取得了一些重要进展。1989年，美国利用小型的中性粒子束装置进行了空间试验，演示了中性粒子束设备在空间工作的能力，成为第一个在空间试验中性粒子束技术的国家。

鉴于技术问题，粒子束武器技术在美国SDI计划中的地位逐步降低，经费逐年减少，进度不断放缓，至少在21世纪初还无法作为防御武器或识别手段使用。

（三）动能武器

动能武器是指能发射出超高速运动的弹头（弹丸），利用弹头的巨大动能，通过直接碰撞方式摧毁标的的武器。它不像常规弹头或核弹头那样，靠爆炸能量去杀伤破坏目标，而是靠自身巨大的动能，在与目标短暂而剧烈的碰撞中杀伤目标。目前世界上采用新概念技术的动能武器主要有利用火箭推力的动能拦截器和靠电磁能推力的电磁发射武器。

1. 动能拦截器

动能拦截器（kinetic interceptor）通常是指新一代高层拦截防空导弹的末级。国外在研究的新一代具有反导能力的防空导弹大都采用 KI 技术，而且主要采用红外成像探测技术，包括中波（3~5mm）、长波（8~12mm）以及中、长波复合探测技术。为了区别于通常所说的高爆弹头，美国把动能武器的这种自带动力系统和自主寻的非爆炸性弹头称为动能拦截器。

动能拦截器是一种自主寻的，利用其与目标直接碰撞的巨大动能来杀伤目标的飞行器。它是在导弹技术的基础上迅速发展起来的一项新技术，高精度制导和快速响应控制是其关键技术，追求目标是“零脱靶量”。

目前，世界发达国家和地区都在竞相发展这项新技术，一些系统已经接近实战化水平，预计到 2010 年前后可能全面部署高性能的多层反导防御体系，并具备动能反卫星能力。

（1）导弹动能拦截弹。美国陆军战区战术弹道导弹防御体系由两层反导系统构成，即用于大气层高层和大气层外的“战区高空区域防御”系统和用于稠密大气层防御的“爱国者”防空反导系统。美国海军用于高层导弹防御的“海军全战区防御”系统，采用小型 KKV 装在“标准-2IV”型导弹上。

（2）美国国家导弹防御系统和反卫星系统。美国国家导弹防御系统旨在保护美国本土免遭少量战略导弹攻击，目前已纳入国防部“部署准备计划”，2005 年已经开始部署。美国还在 2002 年部署 20 枚用“民兵”导弹运载 KKV 的反卫星导弹，实现对空间的控制。

2. 电磁发射武器

电磁发射武器技术是一种全新原理的发射技术，主要包括电热化学炮、电磁轨道炮、电磁线圈炮等技术，其中电热化学炮和电磁轨道炮技术在最近十多年来取得了重大进展。美国电磁发射技术的研究已从演示验证阶段进入武器型号研制阶段。

（1）电热化学炮。电热化学炮的炮弹由等离子体喷管、化学推进剂和弹丸组成。美国于 1993 年 6 月已研制出世界上第一门 60 毫米 ETC 炮，弹丸的炮口能量比固体发射药火炮提高 35%。

（2）电磁轨道炮。它是完全依赖电能和电磁力加速弹丸的一种超高速发射装置，其出口速度远远高于其他类型的电磁发射器。

电磁轨道炮被美国陆军看成是“2020 年后陆军”战车主要武器的候选技术方案，未来应用包括美国未来战斗系统、英/美战术侦察装甲战车、未来侦察骑兵车等，也可作为舰载武器。目前来看，电磁轨道炮还是一个远期发展计划，电磁发射技术尚未成熟，许多技术难题有待解决。其中包括电源技术、材料技术、超高速弹丸技术等。

（四）高超声速武器

目前国外正在研究的高超声速武器，主要有高超声速巡航导弹和高超声速飞机等，当飞行速度达到 5 马赫以上（M≥5.0）时，一般称为高超声速。该技术的迅速发展，将使 21 世纪航空航天技术产生重大飞跃。

美国的高超声速飞机研制计划有 NASA 的高超声速 X 飞行器计划和乘波飞机计划。

高超声速 X 飞行器，采用氢燃料、双模态（冲压/超燃冲压）发动机，速度可达 4～10M，已于 1999 年进行第一次试验。“乘波飞行器”是第一个使用非火箭发动机和第一个利用神经网络计算机进行飞行控制的高超声速飞行器。

俄罗斯从 20 世纪 70 年代就开始采用超燃冲压发动机的飞行器进行飞行试验研究，1991 年和 1992 年曾两次完成 M=5 的系留式超燃冲压发动机试验。俄罗斯航天局（RSA）还准备用 SS-18 或 SS-19 火箭进行 M 数为 5～14 的超燃冲压发动机的飞行试验，以研究发动机和机体的一体化。

（五）非致命武器

非致命武器是指为达到使人员或装备失能，并使附带破坏最小化而专门设计的武器系统。按用途非致命武器可分为反装备（基础设施）和反人员两大类。目前，国外发展的用于反装备的非致命武器主要有超级润滑剂、材料脆化剂、超级腐蚀剂、超级黏胶以及动力系统熄火弹等。

1. 超级润滑剂

是采用含油聚合物微球、聚合物微球、表面改性技术、无机润滑剂等作原料复配而成的摩擦系数极小的化学物质。主要用于攻击机场跑道、航母甲板、铁轨、高速公路、桥梁等目标，可有效地阻止飞机起降和列车、军车前进。

2. 材料脆化剂

是一些能引起金属结构材料、高分子材料、光学视窗材料等迅速解体的特殊化学物质。这类物质可对敌方装备的结构造成严重损伤并使其瘫痪。可以用来破坏敌方的飞机、坦克、车辆、舰艇及铁轨、桥梁等基础设施。

3. 超级腐蚀剂

是一些对特定材料具有超强腐蚀作用的化学物质。美国正在研制一种代号为 C+的超级腐蚀剂，其腐蚀性超过了氢氟酸。

4. 超级黏胶

是一些具有超级强黏结性能的化学物质。国外正在研究将它们用作破坏装备传感装置和使发动机熄火的武器，以及将它们与材料脆化剂、超级腐蚀剂等复配，以提高这些化学武器的作战效能。

5. 动力系统熄火弹

是利用阻燃剂来污染或改变燃料性能，使发动机不能正常工作而熄火的武器。美国在这方面已取得重大进展，研究开发了一批高性能阻燃器。这种新概念武器被视为遏制敌方坦克装甲车集群的有效手段之一。

（六）反人员型非致命武器

以战场人员为攻击目标，其基本杀伤机理是：通过对战场人员播撒化学失能战剂、照射低强度激光或播发次声波等方法，造成战场人员精神、视觉、听觉障碍，躯体功能失调和身体的不良反应，并造成巨大的心理威胁，使作战人员失去执行正常任务和进行正常思维的能力，并最终使对方丧失战斗力。这类武器统称为反人员型非致命武器。

这类武器可使敌方战斗减员，使敌方造成沉重的伤员负担。目前国外正在研究的反人员型非致命武器主要有化学失能剂、刺激剂、黏性泡沫等。

1. 化学失能剂

化学失能剂分为精神失能剂、躯体失能剂，它能够造成人员的精神障碍、躯体功能失调，从而丧失作战能力。最近，国外又在研究强效镇痛剂与皮肤助渗剂合用，它能迅速渗透皮肤，使人员因中毒而失能。

2. 刺激剂

刺激剂是以刺激眼、鼻、喉和皮肤为特征的一类非致命性的暂时失能性药剂。在野外浓度下，人员短时间暴露就会出现中毒症状，脱离接触后几分钟或几小时症状会自动消失，不需要特殊治疗，不留后遗症。若长时间大量吸入可造成肺部损伤，严重的可导致死亡。

3. 黏性泡沫

黏性泡沫属于一种化学试剂，喷射在人员身上立刻凝固，束缚人员的行动。美军在索马里行动中使用了一种“太妃糖枪”，可以将人员包裹起来并使其失去抵抗能力。它可以作为军警双用途武器使用，目前美国已开发出了第二代肩挂式黏性泡沫发射器。

（七）其他新概念武器

1. 气象武器

气象武器就是按照一定的军事目的给大气施加某种能量，使天气按照有利于自己、不利于敌人的方向发展，以制造恶劣的天气和气候，直接攻击敌人，或为间接攻击敌人创造有利的战场环境。其具有巨大的作战能量，能给敌方造成意想不到的打击。目前，运用于战场的气象武器主要是战术气象武器。

（1）人工降雨及洪水武器。其基本方法，是根据云的性质，分别向云体内播撒制冷剂（如干冰、丙烷等）、结晶剂（如碘化银、碘化铅、间苯三酚、四聚乙醛、硫化亚铁等）、吸湿剂（如食盐、尿素、氯化钙）和水雾等，以改变云滴的大小、分布和性质，改变或加速其生长过程，达到降水或消云的目的。持久降雨可以引发洪水，给敌方带来严重损失。

人工降雨战最成功的战例是美国在越南战场的人工降雨。越战时期，美军曾秘密进行了长达 7 年之久的人工降雨。越南地处热带丛林地区，美军利用西南季风期雨季的有利条件，在越南、老挝、柬埔寨等地进行人工降雨作业，目的是破坏交通运输线“胡志明小道”。在越南战场上，美军的人工降雨使作业地区降水量增加了 30%以上，一次可造成每小时 80 多毫米的特大暴雨，使战场上洪水泛滥、桥断坝溃、道路泥泞。当时，地处北部的越南民主共和国为保证道路畅通，不得不从战斗部队抽调大批人力和物力进行抢修，军事运输受到了极大的影响。

由美国总统约翰逊批准的这项秘密气象作战计划，前后耗资 2160 万美元，出动飞机 2600 多架次，投放催雨弹 4. 74 万枚，参加作战的人员为 1600 余人。据美军统计，1971 年 4 月初未进行人工降雨时，每周通过“胡志明小道”的物资运输车多达 9000 辆；而 6 月份美军投入了 1391 枚人工降雨催化弹后，每周车流量锐减至 900 辆，其效果大大优于使用 B-52 轰炸机实施轰炸。

（2）人工引导飓风。据解密档案显示，20 世纪 70 年代，美国除了在古巴制造干旱外，还在 1974 年用人工方法将飓风引向洪都拉斯，企图趁该国陷入混乱之际，扶持亲美政权上台。1974 年 9 月，“法夫飓风”的气旋突然转向洪都拉斯。暴雨和时速超过 177 千米的飓风横扫大地，造成 1. 1 万洪都拉斯人丧生，60 万人无家可归。在一个名叫乔洛马的城镇里，由于堤坝决口，全镇6000人被淹死了一半。洪都拉斯的支柱产业——香蕉种植园几乎完全被摧毁。

公路、铁路和港口遭到了彻底的毁坏。这次飓风造成中美洲各国经济损失数千万美元，数万人伤亡，美国人则顺利达到了目的。后来，美国在大西洋上又成功地进行了三次以上引导飓风实验，其飓风引导技术日臻完善。

20世纪90年代，“高频有源极光研究计划”（HAARP）正式成为美国“国家导弹防御体系”（NMD）的一个重要组成部分。1992年，美国在阿拉斯加建立了一个超大规模的无线电试验基地，即HAARP基地。在这个占地达13万平方米的基地里，林立着180根天线，每根有几十米高，构成一个巨大的金属方阵。这些天线其实是一个高频电磁波发射装置，发射功率达3.6兆瓦，可向大气电离层发射短波电磁波束，把大气粒子作为透镜或聚焦装备舰，从而改变地球上层大气的风向，最终达到改变气候、控制气象的效果。

2. 地震武器

著名的未来学家阿尔文·托夫勒说过：人类制造战争的手段，要比维护和平的手段发达得多。的确，当人类对地震等自然灾害还不能进行有效的预防时，又一种新型的气象武器——地震武器已经悄然诞生了。

所谓的地震武器，就是指采取某种手段、人为地在一定区域引发地震从而达到军事目的的一种作战手段。地震武器的最初设想产生于20世纪60年代的苏联。当时，美苏的核军备竞赛正进行得如火如荼。为了改进自己的核武器，美苏两国都在频繁进行着核爆试验。苏联地理学家注意到，在地下核爆炸几天之后，有时会在几百千米外发生地震。这一偶然的发现立即引起军方的注意。随后，在军方的介入与推动下，科学家们又先后在苏联各地共爆炸了32颗核弹，收集了大量数据。试验结果表明，核爆炸的确可以引发地震。敏锐的军方马上意识到：地下核冲击波极有可能发展为一种武器并加以利用，其威力之巨大可能出乎人们意料。只要假以时日，它一定能成为对付美国等竞争对手的又一个“杀手锏”。据一位苏联克格勃将军说，苏联的确曾经考虑研制一种地震炸弹，它能够在地下爆炸，造成地震和海啸，从而达到毁灭美国的目的，并且，这一努力即便是在戈尔巴乔夫压缩军费的时期，也从未中断过。据阿塞拜疆的一个地质研究所的副所长科里莫夫认为：“如果我们愿意的话，不但可以在可能发生地震的地方引发地震，而且还可在不大可能发生任何地震的地方引发地震。”由此可见，地震武器的存在不只是传说。它乃是在冷战世界格局下，美苏进行核军备竞赛的“私生子”。冷战结束后，虽然苏联已不复存在，但现在的美国与俄罗斯是否仍在进行地震武器的研究，世人还不得而知。

就现在的技术条件来看，地震武器要真正用于实战，尚存在许多技术性难题需待解决。难题之一是地震武器“六亲不认”。同其他武器一样，地震武器也是人类所创造出来的一柄“双刃剑”。一方面，它的应用会给被攻击一方的国民经济与人民的生命财产带来巨大的毁伤；另一方面，因为核武器的布设很难深入敌国领土纵深进行，而在本国领土上进行核爆炸将带来很大的副作用，也会不同程度地污染本国的生态环境，其结果将会对国民赖以生存的自然环境带来长期的恶劣影响，由地震而引起的海啸、火山喷发等恶劣气候有可能会波及采用地震武器的一方。另一个难题是地震武器使用起来“磨磨蹭蹭”，有可能贻误战机。地震武器所引发的地震并不一定会在核爆炸后马上到来。从核爆炸到诱发大规模地震需要有一段时间，从而使地震武器失去了打击的突然性。因此，从严格的意义上讲，地震武器属于一种战略武器，它在战时的使用必须与其他战术性武器相配合。因此，在现代高技术局部战争条件下，其作用的发挥将受到时限的制约。再者，地震武器的造价太高。据估计，建造一个完整的地震武器系统的实际费用相当于制造100架最新式的战斗机的价钱，与其他常规武器相比，实在是过于昂贵。

总之，地震武器的存在并非是危言耸听的科学幻想。关注地震武器的发展，促使地震武器应用于促进世界和平与发展的美好目的，应成为所有爱好和平者的共同目标。

3. 基因武器

基因武器是指利用基因工程技术而研制出的新型生物战剂，又称作第三代生物战剂。它是在基因工程的基础上，采用遗传的方法，通过基因重组，把特殊的致病基因移植到微生物体内而制造出的新一代生物武器。基因武器将是现代新概念武器的又一发展方向。

基因武器运用先进的遗传工程或DNA重组技术，用类似于工程设计的方法，按人们的需要通过基因重组，在一些致病细菌或病毒中接入能对抗普通疫苗或药物的基因，或者在一些本来不会致病的微生物体内接入致病基因而制造成生物武器，尤其合成生物学的发展，可实现人工设计与合成自然界并不存在的生物或病毒等。它能改变非致病微生物的遗传物质，使其产生具有显著抗药性的致病菌，利用人种生化特征上的差异，使这种致病菌只对特定遗传特征的人们产生致病作用，从而有选择地消灭敌方有生力量。

基因武器被称为“世界末日武器”。基因武器就是通过其特殊的性能，破坏遗传密码，使基因丢失、突变等，破坏人体的自身免疫系统，改变人体的正常发育，产生躯体或精神的疾病，从而改变一个种族的繁衍与发展。根据基因武器的特殊性能可以预计，一旦基因武器运用于战争，将使未来战争发生巨大变化。基因武器使用者再也不用兴师动众，而只需要在临战前将经过基因工程培养的病菌投入他国，或利用飞机、导弹等将带有致病基因的微生物投入他国交通要道或城市，让病毒自然扩散、繁殖，使敌方人畜在短时间患一种无法治疗的疾病，从而丧失战斗能力。此外，基因武器可根据需要任意重组基因，可在一些生物中移入损伤人类智力的基因。当某一特定族群的人沾染上这种带有损伤智力基因的病菌时，就会丧失正常智力。另一方面，基因作为战术武器使用时，将使对方防不胜防，束手无策。基因武器的特有功能之一，就是从武器的使用到发生作用都没有明显的征候，即使发现了也难以破解遗传密码和实施控制。

（1）种族基因武器。人类不同种群的遗传基因是不同的，根据人类基因的这一特征选择某一人群作为杀伤对象是完全可行的。它们只对敌方具有残酷的杀伤力，而对己方毫无影响。它通过识别敌对人种的独特基因，然后研制出一种遗传变异的细菌或者病毒。这些生物通过空气及饮用水传播，可改造被袭击者细胞内的DNA，从而造成某种遗传性的疾病在该种族内蔓延，甚至可以造成种族灭绝。

（2）病毒基因武器。在一些致病细菌或病毒中，接入能抗普通疫苗或药物的基因，产生具有显著抗药性的致病微生物；或者在一些本来不会致病的微生物体内接入致病基因，制造出新的生物制剂。俄罗斯早就着手研究剧毒的眼镜蛇毒素基因与流感病毒基因的拼接，试图培育出具有眼镜蛇毒素的新流感病毒，它能使人既出现流感症状，又出现蛇毒中毒症状，导致患者瘫痪和死亡。

基因武器成本低、杀伤力强、持续时间长，有时基因武器的杀伤效果甚至还大于核武器。这类武器如果投入实战，最终将导致人类的灭亡。

二、精确制导武器装备

精确制导武器是采用高精度制导系统，直接命中概率很高的导弹、制导炮弹和制导炸弹等武器的统称。通常采用非核弹头，用于打击坦克、装甲车、飞机、舰艇、雷达、指挥控制通信中心、桥梁和武器库等点目标。

精确制导武器的主要特点可以概括为四条：命中精度高、作战效能高、射程远、作战效费比高。

（一）精确制导技术概述

在精确制导技术和精确制导武器出现之前，就已经出现了制导武器。精确制导技术是在复杂的战场环境中，利用目标的特征信号，发现、识别和跟踪目标，并将武器直接引导至目标实施有效打击的技术。而精确制导武器，是指采用精确制导技术，直接命中概率在50%以上的武器。直接命中是相对于爆炸破片对目标的间接命中而言的，一般是指武器战斗部位与目标有效部位的直接接触命中。

（二）精确制导技术的种类

任何一种精确制导武器都需要通过某种制导技术手段随时测定它与目标之间的相比位置和相对运动，根据偏差的大小和运动的状态形成控制信号，控制制导武器的运动轨道，使之最终命中目标。精确制导武器的命中精度主要依靠制导系统来保证。制导系统的工作过程就是发现和利用目标信息和特征的过程。由于可供利用的目标信息多种多样，制导系统也要采取不同的技术途径和手段来获取这些信息和发出控制指令，因而也就有了各不相同的制导系统和制导方式。大体上我们可将这些制导系统归纳为自主式制导、寻的式制导、遥控式制导和复合式制导。

1. 自主式制导

自主式制导是引导指令由弹上制导系统按照预先拟定的飞行方案控制导弹飞向目标，制导系统与目标、指挥站不发生任何联系的制导。属于自主制导的有：惯性制导、方案制导、地形匹配制导和星光制导等。自主式制导由于和目标及指挥站不发生联系，因而隐蔽性好、抗干扰能力强，导弹的射程远、制导精度高。但飞行弹道不能改变的特征，使之只能用于攻击固定目标或预定区域的弹道导弹、巡航导弹。

根据武器内部或外部固定参考基准，导引和控制武器飞行的制导。有关目标的特征信息是在制导开始以前就确定好的，制导过程中不需要提供目标的直接信息，通常也不需武器以外的设备配合。惯性制导、星光制导、索普利制导、程序制导和地形匹配制导、地图匹配制导、GPS 全球定位系统制导等都属于自主式制导。其中惯性制导是主要的一种，它的优点是不需要外部任何信息就能根据导弹初始状态、飞行时间和引力场变化确定导弹的瞬时运动参数，因而不易受外界干扰。地地导弹、潜地导弹大分采用自主式制导系统。

2. 寻的式制导

寻的制导或称自寻的制导、自动导引制导、自动瞄准制导。它是利用导弹上设备接收来自目标辐射或反射的能量，靠弹上探测设备测量目标与导弹相对运动的技术参数，并将这些技术参数变换成引导指令信号，使导弹飞向目标。寻的式制导主要分为以下三种。

（1）主动寻的制导。它是照射目标的能源在导弹上。当弹上的导引头接收到来自目标的反射信号后，导弹会自动跟踪并攻击目标。它具有“发射后不用管”的优点，能从任何角度攻击目标，命中精度较高，缺点是易受干扰。

（2）半主动寻的制导。它是照射目标的能源不在导弹上。当弹上导引头接收到来自导弹发射点或其他（地面、水面、空中）方向照射到目标上的折射或反射信号后，导弹会自动跟踪并攻击目标。这种制导可减少弹上设备，增大飞行距离，但不能自主寻的，而且制导站易受敌人攻击。因此，主要用于攻击空中目标。

（3）被动寻的制导。它是靠感受来自目标的能量。当弹上导引头接收到来自目标的辐射波信号后，导弹会自动跟踪并攻击目标。美国的“响尾蛇”空对空导弹，所采用的就是被动红外寻的制导。

寻的式制导特点是制导精度较高，但制导距离不能太远。半主动和被动寻的制导多用于空空导弹、地空导弹和空地导弹。寻的式制导系统是利用导弹上的接收装置接收目标所辐射或反射的某种能量而实现的，这些能量有红外线辐射、无线电波、光辐射、声波等。常用的寻的式制导主要有雷达寻的制导、红外线寻的制导、电视寻的制导、毫米波寻的制导、激光寻的制导等。寻的式制导与自主式制导的区别在于武器与目标间的联系。

3. 遥控式制导

遥控制导是由设在导弹以外的地面、水面或空中制导站控制导弹飞向目标的制导技术。波束式制导是主要用于地对空、舰对空、空对空和空对地导弹攻击活动目标的武器系统。

制导站可设于地面、海上（舰艇）、空中（载机）。遥控制导的武器受控于制导站，飞行弹道可以根据目标运动情况而随时改变，因此，它适于攻击活动目标。在地空、空地、空空和反坦克导弹上使用较多。根据导引信号形成情况，遥控制导系统可以分为指令制导和波束制导两大类。指令制导可分为有线电指令制导和无线电指令制导和电视指令制导。苏联的“萨姆-11”、美国的“奈基”等均采用无线电指令制导系统，美国的“爱国者”地空导弹在飞行末段也采用了无线电指令制导系统来保证其命中精度。波束制导分为雷达波束制导和激光波束制导两类。

4. 复合式制导

采用两种以上制导方式组合的制导。单一的制导系统可能出现制导精度不高、作用距离不够、抗干扰能力不强或不能适应飞行各阶段要求等情况，采用复合制导可以发挥各种制导系统的优势，取长补短，互相搭配，以解决上述问题。组合方式依导弹类别作战要求和目标等不同而异。通常有“自主+寻的”“自主+遥控”“遥控+寻的”和“自主+遥控+寻的”等复合制导系统。

（三）精确制导武器

1. 精确制导武器的发展过程

精确制导武器起源于制导武器。第二次世界大战期间，德国人制造并在实战中使用了飞航式导弹（或称巡航导弹）V-1 和弹道式导弹 V-2，从此揭开了制导这门神秘技术的序幕。第二次世界大战后，特别是 20 世纪 70 年代，微电子和计算机技术的突破和在制导技术中的应用，使制导精度有了很大提高，精确制导技术进入全面发展阶段，并在几场局部战争中产生很大影响。精确制导技术的发展，大体经历了四个阶段：

20 世纪 50 年代末至 60 年代初出现战术导弹。50 年代中期，随着小型火箭发动机和制导技术的改进，命中精度有很大提高。在1956年的阿以战争中，法制第一代反坦克导弹SS-10已具有对付当时坦克的能力。50年代末和60年代初，苏制防空导弹击落美高空侦察机，在世界范围引起很大反响。60年代末和70年代初出现制导炸弹。随着微电子和计算机技术在制导技术中广泛应用，相继出现了电视制导、红外制导、雷达波束制导和激光制导的航空炸弹。1965年美国研制成功“宝石路”激光制导炸弹，随后用于越南战争。例如攻击南方清化市的清化大桥，美曾经动用600架次飞机，投下近2000吨普通炸弹，损失飞机18架，未能将清化大桥炸毁。改用激光制导炸弹后，F-4飞机出动了12架次，就炸毁了大桥，且飞机无一损伤。

20世纪70年代末80年代初出现了制导炮弹。第一代制导炮弹以80年代美军的“铜斑蛇”和苏军的“红土地”为代表。“铜斑蛇”激光制导炮弹用155毫米榴弹炮发射，制导精度可达1米以内。苏军的“红土地”制导炮弹用152毫米榴弹炮发射，采用半主动激光制导，命中精度可与反坦克导弹媲美。

20世纪90年代，精确制导技术开始向“智能化”方向发展。例如，美国的“黄蜂”空对地导弹，由于采用了先进的信号处理和人工智能技术，已经具有初步的智能化特征。它能够在一定程度上识别真假目标，并且与其他导弹协调工作。

2. 精确制导武器的特点

精确制导武器的特点是相对于非制导武器而言的，其基本特点突出表现为高技术、高精度、高效能。

高技术，精确制导技术作为人类智慧的结晶，是技术发展到一定阶段的产物。精确制导武器区别于一般武器的根本标志在于其有制导系统。制导系统由信号探测、高速信号处理和自动控制等部分组成，以光电器件、集成电路、计算机等众多高技术为基础。精确制导武器在实战使用中，从发射到命中的全过程贯穿了各种技术手段的较量。因此，各国都十分重视精确制导武器技术的运用。

高精度，直接命中概率高，这是精确制导技术的根本，也是精确制导武器最基本的特征。要使直接命中目标的概率达到50%以上，就要求对点目标的圆概率误差在0.9米以内，对普通地域目标的圆概率误差在3米以内。目前，一些有代表性的精确制导武器其命中概率可达80%以上，激光制导炸弹和电视制导炸弹，其圆概率误差在1~3米。由于精确制导武器的直接命中概率不断提高，因此已经出现了战斗不需要装药的精确制导武器。

高效能，精确制导武器较非制导武器，其作战效能大幅提高。在1991年的海湾战争中，“战斧”巡航导弹从1000千米以外发射，精确命中并摧毁了严密设防的巴格达市高价值目标，其总体效能远远优于作战飞机使用常规航弹的空袭。虽然精确制导武器的技术复杂，单发成本比较高，但由于具有较高的直接命中概率，完成作战任务时其弹药消耗量小，因此总体费用仍有可能低于使用常规弹药。

3. 精确制导武器分类

精确制导武器可分为导弹和精确制导弹药两大类。导弹与精确制导弹药的主要区别在于前者依靠自身的动力系统和导引控制系统飞向目标，后者自身无动力装置，需借助火炮、飞机投掷，也没有全程制导装置，仅有在飞行末段起作用的寻的装置或传感器。

（1）导弹。是指依靠自身的动力装置推进，由制导系统导引、控制其飞行路线并导向目标的武器。导弹是精确制导武器中研究最早、类别最多、生产和装备量最大的一类。导弹可从多种角度分类：

按导弹发射点和目标位置划分，可分为地地导弹、地空导弹、岸舰导弹、潜地导弹、空地导弹、空空导弹和空舰导弹等。

按作战任务划分，可分为战略导弹和战术导弹。战略导弹，是用于完成战略任务的导弹。通常使用核战斗部，由国家最高统帅部直接掌握，用于摧毁敌方纵深重要战略目标。战术导弹，是用于完成战术任务的导弹。主要用于打击敌方战役、战术纵深的战役、战术目标。亦可用于直接支援地面部队作战。

按导弹射程划分，可分为近程导弹（射程在 1000 千米以内）、中程导弹（射程在 1000~3000 千米）、远程导弹（射程在 3000~8000 千米）以及洲际导弹（射程在 8000 千米以上）。

按导弹的弹道特征划分，可分为飞航式导弹（如“战斧”巡航导弹）和弹道式导弹。

按攻击的目标划分，可分为反坦克导弹、反舰导弹、反雷达（反辐射）导弹、反卫星导弹、反导弹导弹等。但精确制导武器发展趋势之一是通用化、多功能化，因此这种分类方法仍有一定的局限性。

（2）精确制导弹药。精确制导弹药也称为灵巧弹药，是指有制导装置和空气动力操纵面而无航行动力的航空炸弹。制导炸弹根据不同的作用原理可分为末制导弹药和末敏弹药。

末制导弹药有寻的器和控制系统，在其弹道末段能根据目标和弹药本身的位置自行修正或改变弹道，直至命中目标。主要有制导炮弹、制导炸弹、制导地雷等。制导炮弹是用地面火炮发射，弹丸带有制导装置的炮弹的总称。它能够在火炮的最大射程内以很高的单发命中概率攻击目标，主要有激光制导炮弹、毫米波制导炮弹和红外寻的制导炮弹等。制导炸弹主要有激光制导炸弹和电视制导炸弹。制导炸弹是航空炸弹的新发展，通常是在制式航空炸弹上加装制导装置和气动力装置，靠飞机投弹时给予的初速滑翔飞行，其制导系统同一般空对地导弹的导引头相似，有的甚至就是直接移植而来的。精确制导技术使航空弹药“长了大脑”，在一定程度上已具有“发射后不用管”“同时攻击多个目标”“指哪打哪”和能在数十、数百乃至上千千米之外全天候攻击任何目标的能力。

精确制导的航空炸弹圆概率误差为 0~3 米，命中概率是第二次世界大战时普通航弹的 25~50 倍，弹药的消耗量降低到原来的 1/10~1/50，效费比提高 25~50 倍。制导地雷是一种将自毁破片技术、遥感技术和微处理机结合起来的新型地雷，通常在普通地雷、水雷上加装制导系统后即可成为制导地雷。制导地雷有一个庞大的家族，通常可分为三大类：一类是打击坦克、装甲车和直升机的制导地雷；一类是执行反潜、反舰任务的制导水雷；一类是执行反卫星任务的太空地雷。

末敏弹药不能自动跟踪目标，也不能改变飞行弹道，只能在被撒布的范围内利用其自身的探测器（寻的器）探测和攻击目标。末敏弹药通常由一些子弹药组成。子弹药被抛撒后，立即用其自身携带的探测器开始在小范围内探测目标，发现目标后，即可发射弹丸，对目标进行攻击，既有较大的毁伤面积，又有较高的命中精度。它是子母弹技术、爆炸成型弹丸技术和先进的传感器技术相结合的产物。末敏弹药探测范围较窄，一般仅为末制导弹药探测范围的 1/10 左右。

（四）精确制导武器对现代战争的影响

1. 已成为现代战场的主要打击兵器

1973 年 10 月第四次中东战争期间，埃及和以色列展开了一场第二次世界大战后规模最大的坦克战，交战双方使用精确制导武器约 20 种。开战后的前 3 天，以军在西奈半岛损失坦克约 300 辆，其中被反坦克导弹击毁的约占 77%。1982 年英阿马岛战争中，英军用空空导弹击落阿军飞机 66 架，占阿军全部被击落飞机的 83%。在 1991 年海湾战争中，精确制导武器更是大显身手，充当了战场的主角。多国部队使用了大约 20 种精确制导武器，如"战斧"巡航导弹、"爱国者"防空导弹、"斯拉姆"空对地导弹、"哈姆"反辐射导弹、"海尔法"反坦克导弹、"响尾蛇"和"麻雀"空空导弹及激光制导炸弹等，显示出了超常的作战能力。虽然投入的精确制导武器数量仅占全部弹药消耗量的 7%~8%，却完成了伊拉克被摧毁重要目标的 80%以上。美军在海湾战争以后的历次战争中，使用精确制导武器的数量占全部弹药总量的比例不断上升，到 2003 年伊拉克战争时，这个比例已经达到 68%。在 20 世纪末，世界上拥有精确制导技术并能自行研制生产精确制导武器的国家有 20 多个，但近 100 个国家和地区的军队装备了这种武器。目前，几乎所有国家都或多或少地拥有水平不等的精确制导武器。在电子战和 C3I 系统的密切配合下，精确制导武器已经成了现代战场的主要打击武器。

2. 作战样式发生深刻变化

精确制导武器在现代作战中的大量使用，给现代作战带来许多新的变化，主要表现在使超视距、多模式、多目标精确打击成为可能。在海湾战争中，交战双方投入坦克 8000 多辆、装甲车 8300 多辆、兵力超过 120 万人。伊拉克还在科威特与沙特阿拉伯边界的科威特一侧和伊沙边界伊拉克一侧构筑了由沙堤、反坦克火壕、蛇腹形铁丝网和混合雷场、障碍地带、坦克掩体构成的纵深 7~30 千米的"萨达姆"防线。但地面战斗仅 100 小时就结束，且未发生大规模的坦克战和陆军的地面作战，主要原因就是伊军的装甲部队被美军武装直升机、对地攻击机等发射的上万枚各类反坦克导弹所摧毁。使用精确制导武器可以实现"外科手术"式打击，使得对点目标攻击的附带杀伤和破坏降至尽可能小的程度，同时提高了全天候、全天时的作战能力。

3. 改变军事力量对比的重要杠杆

现代战争表明，精确制导武器正在改变坦克、飞机、大炮、军舰等传统武器装备的军事价值，成为改变战争双方军事力量对比的重要杠杆。精确制导武器与电子战的密切配合，将是决定未来战争胜负的重要因素。拥有先进的精确制导武器和电子战实力的一方，可以战胜虽具有传统武器数量优势，而精确制导武器陈旧落后、缺乏电子战配合的一方。事实说明，精确制导武器改变军事力量平衡的作用越来越明显。精确制导武器还促进了常规威慑力量的形成。以对点目标的摧毁能力而言，部分精确制导武器的威力已经与小型核武器相差无几。

（五）精确制导技术的发展趋势

精确制导技术的发展趋势，一是制导技术向智能化转变。随着信息技术和电子计算机技术的发展，在制导武器上使用大型电子计算机的可能性大增，利用成像传感器替代人眼，用微处理器和各种软件模拟人的分析、判断、决策过程，在一定范围内实现制导武器自动搜索、发现、识别目标并且定位，自动采用适合的方式攻击目标。二是制导技术向高精度方向发展。在制导武器上广泛使用高精度制导技术的范围迅速扩大，激光制导、GPS制导、毫米波制导、红外寻的制导等技术将被运用到各种制导武器上。三是制导技术向复合制导方式发展。由于单一制导方式易被干扰，命中精度低，因此，许多国家都致力于发展复合制导的导弹，以提高导弹的抗干扰能力和提高导弹的直接命中精度。制导武器的发展将主要集中体现为提高制导武器的机动灵活性能；提高导弹飞行速度和采用隐身技术加强突防能力；发展射程远、载荷大的导弹，以提高毁伤能力。

三、核生化武器装备

核生化武器又称 NBC 武器，其实是三种武器的总称，即核武器、生物武器和化学武器。

核生化武器中以化学武器最早被运用，化学武器又称为化学战剂，是利用化学物质对敌人遂行战斗的武器。化学战剂可概分为杀伤性、纵火性和烟幕性三类，人类在数千年前就懂得运用化学战剂，主要是使用非毒性化学战剂，用火攻坚和以烟幕掩蔽军事行动都是经常运用的战斗技巧。

（一）核武器

核武器是指利用能自持进行的原子核裂变或聚变反应瞬时释放的巨大能量，产生爆炸作用，并具有大规模毁伤破坏效应的武器。主要包括裂变武器（第一代核武器，通常称为原子弹）和聚变武器（亦称为氢弹，分为两级及三级式）。核武器也叫核子武器或原子武器。从广义上说核武器是指包括投掷或发射系统在内的具有作战能力的核武器系统。通常所说的核武器是指狭义的核武器，即由核战斗部与制导，突防等装置装入弹头壳体组成的核弹。核战斗部的主体是核爆炸装置，简称核装置。核装置与引爆控制系统等一起组成核战斗部。将核战斗部与制导、突防等装置装入弹头壳体，即构成弹道导弹的核弹头。广义的核武器通常指由核弹、投掷/发射系统和指挥控制、通信和作战支持系统等组成的、具有作战能力的核武器系统。原子弹、氢弹、中子弹统称核武器。

1. 核武器按其原理可分为四代

（1）第一代：原子弹（裂变弹）。20 世纪四五十年代利用铀 235 或钚 239 等易裂变重原子核裂变反应瞬时释放巨大能量的核武器称为原子弹或裂变弹，即为第一代核武器。

1945 年 8 月 6 日，美国向日本广岛投放了原子弹，弹重约 4100 千克，直径约 71 厘米，长约 305 厘米。核装药为铀 235，爆炸威力约 14000 吨 TNT 当量。1945 年 8 月 9 日，美国向日本长崎投放了原子弹，弹重约 4500 千克，弹最粗处直径约 152 厘米，长约 320 厘米。核装药为钚 239，爆炸威力约 20000 吨 TNT 当量。

（2）第二代：氢弹（聚变弹）。20 世纪 50 年代以后，利用氢的同位素氘、氚等轻原子核的聚变反应，研制了瞬时释放出巨大能量的核武器——氢弹，又称聚变弹、热核弹，即为第二代核武器。氢弹的杀伤破坏因素与原子弹相同，但威力比原子弹大得多。原子弹的威力通常为几百至几万吨级 TNT 当量，氢弹的威力则可大至几千万吨级 TNT 当量。还可通过设计增强或减弱其某些杀伤破坏因素，其战术技术性能比原子弹更好，用途也更广泛。

（3）第三代：特定功能核武器。特定功能核武器，就是突出利用核武器爆炸产生的强冲击波、光辐射、核辐射、核电磁脉冲、放射性沾染等核效应中的某一种加以增强或“剪裁”而对其他效应加以削弱的小当量、高精度、用以达成特定作战目的的核武器。现已研制成功并具有作战能力的主要有钻地核弹头、冲击波核弹头、中子弹、电磁脉冲核弹头（又称高能射频核弹头）等。其中的中子弹，它是以高能中子为主要杀伤因素，相对减弱冲击波和光辐射效应的小型氢弹。

目前，除了美、俄、法、中四国已掌握中子弹技术外，1999 年 8 月 16 日和 8 月 18 日，印、巴分别宣布具有制造中子弹的能力，当然“有能力”与拥有实战中子弹，差距还很大。

核电磁脉冲弹，它是利用在大气层以上的核爆炸，使之产生大量定向或不定向的强电磁脉冲，以毁坏敌方通信系统的核武器，简称 EMP 弹。

核钻地弹，它是能钻入地下一定深度后爆炸的核弹。主要利用爆炸产生的地震波和成坑作用，毁坏敌方导弹发射井、地下指挥中心等硬点目标。美国已于 1998 年春天开始部署 B61-11 型钻地核航弹。这是美国自 1989 年以来首次为其核武库补充新的，也是唯一的钻地核航弹，也使美国成为目前世界上装备包括中子弹、核钻地弹、微型超微型核弹头等种类最多、数量最多的第三代核武器国家。

冲击波弹，它是以冲击波效应为主要杀伤破坏因素的特殊性能氢弹，又称弱剩余辐射弹。与中子弹正相反，冲击波弹是在核爆炸时增强其冲击波效应，同时削弱核辐射效应。

（4）第四代：美、俄、法等国研制的第四代核武器。这种核武器是以原子武器的原理为基础，用效力很强的高能炸药代替核聚变扳机来提供核裂变所需条件，所用的关键设施是民用研究所使用的惯性约束聚变装置和加速器等装置，即不用传统核爆炸产生大规模杀伤破坏效应，完全不产生剩余核辐射的核武器，因而其发展不受全面禁止核试验条约限制，可以作为常规武器使用，因而备受有核武器国家关注，但因其技术复杂研制难度很大，只有那些已掌握了原子弹、氢弹核武器的研制、核技术水平高的国家才有能力发展第四代核武器。

金属氢武器，金属氢在一定的压力下可以转化成固态结晶体，稳定性好，室温下即可长期保存以便制成炸药。金属氢的爆炸威力是 TNT 炸药的 25～35 倍，是目前已知威力最大的化学爆炸物。金属氢武器已被列入美国国家重点研究项目。

2. 核武器杀伤破坏效应及防护

（1）核武器杀伤破坏因素。核武器爆炸后，能产生五种杀伤破坏因素：光辐射、冲击波、早期核辐射、核电磁脉冲、放射性沾染。前四种杀伤破坏因素一般只出现在爆炸后几十秒钟时间内，因此统称为瞬间杀伤破坏因素。放射性沾染持续的时间较长，可持续几天或更长时间，称为缓效杀伤破坏因素。

核武器五种杀伤破坏因素在总能量中所占的比例分别为：冲击波 50%，光辐射 35%，放射性沾染 10%，早期核辐射 5%，核电磁脉冲所占比例很小，可忽略不计。

①光辐射。光辐射（又称热辐射），是爆炸后 1～10 秒时间内的闪光及几千万摄氏度以上的高温火球辐射出来的强光和热。其杀伤破坏因素包括“烧”和“爆”光辐射直接照射无隐蔽人员会造成烧伤。如果用眼睛看核爆炸的火球，会产生闪光盲或造成眼底烧伤。在爆炸中心附近人员吸入被光辐射加热的空气，会造成呼吸道烧伤。光辐射能引起大面积火灾，引燃、引爆其他易燃易爆物，同时造成人员的间接伤害。

②冲击波。冲击波是核爆炸时（几十秒内），高温高压火球猛烈膨胀压缩周围空气而形成的高速高温高压气浪。它对人员、物体能够造成挤压、抛掷作用。挤压作用造成严重内伤，如肺、胃、肝、脾等出血。抛掷作用造成外伤，如皮肉撕裂和骨折。冲击波可造成建筑物倒塌、砖瓦抛掷造成人员间接伤害及堵塞交通。

③早期核辐射。早期核辐射（又称贯穿辐射），是核武器所特有的杀伤破坏因素。早期核辐射是核爆炸最初十几秒内放射出来的人眼看不见的射线。作用于人体时，无特殊感觉，能破坏人的组织细胞，使人得急性放射病。早期核辐射能使光学玻璃变暗、胶卷曝光、化学药品失效，并能影响电子仪器性能。

④核电磁脉冲。核电磁脉冲是核爆炸瞬间产生的一种强电磁波。其作用半径可达几千千米，对人员没有直接的杀伤作用，但能消除计算机上储存的信息，使自动控制系统失灵，家用电器受到干扰和破坏。

⑤放射性沾染。放射性沾染是核爆炸后，从蘑菇状烟云中散落下来的放射性物质。它像尘埃一样，随风飘移，逐渐沉降，使爆心周围和下风方向地区的物体、空气和地面等受到沾染。

放射性沾染的程度和分布情况与天气、地形、爆炸方式有关。地面爆炸时，地面沾染严重、范围大、作用时间长，对人员行动影响大。空中爆炸时，地面沾染轻、范围小、作用时间短，对人员行动影响小，甚至可能没有影响。风速大、风向不稳定，沾染的范围就大。下雨下雪，放射性灰尘可随雨、雪迅速沉降，加重地面沾染。

放射性沾染通过射线起杀伤破坏作用，作用时间比早期核辐射要长，在沾染较严重的地区，通常在几个月以上。放射性灰尘的沉降，会造成爆区附近空气、水、食物、武器等的放射性沾染。

放射性沾染能够对人员造成三种伤害：当放射性沾染随空气、水、食物通过呼吸道、消化道和伤口进入人体时，可引起内照射损伤；人员处在被沾染的环境中，人体周围被沾染的物体向人体发出射线会造成外照射损伤；皮肤沾上放射性灰尘，或接触沾染严重的物体会引起皮肤灼伤。

（2）核武器杀伤破坏因素的防护。一旦发现爆炸闪光、烟雾骤起，遭遇核武器袭击时，室内室外人员必须在杀伤破坏因素到达之前，迅速准确地做完防护动作，以求生存机会。那么，什么样的防护动作才是迅速、准确、有效的呢?

①室外人员防护原则和方法。室外人员应从防护较严重的瞬时杀伤因素着眼，防护的原则是减少暴露表面，争取重型屏障重点保护头部、减少碎片杀伤。

正确的方法是：发现爆炸闪光，应禁看火球，迅速进入各种人防工程防护，并不要随意进出或走动，来不及进入人防工程时，要迅速（2 秒内）利用三五步内的地形地物就地卧倒。遇到较大的地形地物时，横向卧倒；地形地物较小时，面向爆心卧倒；无地形地物可利用时，背向爆心卧倒。卧倒方式：双手交叉放在胸前，脸部尽量夹于两臂之间，两肘前伸，双腿伸直并拢，闭眼、闭口、憋气 15~20 秒。核爆炸时，如果身边有江河、湖泊或池塘，应立即潜入水中防护。有条件的情况下，尽可能利用浅色衣物遮盖身体，尤其是皮肤暴露部位，如图 5-1 所示。

利用地形地物进行防护时应注意：必须利用地形地物背向爆心的一侧，尽量利用坚固、稳定的地形地物，避开易倒塌、易燃烧、易爆炸的物体，以免造成间接伤害。

②室内人员防护原则和方法。室内人员防护的原则是：利用坚固的建筑部位和家具，减少暴露，设置屏障，保护重点部位，减少碎片杀伤。

正确的方法是：发现闪光后应立即利用墙角卧倒，最好在靠近墙角的桌下或床下卧倒。应避开门窗和易燃易爆物，以免玻璃碎片使人员击伤或造成其他间接伤害。冲击波过后，应立即抖落身上的尘土，迅速进入人防工程进行防护。若没有人防工程，也可以进入冲击波袭击后未倒塌的建筑物内，关闭门窗，防止放射性灰尘进入室内。

图 5-1　面临核武器杀伤破坏时的防护动作

③放射性沾染区的人员防护方法。在沾染区行动时，人们应做好个人防护：戴口罩或面具、扎三口（领口、袖口、裤脚口）、穿雨衣或斗篷、戴手套、穿雨靴；不要随便接触沾染物品，不要坐卧和脱下防护器材；严禁在沾染区吃东西、吸烟和饮水。

行进时，应按照专业人员设置的标志，避开沾染程度较高的地域。应选择路面结实、街道较宽的背风墙侧行。人与人之间要保持适当距离，脚步要轻，尽量减少灰尘扬起，快速行进，尽量缩短在沾染区的时间。

乘车时，除应做好个人防护外，要关闭车窗，盖严棚布，加大车距，车上人员不要随便下车，上下车要尽量不接触车轮和挡泥板。

④全区转移人员的防护方法。转移至安全区的人员，要有计划、有组织地采取多种措施，消除身上的沾染。例如：人员应侧风站立，人与人之间保持一定的距离，将服装一件一件地脱下消毒，消毒后，有顺序地放在上风方向。对服装消除的方法通常有拍打法、扫除法、抖拂法、洗涤法。

人员皮肤受沾染用毛巾或纱布擦拭。擦拭时应从上到下，顺着一个方面进行。擦一次，将毛巾翻叠一次，防止已消除部位重新沾染。误食了沾染食物和水时，可采取催吐、洗胃、多喝水、利尿法等方式排出。有条件时，可按照医生要求服吸附剂、缓泻剂加快放射性物体排出。放射性物质对人体伤害的规律是：距离放射源越远，受照射时间越短，“屏障”越多，伤害越少。

（二）生物武器

生物武器（旧称细菌武器），是生物战剂及其施放装置的总称，它的杀伤破坏作用靠的是生物战剂。以生物战剂杀死有生力量和毁坏植物的武器统称为生物武器。生物武器的施放装置包括炮弹、航空炸弹、火箭弹、导弹弹头和航空布撒器、喷雾器等。

1. 生物武器的发展过程

从 20 世纪初至第一次世界大战结束为第一阶段，主要是德国研制的生物战剂，是几种人畜共患的致病细菌，如炭疽杆菌、鼠疫杆菌等，其生产规模小，施放方法简单，主要由间谍秘密污染水源、食物或饲料。20 世纪 30—70 年代为第二阶段，其发展的特点是生物战剂种类增多，生产规模扩大，主要施放方式为飞机播洒带有生物战剂的媒介物，这时期是历史上生物武器使用最多的年代。第三阶段始于 70 年代中期，其特征是生物技术迅速发展，特别是 DNA 重组技术的广泛应用，不但有利于生物战剂的大量生产，而且为研制适用于生物战要求的新战剂创造了条件，使生物武器进入“基因武器”阶段。人类首次真正的生物战发生在 1763 年 3 月。当时，正在俄亥俄宾夕法尼亚地区进攻印第安部落的英国的亨利·博克特上校，把从医院拿来的天花病人用过的毯子和手帕，送给两位敌对的印第安部落首领。几个月后，天花在俄亥俄地区的印第安部落中流行起来，结果英国人不战而胜。然而现代意义上的生物武器却是在 20 世纪，随着微生物学和武器技术的发展而出现的。第一次世界大战期间，德军曾以炭疽与马鼻疽病菌袭击协约国军队和马匹，此举遭到各国人民的强烈反对。战后于 1925 年 6 月 17 日在日内瓦签订了关于禁止使用毒气和细菌武器的协定书。第二次世界大战期间，生物武器仍不时地被一些国家用于战场。还有一些国家很早就成立了专门的生物武器研究所，例如，第二次世界大战时日军的“731”部队，美国的达格威实验场、陆军传染病研究所等，将生物武器大规模用于战场上的则是日本军国主义的哈尔滨“731”部队和在齐齐哈尔关东军的化学部第“516”部队。当年侵华日军实施的细菌战是迄今为止人类历史上规模最大的细菌战。他们使用的生物战剂主要有伤寒、副伤寒、霍乱、菌痢、炭疽、马鼻疽、鼠疫、破伤风等病原微生物，主要通过投放细菌炸弹、飞机喷雾和人工散布等方式传播。

鉴于生物武器给人类带来巨大痛苦，1971 年 12 月 16 日联合国第 26 届大会通过了《禁止生物武器公约》，于 1972 年 10 月在华盛顿、伦敦、莫斯科让各国签署，1975 年 3 月 26 日正式生效。

2. 生物武器的种类

生物战剂的种类很多，据国外文献报道，可以作为生物战剂的致命微生物约有 160 种之多，但就具有引起疾病能力和传染能力的为数不多。

（1）根据生物战剂对人的危害程度划分。

①致死性战剂：致死性战剂的病死率在 10%以上，甚至达到 50%~90%。主要有炭疽杆菌、霍乱弧菌、野兔热杆菌、伤寒杆菌、天花病毒、黄热病毒、东方马脑炎病毒、西方马脑炎病毒、斑疹伤寒立克次体、肉毒杆菌毒素等。

②失能性战剂：病死率在 10%以下，如布鲁氏杆菌、委内瑞拉马脑炎病毒等。

（2）根据生物战剂的形态和病理划分。

①细菌类生物战剂：主要有炭疽杆菌、鼠疫杆菌、霍乱菌、野兔热杆菌、布氏杆菌等。

②病毒类生物战剂：主要有黄热病毒、委内瑞拉马脑炎病毒、天花病毒等。

③立克次体类生物战剂：主要有流行性斑疹伤寒立克次体、Q 热立克次体等。

④衣原生物战剂：主要有鸟疫衣原体。

⑤毒素类生物战剂：主要有肉毒杆菌毒素、葡萄球菌肠毒素等。

⑥真菌类生物战剂：主要有粗球孢子菌、荚膜组织胞浆菌等。

（3）根据生物战剂有无传染性划分。

①传染性生物战剂：如天花病毒、流感病毒、鼠疫杆菌和霍乱弧菌等。

②非传染性生物战剂：如土拉杆菌、肉毒杆菌毒素等。

随着微生物学和有关科学技术的发展，新的致病微生物不断被发现，生物战剂的种类也在不断增加。近些年来，人类利用微生物遗传学和遗传工程研究的成果，运用基因重组技术界限遗传物质重组，定向控制和改变微生物的性状，从而有可能产生新的致命力更强的生物战剂。

（三）化学武器

化学武器是以毒剂的毒害作用杀伤有生力量的各种武器、器材的总称，是一种大规模杀伤性武器。化学武器是在第一次世界大战期间逐步形成具有重要军事意义的制式武器。

1. 化学武器的发展过程

化学武器大规模使用始于1914—1918年的第一次世界大战。使用的毒剂有氯气、光气、双光气、氯化苦、二苯氯胂、氢氰酸、芥子气等多达40余种，毒剂用量达12万吨，伤亡人数约130万，占战争伤亡总人数的4.6%。第二次世界大战全面爆发前，意大利侵略阿比西尼亚时首次用空军使用芥子气和光气，仅在1936年的1~4月间，中毒伤亡即达到1.5万人，占作战伤亡人数的1/3。第二次世界大战期间在欧洲战场，交战双方都加强了化学战的准备，化学武器贮备达到了较高水平。各大国除加速生产和贮备原有毒剂及其弹药外，并加强了新毒剂的研制，其中，取得实质性进展的则是神经性毒剂。在亚洲战场，日本在中国各地发动化学战。其中日本的“731”部队在中国东北研究生化武器，制造毒气喷雾、对中国人民犯下了滔天的罪行。从第二次世界大战结束至今，世界上局部战争和大规模武装冲突不断发生，其中被指控使用化学武器和被证实的有美侵朝战争、美侵越战争、苏联入侵阿富汗等。80年代初开始的两伊战争，伊拉克在进攻失利、失去主动权的紧急时刻使用化学武器，对扭转被动局面、最终实现停火发挥了重要作用。

化学武器是国际公约禁止使用的非常规武器。

2. 化学武器的种类

（1）毒剂。又称化学毒剂、化学战剂、军用毒剂，是军事行动中以毒害作用杀伤人畜的化学物质。它是化学武器的基础，对化学武器的性能和使用方式起着决定作用。目前外军装备的毒剂主要有6类14种。通常，按化学毒剂的毒害作用把化学武器分为6类：神经性毒剂、糜烂性毒剂、失能性毒剂、刺激性毒剂、全身中毒性毒剂、窒息性毒剂。

①神经性毒剂：为有机磷酸酯类衍生物，分为G类和V类神经毒。G类神经毒是指甲氟膦酸烷酯或二烷氨基氰膦酸烷酯类毒剂，主要代表物有塔崩、沙林、梭曼。V类神经毒是指S-二烷氨基乙基甲基硫代膦酸烷酯类毒剂，主要代表物有维埃克斯（VX）。

②糜烂性毒剂：主要代表物有芥子气、氮芥和路易斯气等。

③失能性毒剂：是一类暂时使人的思维和运动机能发生障碍从而丧失战斗力的化学毒剂。其中主要代表物是1962年美国研制的毕兹（BZ），该毒剂为无嗅、白色或淡黄色结晶，不溶于水，微溶于乙醇。战争使用状态为烟状，主要通过呼吸道吸入中毒。中毒症状有：瞳孔散大、头痛幻觉、思维减慢、反应呆痴等。

④刺激性毒剂：是一类刺激眼睛和上呼吸道的毒剂。按毒性作用分为催泪性和喷嚏性毒剂两类：催泪性毒剂主要有氯苯乙酮、西埃斯等；喷嚏性毒剂主要有亚当氏气等。

⑤全身中毒性毒剂：是一类破坏人体组织细胞氧化功能，引起组织急性缺氧的毒剂，主要代表物有氢氰酸、氯化氢等。

⑥窒息性毒剂：是指损害呼吸器官，引起急性中毒性肺气的而造成窒息的一类毒剂，

其主要代表物有光气、氯气、双光气等。

(2) 化学武器。狭义的化学武器是指各种化学弹药和毒剂布洒器。化学弹药是指战斗部内主要装填毒剂（或二元化学武器前体）的弹药，主要有化学炮弹、化学航空弹、化学手榴弹、化学枪榴弹、化学地雷、化学火箭弹和导弹的化学弹头等。由两种以上可以生成毒剂的无毒或低毒的化学物质构成的武器称为二元化学武器。化学物质分装在弹体中由隔膜隔开的容器内，在投射过程中隔膜破裂，上述物质依靠旋转或搅拌混合而迅速生成毒剂。

化学武器按毒剂分散方式可分为三种基本类型：

①爆炸分散型：借助炸药爆炸使毒剂成气雾状或液滴状分散。主要有化学炮弹、航弹、火箭弹、地雷等。

②热分散型：借助烟火剂、火药的化学反应产生的热源或高速热气流使毒剂蒸发、升华、形成毒烟（气溶胶）、毒雾。主要有装填固体毒剂的手榴弹、炮弹及装填液体毒剂的毒雾航空弹等。

③布洒型：利用高压气流将容器内的固体粉末毒剂、低挥发度液态毒剂喷出，使空气、地面和武器装备染毒。主要有毒烟罐、气溶胶发生器、布毒车、航空布洒器和喷洒型弹药等。

分析与思考

1. 信息化装备对现在作战有哪些影响？
2. 综合电子信息系统的主要功能是什么？
3. 请简述信息化杀伤武器的特点。

第六章　中国人民解放军共同条令

学习目标

1. 了解中国人民解放军三大条令的主要内容。
2. 掌握队列动作的基本要领。
3. 养成良好的军事素养。

我是中国人民解放军军人，我宣誓：服从中国共产党的领导，全心全意为人民服务，服从命令，严守纪律，英勇战斗，不怕牺牲，忠于职守，努力工作，苦练杀敌本领，坚决完成任务，在任何情况下，绝不背叛祖国，绝不叛离军队。

——军人誓词

第一节　共同条令教育

2018 年 5 月 1 日，经中央军委主席习近平签署命令，新修订的《中国人民解放军内务条令（试行）》（以下简称《内务条令》）、《中国人民解放军纪律条令（试行）》（以下简称《纪律条令》）、《中国人民解放军队列条令（试行）》（以下简称《队列条令》）（统称共同条令）正式施行。这是深化国防和军队改革的重要成果，是落实全面从严治军的重大举措，是推进新时代强军事业的一件大事，标志着我军建设进一步走上法治化轨道。

这次修订共同条令，坚持以党在新时代的强军目标为引领，突出问题导向，聚焦备战打仗，体现全面从严，注重创新发展，总结升华体制改革的新要求、部队管理的新经验、制度建设的新成果，在保持条令稳定性、连续性的前提下，对不适应形势发展变化的内容，进行了创新性修订，做出了具体明确规范。新修订的共同条令，体现了我军对新时代强军兴军特点规律的新认识、新探索，具有较强的时代性、规范性和操作性，必将全面提升国防和军队建设的法治化水平。

在共同条令的修订中，牢固确立习近平强军思想的指导地位，把习近平强军思想作为我军内务建设、纪律建设、队列建设的根本遵循，确保我军全面建设和管理工作始终沿着正确方向前进。

共同条令作为军队建设的基本法规，是我军革命化现代化正规化建设的重要依据，是正规化管理的基石，是全体官兵的共同准则。

一、《内务条令》

中国人民解放军的内务建设，是军队进行各项建设的基础，是巩固和提高战斗力的重要保证。基本任务是使每个军人明确和认真履行职责，维护军队良好的内外关系，建立正规的战备、训练、工作、生活秩序，培养优良的作风和严格的纪律，保证军队圆满完成任务。《内务条令》包含的主要内容有：军人宣誓、军人职责、内部关系、礼节、军人着装、军容风纪、与军外人员的交往、作息、日常制度、日常战备、军事训练和野营管理、日常管理、国旗、军旗、军徽的使用管理和国歌、军歌的奏唱等。

（一）《内务条令》的内容

2018 年 5 月 1 日起实施的《内务条令》共 15 章，325 条，10 条附录，其主要内容可归纳为以下 4 个方面。

1. 总则

总则主要阐述了制定本条令的目的和依据，明确了军队的性质及其内务建设的思想、基本任务、目标、标准、原则、要求以及各级首长和机关在军队内务中的责任和义务。总则是条令的总纲，其内容对本条令的制定有指导作用。

2. 军人的职责及内部关系

军人的职责及内部关系主要讲述了士兵职责、军官职责、首长职责、各级主管的职责以及军人之间的相互关系。这部分内容主要明确任务的分配，增强军人的责任感和使命感，对于保证军人政治上平等，确保军队的内部团结，具有重要的作用。

3. 军人的日常规范

（1）行政会议。这里讲的会议是以连队为基本单位，在服役期间所要参加的会议，主要有班务会、排务会、连务会和军人大会。各种会议的时间、任务和内容是不同的。

（2）军容风纪。军人必须严格按照规定着装，保持军容严整。本部分主要针对军人的着装、仪容和举止做出了详细的规定。

（3）作息和请销假制度。军队通常保持 8 小时工作（操课）和 8 小时睡眠，并详细规定起床、早操、洗漱、开饭、业余活动、点名和就寝时间。

（4）礼节要求。尊干爱兵是我军的一贯原则，条令在礼节方面也有严格的规定。士兵要尊重干部，服从领导和管理；干部要以身作则，公道正派，对士兵不仅要严格管理，还要关心士兵的生活、安全和健康。

（5）对外交往和安全工作。军人在对外交往中必须遵纪守法，坚决维护国家和军队的利益，不得与地方人员进行不正当、不必要的交往。在交往过程中要注意遵守军队的保密条例。安全工作是军队工作的重中之重，从上级到下级必须把安全工作放在首位，注意解决实际问题，增强安全工作的科学性和有效性。

4. 国旗、军旗、军徽的使用和国歌、军歌的奏唱

这部分包括国旗、军旗、军徽使用的目的、时机、程序和要求，国歌、军歌奏唱的时机、场合和要求。这部分内容对于增强军人的国家意识和爱国主义精神具有重要作用。总之，《内务条令》是关于军人职责及其相互关系、军容、生活制度和管理规则的法规，是部队行政管理工作的基本依据和军队生活的准则。

（二）《内务条令》的作用

《内务条令》除与军队其他法规一样具有重要的保障作用、规范作用、教育作用和强制作用以外，还具有以下两个更为突出的重要作用：一是加强军队正规化建设的基本依据；二是坚持人民军队性质的有力保证。

二、《纪律条令》

为了贯彻全面从严治军方针，加强中国人民解放军纪律建设，维护和巩固铁的纪律，确保军队绝对忠诚、绝对纯洁、绝对可靠，保证军队的高度集中统一，加强革命化、现代化、正规化建设，巩固和提高战斗力，根据有关法律的规定，制定本条令。本条令是中国人民解放军维护纪律、实施奖惩的基本依据。它有极大的权威性和约束力。它是维护部队高度稳定和集中统一、巩固和提高战斗力的强有力武器，是保障我军其他条令、条例、规章制度贯彻落实的一个保障性法规，对于依法治军和军队正规化建设具有十分重要的。

中国人民解放军的纪律，要求每个军人必须把革命的坚定性、政治的自觉性、纪律的严肃性结合起来，统一意志、统一指挥、统一行动，有令必行、有禁必止，严格执行党的路线、方针、政策，遵守国家的宪法、法律、法规，执行军队的法规制度，执行上级的命令和指示，执行三大纪律、八项注意，用铁的纪律凝聚铁的意志、锤炼铁的作风、锻造铁的队伍，任何时候任何情况下都一切行动听指挥、步调一致向前进。

《纪律条令》包含的主要内容有：纪律、奖励、表彰、处分、特殊措施、控告和申诉、首长责任和纪律监察等。

（一）《纪律条令》的主要内容

1. 中国人民解放军纪律的基本内容

（1）执行中国共产党的路线、方针、政策。

（2）遵守国家的宪法、法律、法规。

（3）执行军队的条令、条例和规章制度。

（4）执行上级的命令和指示。

（5）执行三大纪律、八项注意（三大纪律：一切行动听指挥；不拿群众一针一线；一切缴获要归公。八项注意：说话和气；买卖公平；借东西要还；损坏东西要赔；不打人骂人；不损坏庄稼；不调戏妇女；不虐待俘虏）。

2. 中国人民解放军纪律的基本要求

（1）听从指挥，令行禁止。

（2）严守岗位，履行职责。

（3）尊干爱兵，团结友爱。

（4）军容严整，举止端正。

（5）提高警惕，保守秘密。

（6）爱护武器装备和公物。

（7）廉洁奉公，不牟私利。

（8）拥政爱民，保护群众利益。

（9）遵守社会公德，讲究文明礼貌。

（10）缴获归公，不虐待俘虏。

3. 军人遵守和维护纪律的职责

遵守和维护纪律，主要依靠经常性的理想、道德和纪律教育，依靠经常性的严格管理，依靠各级首长的模范作用和群众监督，使官兵养成高度的组织性、纪律性。奖励和处分是维护纪律的重要手段，军人在任何情况下都必须严格遵守和自觉维护纪律。本人违反纪律被他人制止时，应当立即改正；发现其他军人违反纪律时，应当主动规劝和制止；发现他人有违法行为时，应当挺身而出，采取合法手段坚决制止。

4. 奖励与处分

（1）奖励的目的和原则。奖励的目的在于维护纪律，鼓励先进，调动官兵的积极性、创造性，发扬爱国主义、共产主义和革命英雄主义精神，保证作战、训练和其他各项任务的完成。奖励应当坚持：严格标准，按绩施奖；发扬民主，贯彻群众路线；以精神奖励为主，物质奖励为辅。

（2）奖励项目。对个人的奖励项目包括：嘉奖、三等功、二等功、一等功、荣誉称号。规定的奖励项目，依次以嘉奖为最低奖励，荣誉称号为最高奖励。

（3）处分的目的和原则。处分的目的在于严明纪律，加强集中统一，巩固和提高部队战斗力。处分应当坚持下列原则：依据事实，惩戒恰当；惩前毖后，治病救人；纪律面前人人平等。

（4）处分的项目。对士兵的处分项目有警告、严重警告、记过、记大过、降职或者降衔（衔级工资档次），撤职或者取消士官资格，除名（开除军籍）。规定的处分项目，依次以警告为最低处分，开除军籍为最高处分。

5. 控告与申诉

控告与申诉是每一个军人应有的民主权利，其目的在于充分发挥群众的监督作用，保护军人的合法权益，维护军队严格的纪律。军人对违法违纪者有权提出控告；认为给自己的处分不当或者合法权益受到侵害，有权提出申诉。控告与申诉应当以事实为依据。

控告与申诉通常按级提出，有时也可越级提出。越级控告和申诉时，一般应当以书面形式提出。军人控告军队以外的人员，可以将情况告知军队的政治机关，政治机关应当及时了解情况，必要时予以协助。被控告者有申辩的权利，但不得阻碍控告者提出控告，更不得以任何借口打击报复。对打击报复者应当给予处分。

（二）《纪律条令》的作用

《纪律条令》的内容和其在军事法律体系中的重要地位，决定了它在我军建设和完成各项任务中都具有重要作用。首先，纪律条令是我军维护纪律、实施奖惩的基本依据。其次，纪律条令是维护军队高度集中统一的武器。再次，纪律条令是加强我军“三化”建设的重要保障。

三、《队列条令》

《队列条令》是中国人民解放军规范全军队列动作、队列队形、队列指挥的军事法规，是中国人民解放军队列生活的准则和队列训练的基本依据，是全军官兵必须共同遵守的行为规范。新中国成立以来，我军先后颁布了《队列条令》。在军队的建设发展中，《队列条令》有着十分重要的地位和作用。

全体军人必须严格执行本条令，加强队列训练，培养良好的军姿、严整的军容、过硬的作风、严格的纪律性和协调一致的动作，落实全面从严治军要求，促进军队正规化建设，巩固和提高战斗力。

（一）队列的概念、性质和作用

队列，自古有之。可以说，自从产生了军队就有了队列。队列有广义和狭义之分，从广义上讲，泛指排成行列的队伍；从狭义上讲，特指军队进行集体活动时按一定的顺序列队的组织形式。在军队的训练、工作和生活中，队列是必不可少的。队列伴随着军队的发展而发展。

（二）《队列条令》的主要内容

2018 年 5 月 1 日颁布实施的《队列条令》主要规范了全体军人和部（分）队队列活动的有关内容，共 10 章、89 条、4 个附录。第一章总则：包括制定本条令的目的、适用范围、作用与意义、首长机关的责任、队列纪律。第二章队列指挥：包括队列指挥的位置、队列指挥的方法、队列指挥的要求。第三章队列队形：包括列队基本队形，队列的间距，班、排、连、营、旅各级的队形要求。第四章单个军人的队列动作：包括单个军人的立正、稍息、步伐变换、敬礼、脱帽、宣誓等。第五章分队部队的队列动作：包括集合、离散，报数，行进、停止，敬礼，班、排、连的置（架）枪、取枪等。第六章分队乘坐交通工具：包括乘坐运输车、客车、火车、舰（船）艇、飞机等。第七章国旗的掌持、升降和军旗的掌持、授予与迎送。第八章阅兵：包括阅兵的权限、阅兵的形式、阅兵的程序、师以上部队阅兵及海上阅兵、空中阅兵等。第九章仪式：包括升旗仪式、凯旋仪式、组建仪式、晋升（授予）军衔仪式、军人退役仪式等。第十章附则：包括武警部队适用、列队动作调整授权、特别规定适用、实施时间和附录。

其中，队列动作、队列队形和队列指挥是《队列条令》基本内容，也是军人、分队和不对队列活动的三个基本要素。

延伸阅读

中国人民解放军三军仪仗队

中国人民解放军陆海空三军仪仗队隶属于北京卫戍部队，主要担负迎送外国国家元首、政府首脑、军队高级将领及纪念、庆典等重大国事活动的仪仗司礼任务。编制 700 人。它与中国人民解放军军乐团、中国人民武装警察部队礼炮队等共同承担不同规格的司礼任务。

第一种规格：由 151 人组成，用来迎接外国首脑。

第二种规格：由 127 人组成的陆海空三军仪仗队，用来迎接外国军队的高级将领。

第三种规格：由 101 人组成的单军种仪仗队，用来迎接外国军队的单军种司令。

此外，仪仗队还担负着外国领导人向天安门广场人民英雄纪念碑纪念活动等重大活动升旗的仪仗任务。

1952 年至今，三军仪仗队共圆满执行了 3000 多次仪仗司礼任务，包括迎接外国元首、香港澳门回归、北京奥运会、国庆 60 年大阅兵等重大活动。一名仪仗兵一年的训练行程超过 8000 千米。

经党中央批准，自 2018 年 1 月 1 日起由人民解放军担负天安门国旗护卫和礼炮鸣放任务。

第二节　分队的队列动作

分队队列动作训练是以班、排、连为单位的集体训练，目的是通过训练培养良好的军姿、严整的军容、协调一致的动作、严格的组织纪律性，体现我军文明之师、威武之师的精神。

一、集合

集合，是使单个军人、分队、部队按照规范队形聚集起来的一种队列动作。

集合时，指挥员应当先发出预告或者信号，如“全连注意”或者“×排注意”，然后，站在预定队形的中央前，面向预定队形成立正姿势，下达“成××队——集合”的口令。所属人员听到预告或者信号，原地面向指挥员成立正姿势；听到口令，跑步到指定位置面向指挥员集合（在指挥员后侧的人员，应当从指挥员右侧绕过），自行对正，看齐，成立正姿势。

（一）班集合

口令：成班横队（二列横队）——集合。

要领：基准兵迅速到班长左前方适当位置，成立正姿势；其他士兵以基准兵为准，依次向左排列，自行看齐。

成班二列横队时，单数士兵在前，双数士兵在后。

口令：成班纵队（二路纵队）——集合。

要领：基准兵迅速到班长前方适当位置，成立正姿势；其他士兵以基准兵为准，依次向后排列，自行对正。

成班二路纵队时，单数士兵在左，双数士兵在右。

（二）排集合

口令：成排横队——集合。

要领：基准班在指挥员前方适当位置，成班横队迅速站好；其他班成班横队，以基准班为准，依次向后排列，自行对正、看齐。

口令：成排纵队——集合。

要领：基准班在指挥员右前方适当位置，成班纵队迅速站好；其他班成班纵队，以基准班为准，依次向右排列，自行对正、看齐。

（三）连集合

口令：成连横队——集合。

要领：队列内的连指挥员或者基准排，在指挥员左前方适当位置，成横队迅速站好；各排和连部成横队，以连指挥员或者基准排为准，依次向左排列，自行对正、看齐。

口令：成连纵队——集合。

要领：队列内的连指挥员或者基准排，在指挥员前方适当位置，成纵队迅速站好；各排和连部成纵队，以连指挥员或者基准排为准，依次向后排列，自行对正、看齐。

口令：成连并列纵队——集合。

要领：队列内的连指挥员或者基准排，在指挥员左前方适当位置，成纵队迅速站好；各排和连部成纵队，以连指挥员或者基准排为准，依次向左排列，自行对正、看齐。

（四）营集合

营集合，通常规定集合的时间、地点、方向、队形、基准分队以及应当携带的武器、器材和装具等事项。

各连按照规定，由连队值班员整队带往营的集合地点，随即向基准分队取齐，然后，跑步到距主持集合的营值班员 5~7 步处报告人数，营值班员整队后，向营首长报告人数；也可以由连首长整队带往集合地点，直接向营首长报告。例如："营长同志，×连应到××名，实到××名，请指示。"

营长以口令指挥集合时，参照本条第（一）项的有关规定实施。

二、离散

离散，是使列队的单个军人、分队、部队各自离开原队列位置的一种队列动作。

（一）离开

口令：各营（连、排、班）——带开（带回）。

要领：队列中的各营（连、排、班）指挥员带领本队迅速离开原列队位置。

（二）解散

口令：解散。

要领：队列人员迅速离开原列队位置。

三、整齐、报数

（一）整齐

整齐，是使列队人员按照规定的间隔、距离，保持行、列平齐的一种队列动作。整齐分为向右（左）看齐和向中看齐。

口令：向右（左）看——齐。

向前——看。

要领：基准兵不动，其他士兵向右（左）转头（持枪时，听到预令，迅速将枪稍提起，看齐后自行放下；持 120 反坦克火箭筒时，听到预令，左手握提把，右手握握把，提起发射筒，看齐后自行放下），眼睛看右（左）邻士兵腮部，前四名能通视基准兵，自第五名起，以能通视到本人以右（左）第三人为度；后列人员，先向前对正，后向右（左）看齐；听到"向前——看"的口令，迅速将头转正，恢复立正姿势。

口令：以×××为准，向中看——齐。

向前——看。

要领：当指挥员指定"以×××为准（或者以第×名为准）"时，基准兵答"到"，同时左手握拳高举，大臂前伸与肩略平，小臂垂直举起，拳心向右；听到"向中看——齐"的口令后，其他士兵按照向左（右）看齐的要领实施；听到"向前——看"的口令后，基准兵迅速将手放下，其他士兵迅速将头转正，恢复立正姿势。

一路纵队看齐时，可以下达"向前——对正"的口令。

（二）报数

口令：报数。

要领：横队从右至左（纵队由前向后）依次以短促洪亮的声音转头（纵队向左转头）

报数，最后一名不转头；数列横队时，后列最后一名报“满伍”或者“缺×名”；连集合时，由指挥员下达“各排报数”的口令，各排长在队列内向指挥员报告人数，如“第×排到齐”或者“第×排实到××名”。

必要时，连也可以统一报数。

要领：连实施统一报数时，各排不留间隔，要补齐，成临时编组的横队队形。报数前，连指挥员先发出“看齐时，以一排长为准，全连补齐”的预告，尔后下达“向右看——齐”口令，待全连看齐后，再下达“向前——看”和“报数”的口令，报数从一排长开始，后列最后一名报“满伍”或者“缺×名”。

四、出列、入列

单个军人和分队出列、入列，通常用跑步，5 步以内用齐步，1 步用正步，或者按照指挥员指定的步法执行；然后，进到指挥员右前侧适当位置或者指定位置，面向指挥员成立正姿势。

（一）单个军人出列、入列

1. 出列

口令：×××（或者第×名），出列。

要领：出列军人听到呼点自己姓名或者序号后应当答“到”，听到“出列”的口令后，应当答“是”。

（1）位于第一列（左路）的军人，按照本条上述规定，取捷径出列。

（2）位于中列（路）的军人，向后（左）转，待后列（左路）同序号的军人向右后退 1 步（左后退 1 步）让出缺口后，按照本条的上述规定从队尾（纵队时从左侧）出列；位于“缺口”位置的军人，待出列军人出列后，即复原位。

（3）位于最后一列（右路）的军人出列，先退 1 步（右跨 1 步），然后，按照本条有关规定从队尾出列。

2. 入列

口令：入列。

要领：听到“入列”口令后，应当答“是”，然后，按照出列的相反程序入列。

（二）班（排）出列、入列

1. 出列

口令：第×班（排），出列。

要领：听到“第×班（排）”的口令后，由出列班（排）的指挥员答“到”，听到“出列”的口令后，由出列班（排）的指挥员答“是”，并用口令指挥本班（排），按照本条的有关规定，以纵队形式从队尾（位于第一列的班取捷径）出列。

2. 入列

口令：入列。

要领：听到“入列”的口令后，由入列班（排）指挥员答“是”，并用口令指挥本班（排），以纵队形式从队尾（位于第一列的班取捷径）入列。

五、行进、停止

横队和并列纵队行进以右翼为基准，纵队行进以左翼为基准（一路纵队行进以先头为基准）。

（一）行进

指挥员应当下达“×步——走”的口令。听到口令，基准兵向正前方前进，其他士兵向基准翼标齐，保持规定的间隔、距离行进。纵队行进时，排、连通常成三路纵队，也可以成一、二路纵队。行进中，需要时，用“一二一”（调整步伐的口令）、“一二三四”（呼号）或者唱队列歌曲，以保持步伐的整齐和振奋士气。

（二）停止

指挥员应当下达“立——定”的口令。听到口令，按照立定的要领实施，分队的动作要整齐一致；停止后，听到“稍息”的口令，先自行对正、看齐，再稍息。

六、方向变换

方向变换，是改变队列面对的方向的一种队列动作。

（一）横队和并列纵队方向变换

停止间，通常是（右）转弯或者左（右）后转弯，必要时可以向后转。

停止间口令：左（右）转弯，齐（跑）步——走，或者左（右）后转弯，齐（跑）步——走；向后——转，齐（跑）步——走（当需要向后转走时，应当先下“向后——转”的口令，待方向变换后，再下“齐步——走”或者“跑步——走”的口令）。

行进间口令：左（右）转弯——走，或者左（右）后转弯——走。

要领：一列横队方向变换时，轴翼士兵踏步，并逐渐向左（右）转动；外翼第一名士兵用大步行进并同相邻士兵动作协调，逐步变换方向（越接近轴翼者，其步幅越小），其他士兵用眼睛的余光向外翼取齐，并保持规定的间隔和排面整齐，转到 90 度或者 180 度时踏步并取齐，听口令前进或者停止。

数列横队和并列纵队方向变换时，第一列轴翼士兵停止间用踏步、行进间用小步，外翼士兵用大步行进，保持排面整齐，边行进边变换方向，转到 90 度或者 180 度后，听口令前进或者停止；后续各列按照上述要领，保持间隔、距离，取捷径进到前一列转弯处，转向新方向跟进。

（二）纵队方向变换

停止间，通常是左（右）转弯，或者左（右）后转弯，必要时可以向后转。

停止间口令：左（右）转弯，齐（跑）步——走，或者左（右）后转弯，齐（跑）步——走；向后一转，齐（跑）步——走（按照横队和并列纵队向后转走的方法实施）。行进间口令：左（右）转弯——走，或者左（右）后转弯——走。

要领：一路纵队方向变换，基准兵在左（右）转弯时，按照单个军人行进间转法（停止间，左转弯走时，左脚先向前 1 步）的要领实施，在左（右）后转弯时，用小步边行进边变换方向，转到 90 度或者 180 度后，照直前进；其他士兵逐次进到基准兵的转弯处，转向新方向跟进。

数路纵队方向变换时，按照数列横队和并列纵队方向变换的要领实施。

延伸阅读

卡塔尔阅兵采用中国式操典

2017 年 12 月 18 日，卡塔尔首都多哈举行盛大阅兵式，庆祝卡塔尔国庆节。此次阅兵式除了规模比往年宏大外，还有一点不同，那就是阅兵式中的 14 个徒步方队，全部以中国式队列和中国式正步来接受检阅。

当天的阅兵式在多哈海滨大道举行。卡塔尔埃米尔塔米姆等国家政要，各国驻卡塔尔外交使节，当地民众和外国友人等共同出席了仪式。

随着 18 声礼炮鸣响，阅兵式正式开始。卡塔尔副首相兼国防事务国务大臣哈立德·阿提亚首先致辞。随后，卡塔尔陆海空三军、埃米尔卫队以及防空兵、通信兵、特种部队、军乐团等方阵依次入场接受检阅。军队方阵之后，卡塔尔内政部和民防部下属的武装警察部队、公安、消防等方阵，以及当地青少年组成的方阵也依次亮相。最后，卡塔尔空军以伞兵空降的方式，结束了为时一个多小时的阅兵式。

当天的阅兵式上，卡塔尔军方 14 个徒步方队的 5000 余名官兵，全部是以中国式队列和中国式正步接受检阅。在阅兵式开始之前，他们接受了来自中国人民解放军三军仪仗教官团的队列集训。由于历史原因，卡塔尔在国庆阅兵式中曾长期使用英式操典。

当天的阅兵式圆满成功，中国式阅兵队列和整齐划一的中国式正步得到了卡塔尔各方的赞许。阅兵式结束后，卡塔尔副首相兼国防事务国务大臣哈立德·阿提亚接见了来自中国人民解放军三军仪仗队的教官团，高度赞扬了他们的工作成成效和训练成果，并表示，卡塔尔愿继续加深同中国的合作。

第三节　感受军旅文化

一、走进军营

少年强则国强。作为青年学子，有必要走进军营，进行国防教育，了解国防知识，提高国防意识，养成“心怀家国、爱国拥军”的意识。走进军营活动有助于学生学习军人坚强刚毅的意志品质、勇敢顽强的战斗作风、团结协作永不言弃的团队精神；在丰富多彩的活动中，放松精神、释放压力、放飞自我，在军训过程中，强健体魄，激发潜能，培养自信，建立积极、乐观向上的心态；在集体活动中学会与人相处，团结合作，培养团队精神。

二、学唱军旅歌曲

我们知道，军旅歌曲无论从内容、体裁、形式还是风格上，都具有与时俱进的特点，尤其是人性化的内容渗透，使得军旅歌曲输入新鲜的血液，这些作品不仅受到军人特定群体的欣赏，也成为广大歌唱者喜爱的音乐题材。

说到学唱军旅歌曲，从艺术实践的角度讲，必须深入到部队用心体验军人生活。要将军旅歌曲的灵魂渗透到歌唱者的骨子里。

怎样才能唱好一首军旅歌曲，这似乎也要像一名军人一样，从一开始学唱就要确立“纠错务尽”的意识，及时克服“唱不准”“唱不清”“唱不响”“唱不齐”和“唱不美”等的一系列声乐问题，尤其要注意“唱不准调”“唱不清词”“唱不美歌”这三个突出问题。

三、走进爱国主义教育基地

爱国主义历来是动员和鼓舞中国人民团结奋斗的一面旗帜，是全国各族人民共同的精神支柱，加强爱国主义教育，继承和发扬爱国主义传统，对于振奋民族精神，增强民族凝聚力，具有重要的现实意义。爱国主义教育可以涵盖以下几个方面。

1. 中华民族悠久历史的教育

有助于学生了解中华民族自强不息、百折不挠的发展历程，了解我国各族人民对人类文明的卓越贡献，了解我国历史上重大事件和著名人物，了解中华民族反对侵略和压迫、争取民族独立和解放的精神和业绩。

2. 中华民族优秀传统文化教育

有助于学生了解中华民族传统文化不仅包含哲学、社会科学、文学艺术、科学技术的成就，而且蕴含着高尚的民族精神和优良道德，不仅孕育了无数杰出的政治家、思想家、文艺家、科学家、教育家和军事家，而且留下了丰富的文物史迹、经典著作。

3. 中国国情教育

有助于学生了解我国经济、政治、军事、外交及社会、文化、人口、资源和历史与现状，了解我国现代化建设的目标、步骤和前景。

4. 社会主义民主和法制教育

有助于学生了解我国的政治制度、经济制度和其他各项制度，增强国家观念和法制观念。

5. 国防教育和国家安全教育

有助于增强学生的国防意识和国家安全意识，提高维护国家主权和领土完整的自觉性。

6. 民族团结教育

有助于学生了解中华民族是一个多民族的大家庭，了解各族人民为维护团结和祖国统一做出的不懈努力和历史贡献。

分析与思考

1. 什么是共同条令？
2. 三大条令的主要内容是什么？
3. 谈谈走进军营的感想。

第七章　轻武器射击与战术

学习目标

1. 了解轻武器的基本知识。
2. 了解主要枪械的特点。
3. 掌握单兵战术的基础动作。

第一节　轻武器射击介绍

一、轻武器介绍

（一）轻武器的概念

轻武器，亦称轻兵器，英文术语是 small arms，是指由单兵或班（组）携行战斗的武器的统称，最初仅指可供单兵携带的枪械，如手枪、冲锋枪、步枪等，后经发展又包括了各种大小口径的机枪、榴弹发射器、火箭发射器和无坐力发射器等。轻武器的主体是枪械，一个国家的枪械（尤其是步枪）发展水平，可以看作其轻武器发展水平的标志。

（二）轻武器的分类

中国学术界习惯上将各种轻武器概括为两大类，但有两种观点：一种观点认为轻武器可分为枪械和近战武器；另一种观点认为轻武器应当分为枪械、榴弹武器和其他类型轻武器。两种观点都可见于某些轻武器专著、文件、标准或辞书中。

轻武器按武器的口径，可分为大口径武器和小口径武器；按武器的自动方式，可分为半自动武器和全自动武器；按武器的用途，可分为枪械和手榴弹、枪榴弹、榴弹发射器、火箭发射器、无坐力发射器、轻型燃烧武器、单兵导弹等。

枪械通常包括手枪、冲锋枪、步枪、机枪和特种枪（霰弹枪、防暴枪、救生枪、信号枪）等。

手榴弹的基本弹种是杀伤手榴弹，另外还有反坦克、燃烧、烟幕等弹种。

枪榴弹主要有杀伤、破甲、烟幕、燃烧和照明等类型。

榴弹发射器可分为枪械型和迫击炮型两大类。枪械型又有结合在步枪枪管下面的枪挂式榴弹发射器、步枪式肩射榴弹发射器（也称榴弹枪）和机枪式架射自动榴弹发射器（也称榴弹机枪）之分；迫击炮型可抵地发射，主要包括掷弹筒和弹射榴弹发射器。

火箭发射器包括各类火箭筒、枪发大威力攻坚火箭弹和其他小型火箭发射装置。

无坐力发射器有后喷火药燃气式和平衡抛射式两种。

轻型燃烧武器包括便携式喷火器及其他一些专用燃烧器材。便携式喷火器是一种单兵使用的喷射火焰射流的近距离火攻武器，主要用于消灭依托工事据守的有生力量，抗击冲击的集群步兵，特别适于攻击坑道、洞穴和火力点等坚固工事。

单兵导弹为一种单兵可以携行使用的导弹，主要用于反坦克或防低空飞行目标作战。

（三）轻武器的特点和作用

1. 轻武器的特点

（1）重量轻、体积小、携带方便、开火迅速；

（2）环境适应性强，特别适于在近战和敌后斗争中使用；

（3）能适应多种作战任务，如杀伤人员、毁伤装甲、打击低空目标、引火焚烧、施放烟幕、镇压暴乱等；

（4）结构简单，易于制造，便于维护保养，成本低廉，适于大量生产、大量装备。

2. 轻武器的主要作用

轻武器具有其他武器不可替代的功能和作用，其基本作战用途是在近距离内杀伤活动目标，毁伤轻型装甲目标、低空飞行目标，破坏敌方设施和军事器材，往往是在看得见的距离上进行交火，广泛用于实施近距离火力攻击和在丛林、山岳、城镇等特种环境中使用。

二、主要枪械介绍

（一）56 式半自动步枪

1. 战斗性能

56 式半自动步枪口径 7. 62 毫米，枪全重 3. 85 千克，枪全长 1. 33 米，普通弹初速 735 米/秒，弹头最大飞行距离约 2000 米。56 式半自动步枪是步兵分队在近战中消灭敌人有生力量的主要武器。它对 400 米内的单个目标射击效果最好，集中火力可射击 500 米内的飞机、伞兵和杀伤 800 米内的集团目标，弹头飞行到 1500 米仍有杀伤力。半自动步枪战斗射速每分钟 35~40 发。使用 56 式普通弹，在 100 米距离上能射穿 6 毫米厚的钢板，15 厘米厚的砖墙，30 厘米厚的土层和 40 厘米厚的木板。

2. 主要机件

半自动步枪由枪刺（刺刀）、枪管、瞄准具、活塞及推杆、机匣、枪机、复进机、击发机、弹仓、木托十大部分组成，另有一套附品。其中，枪刺（刺刀）用以刺杀敌人；枪管用以赋予弹头的飞行方向；瞄准具由表尺和准星组成，用以瞄准；弹仓用以容纳和托送子弹。可装上 10 发子弹；木托便于操作，木托上有下护木、枪颈、枪托、托底板和附品筒巢，附品用以分解结合、擦拭上油、携带和排除故障，附品包括擦拭杆、鬃刷、冲子、附品筒、通条、油壶、背带和子弹袋。

（二）81 式自动步枪（图 7-1）

1. 战斗性能

81 式自动步枪口径 7. 62 毫米，枪全重 3. 5 千克，枪全长 1105 毫米（不装刺刀 955 毫米，枪托折叠状态 730 毫米），普通弹的初速 710 米/秒，弹头最大飞行距离约 2000 米。可实施短点射（2~5 发）、长点射（6~10 发）和单发射。点射每分钟 90~110 发，单发射每分钟 40 发，理论射速每分钟 680~750 发。

能用实弹直接从枪管发射 40 毫米枪榴弹，对单位目标在 400 米内射击效果最好，集中火力可以射击 500 米内的飞机、伞兵及集团目标，弹头在 1500 米处仍有杀伤力，在 290

米内使用枪榴弹可杀伤有生力量和击毁装甲目标。使用56式普通弹在100米距离上能射穿6毫米厚的钢板、15厘米厚的砖墙、30厘米厚的土层和40厘米厚的木板。使用杀伤枪榴弹，在290米距离内射击时，有效杀伤半径为14米，使用破甲枪榴弹在290内射击，其破甲能力为250毫米。

2. 主要机件

81式自动步枪十大部件包括：刺刀（匕首）、枪管、瞄准具（准星、缺口）、活塞及调节塞、机匣、枪机、复进机、击发机、弹匣、枪托。81式自动步枪与81式班用轻机枪组成班用枪族，活动机件和弹匣、弹鼓可以互换。

图7-1 81式自动步枪

（三）95式自动步枪（图7-2）

1. 战斗性能

95式自动步枪是由中国兵器装备集团公司208研究所研制的一款突击步枪，该步枪口径5.8毫米，为无托式结构，可实施单发射、短点射（2~5发）和长点射（6~10发），点射100发/分钟，单发射40发/分钟，理论射速650发/分钟。

95式自动步枪是我军较新式的一种近距离消灭敌人的自动武器，对单个目标在400米距离内射击最佳，集中火力可射击500米内敌人的飞机、伞兵以及集团目标。使用1987式普通弹在300米距离上能射穿10毫米厚的A3钢板；在600米距离上，在贯穿2毫米厚的冷轧钢板后，仍能贯穿14厘米厚的松木板。能用实弹发射40毫米系列枪榴弹，使步兵具有点面杀伤和反装甲能力，表尺射程破甲枪榴弹120米、杀伤枪榴弹250米，最大射程400米。必要时，还可加挂枪挂式防暴榴弹发射器，发射35毫米系列防暴榴弹，以完成特殊任务。

2. 主要机件

95式自动步枪由刺刀（匕首）、枪管、瞄准装置、导气装置、护盖、机匣、枪机、复进机、击发机、弹匣和枪托十一大部分组成，另有一套附品。

图7-2 95式自动步枪

（四）枪弹

枪弹由弹头、弹壳、底火和发射药组成。

弹头是用来直接杀伤和破坏目标的重要部分；弹壳用以连接弹头、底火，并容纳发射药，使之成为一个整体；底火用以点燃发射药；发射药用以燃烧后产生火药燃气，推送弹头前进。

枪弹的种类、用途和标志：

（1）普通弹：用以杀伤敌人的有生力量。

（2）曳光弹：主要用以试射、指示目标和作信号，命中干草能起火。曳光弹距离可达800米。弹头头部为绿色。

（3）燃烧弹：内装燃烧剂，用以引燃易燃物体。弹头头部为红色。

（4）穿甲燃烧弹：主要用以射击飞机和轻装甲目标（200米距离上穿甲厚度为7毫米），并能在穿透装甲后引燃汽油。弹头头部为黑色并有一道红圈。

三、轻武器的保养

要保养好轻武器装备必须做到“两勤四不”，即勤检查、勤擦拭，不碰摔、不生锈、不损坏、不丢失。

（一）勤检查

（1）检查武器外部是否有污垢、锈痕和碰伤，尤其是准星和表尺是否弯曲和松动。

（2）检查枪膛内是否有污垢、生锈和损伤。

（3）检查各机件运行是否灵活，有无锈痕和损坏，要特别检查击针。

（4）检查附品是否齐全完好，子弹有无锈蚀、凹陷、裂缝和松动。

（二）勤擦拭

（1）枪支入库后要彻底擦拭、涂油保养，预计半年以上暂不使用的枪支，应当用油纸将枪支包裹密封。

（2）入夏、入冬前，要检查保养情况，分解擦拭，重新上油。

（3）擦拭枪支时，要对枪支进行彻底分解，确保对枪支每个零部件的上油保养。

（4）擦拭完的枪支，要进行空枪上膛击发试验，确保枪支性能。

（5）实弹射击后要立即彻底分解擦拭保养，并在三、四天内要连续每天对受火药气体熏染过的零件进行擦拭涂油，确保步骤到位。

（6）经常使用的枪支由使用人负责保养，都要做到每天一小擦、每周一大擦（分解程度视需要而定）。

（7）擦拭枪支要有领导、有组织、注意安全，不准个人随意摆弄枪支。

四、射击原理

（一）发射与后坐

火药气体压力将弹头从膛内推出去的现象叫作发射，发射时武器向后运动的现象叫作后坐。

发射药燃烧时，产生的气体同时作用于各个方向，作用于膛壁周围的压力为膛壁所抵消；向前作用于弹头后部的压力推送弹头前进；向后作用于弹壳底部的压力经过枪机传给整个武器，使武器向后运动，形成后坐。武器的后坐与弹头的运动是同时开始的。在弹头脱离枪口的瞬间，大量的火药燃气随弹头后部从膛内向外喷出，形成反作用力，使武器后坐更加明显。

后坐对单发（连发首发）射击的影响极小。因为弹头在膛内的时间极短，约为千分之一秒，并且枪比弹头重得多，弹头在脱离枪口以前，枪的后坐只有 1 毫米多，而且是正直向后运动的，加之衣服和肌肉的缓冲，射手是感觉不出来的。射手感觉到的后坐，主要是人体缓冲枪身已获得的速度引起的，此时弹头已脱离枪口，因此，后坐对单发（连发首发）射击的命中影响极小。后坐对连发射击的命中有一定的影响。因为连发射击时，第一发子弹发射后，枪的明显后坐改变了原来的瞄准线，所以对第二发以后的射弹命中有一定的影响。但只要射手对握枪的要领掌握准确，适应连发武器射击时的后坐规律，就能减小后坐对连发命中的影响。

（二）弹道

1. 弹道的形状

弹头脱离枪口在空气中飞行的路线，叫作弹道。

弹头脱离枪口后，如果没有地心引力和空气阻力的作用，它将保持其获得的速度，沿着发射线无止境地匀速飞行。但实际上，弹头脱离枪口在空气中飞行时，会同时受到地心引力和空气阻力的双重作用，地心引力作用使弹头一面飞行一面逐渐下降，空气阻力作用使弹头的飞行速度逐渐减小，因此，弹道（膛外弹道）是一条升弧较长较直、降弧较短较弯曲的不均等的弧线，如图 7-3 所示。

各种枪的最大射程角为 30°~50°，用小于这个最大射程角的射角射击时所获得的弹道为低伸弹道。低伸弹道杀伤的区域纵深大，用大于这个最大射程角的射角射击时所获得的弹道为弯曲弹道。弯曲弹道能有效地杀伤隐蔽物后面的各种目标。

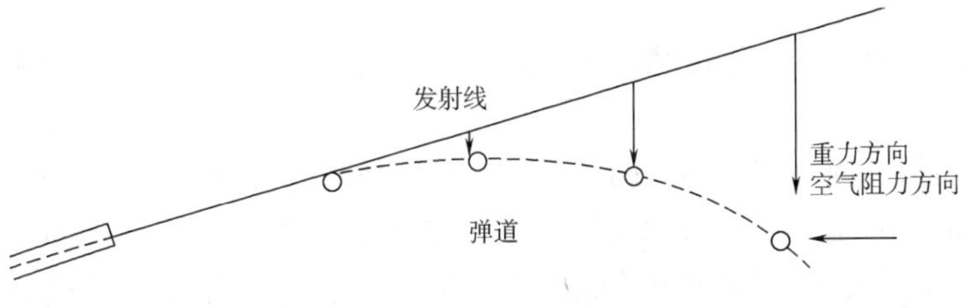

图 7-3　弹道的形成过程

2. 弹道的要素（图 7-4）

起点：火身口中心点（弹道开始点）。

火身口水平面：通过起点的水平面。

射线：发射前火身轴线的延长线。

射角：射线与火身口水平面所夹的角。

发射线：发射瞬间火身轴线的延长线。

发射角：发射线与火身口水平面所夹的角。

弹道最高点：火身口水平面上弹道最高的一点。

升弧：由起点到弹道最高点的弹道。

降弧：由弹道最高点到落点的弹道。

弹道高：弹道上任何一点到火身口水平面的垂直距离。

最大弹道高：弹道最高点到火身口水平面的垂直距离

射程：起点到落点的水平距离。

落角：落点的弹道切线与火身口水平面的夹角。

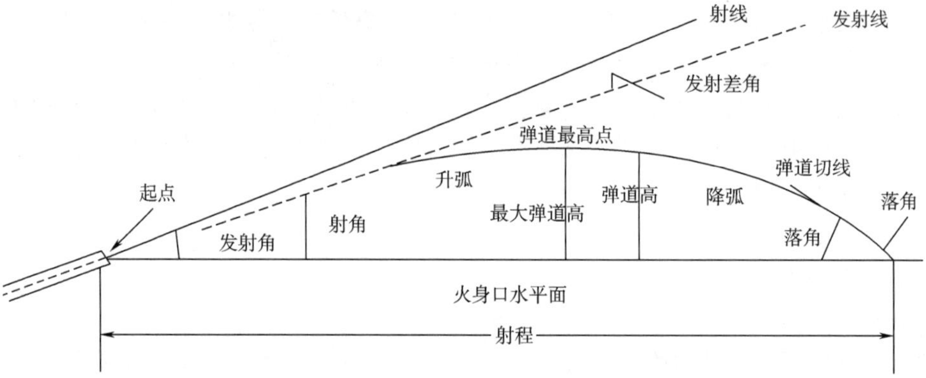

图 7-4　弹道的要素

3. 弹道的实用意义（图 7-5）

弹道高没有超过目标高的一段距离，叫作危险界，从弹头不能射穿的遮蔽物顶端到弹着点的一段距离叫遮蔽界，目标在遮蔽界内不会被杀伤的一段距离叫死角。

决定遮蔽界和死角大小的条件有以下几点：

（1）遮蔽物的高低：同一目标，同一弹道，遮蔽物越高，遮蔽界和死角就越大；反之就越小。

（2）落角的大小：同一遮蔽物，同一目标，落角越小，遮蔽界和死角就越大；反之就越小。

（3）目标高低：同一遮蔽物，同一弹道，目标越高，死角越小；反之就越大。

了解危险界、遮蔽界和死角的实用意义，是为了在战斗中更好地隐蔽身体，发扬火力，灵活地利用地形地物，隐蔽地接近敌人，以减少被敌火杀伤，并选择适当的射击位置，以侧射、斜射火力消灭死角的敌人。

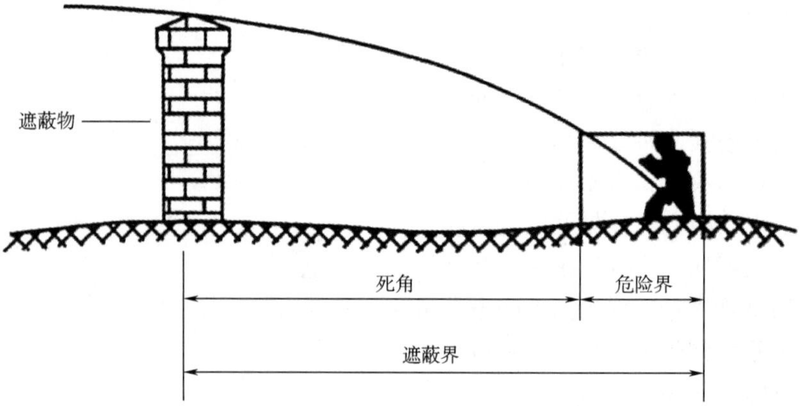

图 7-5　弹道的实用意义

（三）选定表尺分划和瞄准点

由于重力和空气阻力的作用，如果用枪管瞄向目标射击，射弹就会打低或打近。为了命中目标，必须将枪口抬高，使火身轴线和瞄准线之间形成一定的夹角，即瞄准角。

瞄准角的大小是根据射弹在不同距离上的降落量来确定的。距离越远，所需要的瞄准角也就越大；距离越近，降落量越小，所需要的瞄准角也就越小。瞄准具就是根据这一原理设计成的。

可见，瞄准具的作用就是在对一定距离上的目标射击时，赋予武器相应的瞄准角和射向。射击时，只要按照目标的距离装定表尺分划瞄准射击，就能命中目标。

1. 瞄准的要素（图 7-6）

瞄准基线：缺口的上沿中央到准星尖的直线。

瞄准线：视线通过缺口上沿中央和准星尖的延长线。

瞄准点：瞄准线所指向的一点。

瞄准角：射线与瞄准线的夹角。

高低角：瞄准线与火身口水平面的夹角（目标高于火身口水平面时，高低角为“+”；目标低于火身口水平面时，高低角为“-”）。

瞄准线上弹道高：弹道上的任何一点到瞄准线的垂直距离。

落点：弹道降弧与瞄准线的交点。

弹着点：弹道与目标表面或地面的交点。

命中角：弹着点的弹道切线与目标表面或地面所夹的角。命中角通常以小于 90 度的角计算。

表尺距离：起点到落点的距离。

实际射击距离：起点到弹着点的距离。

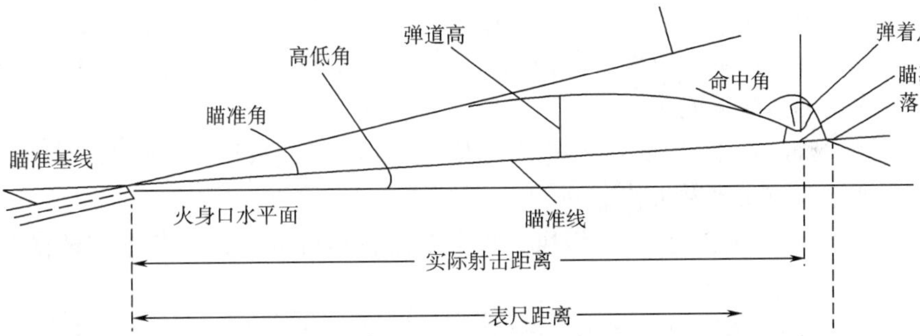

图 7-6　瞄准的要素

2. 如何选定表尺分划和瞄准点

为了使射弹更准确地命中目标，射击时，射手应根据目标距离、大小和武器的弹道高，正确地选定表尺分划和瞄准点。

（1）定实距离表尺分划，瞄目标中央。目标距离为百米整数时，可根据目标的距离装定相应的表尺分划，瞄准点选在目标中央。如自动步枪对 100 米距离人胸靶射击时，定表尺“1”，瞄准目标中央射击，即可命中目标中央。

（2）定大于或小于实距离表尺分划，适当降低或提高瞄准点。目标距离不是百米整数时，通常选定大于实距离表尺分划，根据武器和该距离上的弹道高，相应降低瞄准点射击。如冲锋枪在250米距离上对人胸目标射击时，定表尺“3”，在250米处的弹道高为19厘米，这时，瞄准目标下沿中央射击，即可命中目标中央。也可选定小于实距离的表尺分划，根据武器在该距离上的负弹道高，相应提高瞄准点射击。

（3）定常用表尺分划，小目标瞄下沿，大目标瞄中央。战斗中，对300米距离以内的目标射击时，通常定常用表尺（表尺“3”）分划，小目标瞄下沿，大目标瞄中央射击，即可命中。如自动步枪常用表尺对300米以内人胸目标（高50厘米）射击时，瞄目标下沿，则整个瞄准线上最大弹道高为33厘米，没有超过目标高，那么只要目标在300米距离内，都会被杀伤。

在战场上，目标出现突然，大小暴露不一，且距离不断变化，用此种方法，对300米以内的目标不需要变更表尺分划即可实施射击，可以争取时间，提高战斗射速，增大射击效果。因此，此种方法在实战中有着重要的实用意义，是战斗中常用的一种方法。

（四）外界条件对射击的影响及修正

1. 风对射弹的影响及修正

风是一种具有速度和方向的气流，它能改变射弹的飞行方向和距离。在各类外界条件下，风对射弹的飞行影响最大。因此，必须准确地判定风向和风力，根据风对射弹的影响进行修正，以保证射弹准确命中目标。

（1）风向、风力的判定。按风向与射向所成角度可分为：横风、斜风、纵风（顺风和逆风）。横风是指从左或右与射向成90度刮来的风。斜风是指与射向成锐角的风，射击时，通常以与射向成45度角的风计算。风与射向成60度角时，可按横风计算。小于30度角时可按纵风计算。纵风是指从后或前与射向平行吹来的风。顺射向吹来的风为顺风；逆射向吹来的风为逆风。

气象学将风划分为12个等级。在军事上，为了便于区分和应用，可以按风力的大小将风划分为强风、和风和弱风三种。风力的大小，可用测风仪测出，也可根据人的感觉和常见物体被风吹动的情况来判定。

强风风速8~12m/s，相当于5~6级风。现象：旗帜刮成水平并哗哗响，草倒地于面，粗树枝摇动，烟被吹成水平并很快散开。

和风风速4~7m/s，相当于3~4级风。现象：旗帜展开并飘动，草不停地摆动，细树枝晃动，烟被吹斜但未散开。

弱风风速2~3m/s，相当于2级风。现象：旗帜微微动，草微动，细树枝微动，烟稍斜上升。

（2）横（斜）风对射弹的影响及修正（图7-7）。横风会使射弹产生方向偏差，风力越大，距离越远，射弹偏差就越大。射击时，为了准确地命中目标，必须将瞄准点或横表尺向风吹来的方向修正。修正时，以横方向的和风修正量为准，强风加一倍，弱风减一半。斜方向的强（和）风，应按横方向的强（和）风修正量减一半，修正量从目标中央算起。横表尺修正后瞄准点不变。例如，横向风条件下，持81式自动步枪射击400米内目标时，可按照如下口诀修正：100不用修，200瞄耳线，300瞄边沿，400边接边。

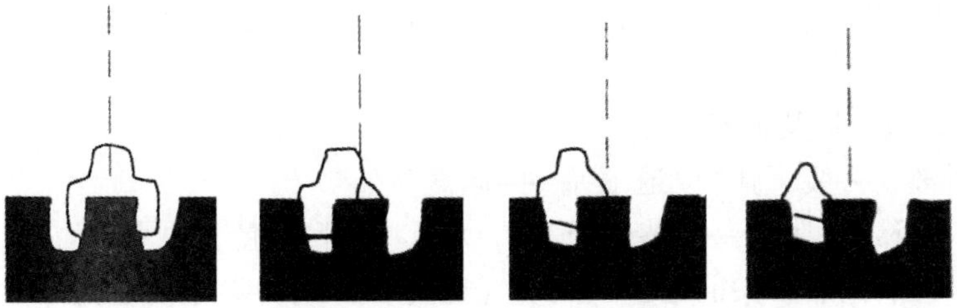

图 7-7　横风的修正情况

（3）纵风对射弹的影响及修正。纵风会使射弹打高或打低，但风速小于 10m/s 时，影响就较小，在 400 米内不必修正。如对远距离射击时，可稍降低或提高瞄准点。修正时，应注意风向风力的不断变化，灵活运用。

2. 阳光对瞄准点的影响及克服方法

在阳光下瞄准时，由于阳光照射作用，缺口部分产生虚光，形成三层缺口：虚光部分、真实部分、黑实部分。若用虚光瞄准，射弹就会偏向阳光照来方向；若用黑实部分瞄准，射弹就会偏向阳光照来的反方向。如不注意辨清真实缺口的位置，就容易产生误差，使射弹产生偏差。

因此，射手应多在不同方向的阳光照射下练习瞄准。若用虚光瞄准，射弹就偏向阳光照来的方向。阳光从右上方照来时，缺口的左边和上沿产生虚光，用虚光部分瞄准，准星实际上偏右高。因此，射弹偏右上。阳光从左上方来，用虚光部分瞄准，射弹则偏左上。练习时，可采取遮光瞄准、不遮光检查，或不遮光瞄准、遮光检查的方法，反复区别，去伪存真，用真实部分进行瞄准。瞄准时间不宜过长，以免眼花而产生偏差。平时应注意保护好瞄准具，不使其磨亮发光。

3. 气温对射弹的影响及修正

气温变化时，空气密度也随之改变，因而影响弹头的飞行速度。气温高，空气稀薄，对弹头的阻力小，就打得远（高）；气温低，空气稠密，对弹头的阻力大，就打得近（低）。

修正气温影响时，一般以 15°为标准。射击时，若气温差别不大，在 400 米内对射弹命中影响较小，不必修正。

五、武器操作与实弹射击

（一）射击准备

1. 向弹匣内装填子弹

口令：“装填弹匣”“起立”。

要领：听到“装填弹匣”口令后，右手移握上护木，使枪口向前，背带从肩上脱下，同时左脚向前迈出一步，右膝跪下，臀部坐在右脚跟上，右手将枪置于左腿内侧，枪面向里位于左肩。右手从弹袋内取出空弹匣或从枪上卸下空弹匣，使弹匣口向上、挂耳向左前交给左手，右手将子弹放在弹匣口上，两手协力，将子弹压入弹匣内。装好后，弹匣口向下、挂耳向左装入弹袋内并扣好，左手位于左膝上，右手握上护木，目视前方。

听到“起立”口令后，迅速起立，左手反握护木，将枪倒置于胸前，右手拇指挑起背带。同时，身体半面向左转，在右脚靠拢左脚的同时，两手协力将枪送上右肩，恢复肩枪姿势。

2. 卧姿、装退子弹及定复表尺

口令："卧姿——装子弹""退子弹——起立"

动作要领：听到"卧姿——装子弹"口令后，右手移握上护木，使枪口向前（背带从肩上脱下），左脚向右脚尖前迈出一大步（也可右脚顺脚尖方向迈出一大步），左手在左（右）脚前撑地，顺势卧倒。以身体左侧、左肘支持全身。右手将枪向目标方向送出，左手接握下护木，枪面稍向左，枪托着地，右手卸下空弹匣（弹匣口向后，挂耳向下），交给左手握于护木右侧，解开弹袋扣，换上实弹匣，将空弹匣装人弹袋内并扣好。拇指打开保险，拉枪机送子弹上膛，关上保险，右手拇指和食指转动表尺轮，装定所需分划。然后，右手移握握把，全身伏地，两脚分开约与肩同宽，身体右侧与枪身略成一线，目视航准备射击。

听到"退子弹——起立"口令后，稍向左侧身，右手卸下实弹匣交给左手，打开保险，拇指慢拉枪机向后，余指接住从膛内退出的子弹，送回枪机，将子弹压入弹匣内，解开弹袋扣，换上空弹匣装入弹袋内并扣好，扣扳机，关保险，复表尺，移握上护木，将枪收回，同时左小臂向里合，屈左腿于右腿下。在左手和两脚撑起身体，右脚向前一大步，左脚再向前一步，左手反握护木，将枪倒置于胸前，右手拇指挑起背带，在右脚靠拢左脚的同时，两手协力将枪送上右肩，恢复肩枪姿势。

3. 跪姿、装退子弹及定复表尺

口令："跪姿——装子弹""退子弹——起立"。

动作要领：听到"跪姿——装子弹"口令后，右手移握上护木，使枪口向前（背带从肩上脱下），左脚向右脚前方迈出一步，右手将枪向目标方向送出，左手接握下护木，同时右膝向右跪下，脊部坐在右脚跟上，左小腿略垂直，两腿约成90°角，左小臂放在大腿上，枪面稍向上左，准星约与肩同高。然后，按要领换上实弹匣，打开保险，送子弹上膛，关保险，定表尺，右手移握握把，目视前方，准备射击。

听到"退子弹——起立"口令后，按要领卸下实弹匣，打开保险，退出膛内子弹，换上空弹匣，扣扳机，关保险，复表尺，移握上护木，左脚尖向外打开，同时起立，左手反握护木，将枪倒置于胸前，右手拇指挑起背带，在右脚靠拢左脚的同时，两手协力将枪送上右肩，恢复肩枪姿势。

4. 立姿、装退子弹及定复表尺

口令："立姿——装子弹""退子弹"。

动作要领：听到"立姿——装子弹"口令后，右手移握上护木使枪口向前（背带从肩上脱下），以右脚掌为轴，身体大半面向右转，左脚顺势向前迈出一步（两脚分开约与肩同宽），体重落在两脚上，右手将枪向目标方向送出。左手接握下护木，左大臂紧靠左肋，枪托贴于右胯，准星约与肩同高。然后，按要领换上实弹匣，打开保险，送子弹上膛，关保险，定表尺，右手移握握把，目视前方，准备射击。

听到"退子弹"口令后，按要领卸下实弹匣，打开保险，退出膛内子弹，换上空弹匣，扣扳机，关保险，复表尺，右手移握上护木，身体大半面向左转，左手反握护木，将枪倒置于胸前，右手拇指挑起背带，在右脚靠拢左脚的同时，两手协力将枪送上右肩，恢复肩枪姿势。

（二）据枪、瞄准、击发

据枪、瞄准、击发是互相联系和互相影响着的动作。稳固持久地据枪、正确一致地瞄准、均匀正直地击发，三者正确结合是准确射击的关键。因此，必须刻苦练习，熟练掌握。

1. 卧姿需依托据枪、瞄准、击发

为了获得更好的射击效果，应力求利用地物和构筑依托物实施射击。依托物的高度应以射手的身体而定，一般为25~30cm，依托物内侧应陡些。在紧急情况下，还应善于利用不同高度的依托物实施射击。

（1）据枪。下护木前端放在依托物上，身体右侧与枪身略成一线，右手拇指将保险机定到所需的位置，虎口向前紧握握把，食指第一关节靠在扳机上，右肘里合着地外撑，右大臂略垂直于地面。左手握护木（也可握弹匣），左肘着地外撑，两肘保持稳固，胸部挺起，身体稍前跟（右肘不离地），上体自然下塌；两手用力保持不变，使枪托确实抵于肩窝。头稍前倾，自然贴腮。

（2）瞄准。据枪后，应首先使瞄准线自然指向目标。若未指向目标，不可迁就而强扭枪身，必须调整姿势。需要修正方向时，可左右移动身体或两肘。需要修正高低时，可前后移动整个身体或两肘里合、外张（连发射击时，右肘不宜外张），也可适当调整依托物的高低。

（3）击发。击发时，用右手食指第一关节均匀正直地向后扣压扳机（食指内侧与枪之间应有不大的空隙），余指力量不变。当瞄准线指向瞄准点时，应停止呼吸，继续增加对扳机的压力，直至击发。击发瞬间应保持正确一致的瞄准。若瞄准线偏离瞄准点或不能继续停止呼吸时，应既不增加也不放松对扳机的压力，待修正或换气后，再继续扣压扳机。

操纵点射时，应稳扣快松，扣到底松开为2~3发。在扣扳机的过程中，应始终保持姿势稳固，操枪力量不变，以提高连发射击命中精度。

2. 卧姿无需依托据枪、瞄准、击发

（1）据枪。卧姿无依托据枪时，左手托握下护木或弹匣，左小臂尽量里合于枪身下方，小臂与大臂约成90°角，将枪自然托住。右手握把，大臂略成垂直，两肘保持稳固，两手垂直向后用力，使枪托确实抵于肩窝，自然贴腮。

（2）瞄准。首先使瞄准线自然指向目标。若未指向目标，不可迁就而强扭枪身，必须调整姿势进行修正。需要修正方向时，可左右移动身体或两肘。需要修正高低时，可前后移动整个身体或两肘里合、外张，也可适当移动左手托握下护木或弹匣的位置。

（3）击发。当瞄准线接近瞄准点时，开始预震颤扳机并减缓呼吸。当瞄准线在瞄准点附近轻微晃动时，应停止呼吸，继续增加对扳机的压力，果断击发（切忌为捕捉瞄准点而猛扣扳机）。击发瞬间应保持正确一致的瞄准。若瞄准线偏离瞄准点较远时，则不放松也不增加对扳机的压力，待修正后再继续扣压扳机。

（三）实弹射击

实弹射击是射击训练的重要组成部分，是检验射手是否掌握射击动作要领的有效方法。实弹射击如组织不当容易产生枪伤事故，乃至人员伤亡。因此，周密的组织、严格的安全措施和纪律规定是十分重要的。

1. 实弹射击的组织

实弹射击要成立领导小组，制定实弹射击方案，组织好实弹射击和搞好射击保障。实弹射击前，必须进行思想动员和安全教育，并对参加实弹射击的所有人员规定各种信号、记号，宣布射击场工作人员的组成及其职责。

射击场应设总指挥员、地段指挥员、靶壕指挥员和警戒、信号、示靶、发弹、记录、修理、医务等人员。各类人员的职责如下。

总指挥员：负责设置场地、派遣勤务，组织指挥射击，监督全体人员遵守射击场的各项规定和安全规则及处理有关问题。

地段指挥员：负责本地段的指挥。

靶壕指挥员：负责组织设靶、示靶、报靶、补靶及处理有关问题。

警戒人员：负责全场警戒，严禁任何人员和牲畜进入警戒区。发现险情，应立即发出信号并向射击场指挥员报告。

信号员：根据射击场指挥员的命令发出各种信号，负责警戒区内的观察，发现险情立即报告。

示靶员：负责设靶、示靶、报靶和补靶工作。

发弹员：根据指挥员的命令，按规定弹种、弹数发给射手子弹，收回剩余子弹。射击终止后，负责清查弹药和收回弹壳。

记录员：负责记录射手的成绩和统计单位成绩。

实弹射击设立的后勤保险组，主要负责实弹射击人员进退射击场的组织、交通运输、饮食保障、医疗及安全等事宜。上述各类人员均属总指挥员领导。

2. 实弹射击场的安全规则

射击场必须有可靠的靶挡，并构筑确保安全的示靶壕。射击场应区分出发地线和射击地线。无关人员不得超过出发地线。

射击前，射击指挥员应向全体人员明确戒严、开始射击、停止射击、报靶、射击终止等信号规定。射击前后必须严格检查武器（验枪），进入射击场后，不管枪内有无子弹，严禁枪口对人，不准私带子弹进入靶场。

射击信号发出后，示靶员、报靶员绝对禁止出壕或探头观望。

射击时，如遇武器发生故障，除指挥员指定专人排除外，严禁他人自行处理。报靶时，严禁向靶区瞄准，无关人员不得进入射击地带摆弄武器。

当指挥员下达停止射击的命令后，射手应立即停止射击，放下武器并关上保险。靶场全体工作人员只能在规定的区域内活动，不得擅自行动。所有人员离开规定区域必须经领导批准后方可行动。对靶场违纪行为，指挥员将视情况采取果断措施予以制止。枪支弹药必须由专人负责，不得失控。靶场各级各类工作人员，必须忠于职守，尽职尽责，确保实弹射击的安全顺利实施。

3. 报靶

报靶杆圆头（直径 15~20 厘米，一面红或黑，一面白），放在靶板（靶子）的不同位置数环数。

左下角为 1 环，正下方为 2 环；

右下角为3环，左中间为4环；
右中间为5环，左上角为6环；
正上方为7环，右上角为8环；
在靶板中央上下移动为9环；
在靶板中央左右摆动为10环；
围绕靶板画圆圈为脱靶。

为了报出弹着点的偏差，报出环数后，将报靶杆圆头放在靶板中央（白面朝外），再慢慢向偏差方向（弹着点）移出靶板2次。

第二节 单兵战术与分队战术

一、单兵战术基础动作

（一）敌火力下运动

敌火力下运动是指在敌人火力威胁下，向敌前进或实施机动的行动。应根据敌情、任务、地形情况，采取不同的运动姿势和方法，正确处置各种情况，迅速隐蔽地实施行动。

战士在敌火力下运动时，应按班（组）长的口令，充分利用火力掩护、烟雾迷惑和有利地形，趁敌火力减弱、中断、转移和坦克炮塔转向等有利时机，采取不同的姿势和方法，迅速隐蔽地前进。还应充分利用浓雾、风雨等自然条件，有时还可采取欺骗、迷敌手段创造条件突然前进。运动前战士应根据敌情、任务和地形的不同选择好前进路线和暂停位置；运动中，应不间断地观察敌情、地形和班（组）长的指挥，灵活地变换各种运动姿态和方法，保持前进方向和邻兵的协同动作。

1. 敌火力下运动的姿势和方法

（1）卧倒、起立。

①卧倒。

口令：“卧倒”。

要领：左脚向右脚尖前迈出一大步，左腿弯曲，上体前倾，两眼注视前方，左手顺着左脚方向伸出，掌心向下，手指稍向右，以左膝、左手、左肘的顺序着地，迅速卧倒，左小臂横贴地面上，右手腕压在左手腕上；两手握拢，手心向下，两腿伸直，两脚分开与肩同宽，脚尖向外。也可以右脚向前一大步，左手撑地迅速卧倒。

携枪卧倒时，右手提枪并握背带，其余要领同徒手；卧倒后，右手将枪轻贴身体右侧，枪面向右，枪管放在左手臂上。

②起立。

口令：“起立”。

要领：转身向右，两眼注视前方，左腿自然微弯，左小臂稍向里合，以左手、左膝、左脚的支撑力，将身体支起，同时右脚向前迈出一大步，左脚再迈出一步，右脚靠拢左脚，成立正姿势。

（2）直身、屈身前进。

①直身前进。直身前进是在距敌较远，地形隐蔽，敌观察、射击不到时采用的运动

方法。

口令："向××——直身前进"。

要领：目视前方，右手持枪，大步或快步前进。

②屈身前进。屈身前进是在遮蔽物略低于人体时采用的运动方法。

口令："向××——屈身前进"。

要领：目视前方，右手持枪，上体前倾，头部不要高出遮蔽物，两腿弯曲（屈身程度视遮蔽物高低而定)，大步或快步前进。

（3）跃进、滚进、匍匐前进。

①跃进。跃进是在敌火力下迅速通过开阔地时采用的运动方法。跃进时，要做到跃起快、前进快、卧倒快。跃进前，应先视察前方地形，选择好前进路线和暂停位置，而后，迅速突然地前进。

口令："向××——跃进"。

要领：如卧姿跃起时，可先向左（右）移（滚）动，以迷惑敌人，在收枪的同时屈左腿于右腿下，右手提枪，以左手、左膝、左脚的支撑力将身体支起，同时出右脚前进。前进时，右手持枪，目视敌方，屈身快跑。跃进的距离和速度应根据敌火力和地形而定，通常每次跃进的距离为 15~30 米。当进到暂停位置或遭敌猛烈射击时，应迅速隐蔽或卧倒。

②滚进。滚进是在卧姿时，为避开敌人观察、射击而左右移动或通过棱线时采用的运动方法。

口令："滚进"。

要领：将枪关上保险，左手握枪标尺上方，右手握枪颈附近或两手上握护木，枪面向右，顺置于胸、腹前抱紧，两臂尽量里合，两脚腕交叉或紧紧并拢，全身用力向移动方向滚进。

③匍匐前进。匍匐前进是在通过敌步兵火力封锁较短的地段或利用较低的遮蔽物前进时采用的运动方法。根据遮蔽物的高低分为低姿匍匐、高姿匍匐、侧身匍匐和高姿侧身匍匐四种。

A. 低姿匍匐，是在遮蔽物高约 40 厘米时采用的运动方法。

口令："向××——低姿匍匐前进"。要领：腹部贴于地面，屈回右腿，伸出左手，用右脚内侧的蹬力和左手的扒力使身体前移。在移动的同时，屈回左腿，伸出右手，用同样的方法交替使身体前进。携枪时，右手掌心向上，枪面向右，虎口卡住机柄，并握住背带，枪身紧靠右臂内侧。也可右手虎口向上，握枪的上背带环处，食指卡住枪管，将枪置于右小臂上。

B. 高姿匍匐，是在遮蔽物高约 60 厘米时所采用的运动方法。

口令："向××——高姿匍匐前进"。

要领：用两小臂和两膝支撑身体前进。携枪方法同低姿匍匐。

C. 侧身匍匐，是在遮蔽物高约 60 厘米时所采用的运动方法。

口令："向××——侧身匍匐前进"。

要领：身体左侧及左小臂着地，左小臂向前倾斜支撑上体，左腿弯曲，右腿收回，右腿靠近臀部着地，右手握枪，靠左臂的支撑力和右脚跟的蹬力使身体前移。

D. 高姿侧身匍匐，是在遮蔽物高约 80~100 厘米时所采用的运动方法。

口令：“向××——高姿侧身匍匐前进”。

要领：左手和左小腿外侧着地，右手提枪，以左手的支撑力和右脚的蹬力使身体前移。

2. 利用和通过各种地形的方法

利用地形是战士的基本战斗动作，是单兵战术的基础，也是保存自己、消灭敌人的最直接的行为。在利用地形时，应该做到“三便于、三不要、一避开”，即：便于观察、射击和隐蔽身体，便于接近、利用与离开，便于防敌地面和空中火力的杀伤；不要妨碍班（组）长指挥邻兵的动作和火器射击，不要几个人拥挤在一起，以免增大伤亡，不要在一地停留过久；尽量避开独立、明显、易燃、易塌的物体和难于通行的地段。

利用地形地物的方法：

（1）堤坎、田埂的利用。横向的利用背敌斜面或残缺部位；纵向的通常利用弯曲部或顶端一侧，依其高度取适当姿势。堤坎高于人时，应挖踏脚孔或阶梯。

（2）土（弹）坑、沟渠的利用。通常利用其前沿，纵向沟渠利用弯曲部。根据敌情和坑的大小、深度，以跳、滚、匍匐等方法进入，并取得适当姿势。

（3）树木的利用。通常利用其右后侧，根据树木的粗细取适当的姿势。树干粗（直径 50 厘米以上），可取各种姿势；树干细，通常采取卧姿。若取立姿时，应尽量将身体左侧、左大臂（或左小臂）、左膝紧靠树木，右脚稍向后蹬。

（4）墙壁、墙脚、门窗的利用。按其高度取适当姿势。矮墙可利用顶端或残缺部，墙高于人体时，可将脚垫高或挖射孔。墙角通常利用右侧，左小臂紧靠墙角，取适当姿势。门通常利用左侧。窗可利用左（右）下角。

通过各种地形的方法：

（1）通过开阔地。距敌较远通过开阔地时，通常应持枪（筒）快步通过；距敌较近、敌火力封锁较严时，应趁敌方火力中断、减弱、转移和被我火力压制等有利时机跃进通过。

（2）通过道路。通过道路时，一般应选择拐弯处、涵洞、树木等隐蔽地点迅速通过。若敌方火力威胁不大，可不停地快跑通过；敌方火力封锁较严时，应先隐蔽地接近，周密观察道路情况和敌火力规律，而后突然跃起、快速前进。

（3）通过隘路、山垭口。通过隘路、山垭口时，如敌方火力威胁不大，可快步通过；敌方火力封锁较严时，应隐蔽观察敌方火封锁规律，趁敌方火力间隙，沿着隐蔽的一侧快跑或跃进通过，尽量减少停留时间。

（4）通过冲沟。较大的纵向冲沟应沿一侧的斜坡前进，尽量不要走沟底，以便观察和处置情况；横向的冲沟应尽快通过。若遭敌方火封锁时，应利用冲沟两侧的沟岔、弹坑等跃进通过。

（5）通过乱石地、灌木林、沼泽地：通过乱石地、灌木林、沼泽地时，应周密观察，保持前进方向，并与友邻战士协同配合及早发现情况，做好对突然出现之敌方射击的准备。

（6）通过高地。应利用高地两侧运动，尽量避免从顶端通过。

（7）通过街道。应沿街道两侧隐蔽地逐段前进，接近拐弯处之前，应先察看对面街区，再迅速进入拐弯处，观察好下一段的情况后再继续前进。如果需要横穿街道时，应先观察左右和对面街区的情况，然后迅速通过。

3. 近迫作业

战士在敌方火力下运动，需在开阔地停留时，可根据班（组）长的口令或自行近迫作业。其要领是：卧倒后，将枪（筒）放在右侧上风一臂处，侧身取下小锹，先从一侧由前向后挖掘，将土投放到前方堆成胸墙，一侧挖好后，翻身侧卧于坑内，继续挖另一侧，直到能掩护全身为止，在土质松软情况下，可用锹挖、手推、脚蹬的方法构筑卧射掩体。火箭筒手和机枪手，视情况可正副射手同时进行作业，也可一人射击，一人作业。作业时姿势要低，动作要快，并不断观察敌情和班（组）长指挥，随时准备射击或前进。

4. 对各种情况的处置

（1）遭敌机轰炸、扫射时的动作。当敌机轰炸时，应按照上级命令就地卧倒或快速前进，同时利用地形隐蔽，待炸弹爆炸后继续前进；也可利用敌机投弹间隙迅速前进。

当敌方武装直升机发射火箭或扫射时，战士立即利用地形隐蔽或根据上级统一口令，抓住敌方武装直升悬停、俯冲扫射等有利时机对空射击。

（2）遭敌方核、化学、生物武器袭击时的动作。接到敌方核武器袭击警报时，应根据命令，迅速隐蔽或继续快速前进，随时做好防护准备；当发现核爆炸闪光时应迅速防护，待冲击波一过，视情况穿戴防护器材，迅速前进。接到化学袭击警报或遭敌方化学袭击时，应立即穿戴防护器材或利用就便器材进行防护。当敌方施放生物战剂气溶胶时，应穿戴防毒面具或简易口罩、自制防护眼镜、风镜等，做好对呼吸道、面部和眼睛的防护；如敌投掷带菌媒介物时，应戴手套、穿靴套、披上斗篷或穿上雨衣，扎紧袖口、领口、裤脚口，以防生物战剂气溶胶污染和带菌昆虫叮咬皮肤。

（3）遭敌方炮火袭击时的动作：在接敌时要随时准备防敌方炮火袭击。当遭到敌方零星炮火袭击时，应立即卧倒，待炮弹爆炸后继续前进；当遭敌方猛烈炮火袭击时，应趁炮弹爆炸间隙，利用弹坑和有利地形逐次跃进；当通过敌方炮火封锁区时，战士应观察敌方炮火封锁的规律，利用敌方射击间隙快跑通过。如封锁区不大，也可绕过。

（4）遭敌方机枪、自动枪火力封锁时的动作：当遭到敌方机枪、自动火力封锁时，应利用地形隐蔽，抓住敌方火中断、减弱、转移等有利时机迅速前进；也可采取迷茫、欺骗和不规律的行动，转移敌方视线，突然隐蔽地前进；或以火力消灭敌人后迅速前进。

（5）遭敌方雷区、定时炸弹、电子侦察器材时的动作：遭敌方雷区和定时炸弹时，应迅速报告上级并进行标示，按照班（组）长的口令排除或绕过。对敌方设置（投放）的电子侦察器材，应迅速排除。排除时，应先查明是否设置有毒爆炸物，而后视情况将其排除或炸毁。

（6）与其他火器、邻兵协同的动作：在接敌时，要互相支援，主动协同，交替掩护前进。冲锋枪手应主动以火力掩护反坦克火器和机枪的行动，并及时为其指示目标，利用其射击效果前进。必要时，让开有利的射击位置和前进路线。当邻兵前进时应以火力掩护；邻兵受阻时，应主动以火力支援或勇猛迅速地前进；当落后于邻兵时，应迅速跟上，向最前面的战士看齐。当火箭筒（机枪）手不能继续执行战斗任务时，其他战士应主动接替。

（二）冲击与抗冲击

1. 冲击准备及冲击前进

冲击准备，是为了冲击而进行的各项准备工作，对战士的冲击行动有着直接影响。冲击，是近距离内向敌人猛扑，以火力、爆破、突击相结合的手段消灭敌人的战斗行动是战士的战斗意志和军事技术全面发挥的关键时刻，是决定战斗成败的重要阶段。

（1）冲击准备战士占领冲击出发阵地后，应根据情况构筑或加修工事，注意观察和伪装。看清冲击目标、前进路线、通路位置和便于利用的隐蔽地形；记住班（组）、自己的任务和信（记）号。冲击准备过程中，战士应做到迅速、确实、隐蔽，并不断地观察敌情和班（组）长的指挥。如发现敌坦克、火力点距我方较近，并对我方威胁较大时，火箭筒手应根据班（组）长的口令将其击毁。

（2）冲击准备发起冲击：战士听到“冲击前进”的口令或看到冲击信号时，应迅速跃起或跃出工事，最大限度地利用我方火力效果，迅猛地向指定目标冲击前进。向敌兵冲击时的动作：向敌兵冲击时，战士应充分利用我方炮火准备的效果勇猛冲击前进。冲击中应不断观察敌情、班（组）长的指挥及邻兵动作，发现目标后以行进间或停顿射击消灭或压制敌人。进至投弹距离时，应自行或按班（组）长的口令向敌方堑壕内投弹，在手榴弹爆炸的瞬间勇猛地冲入敌方阵地，不停地向指定目标冲击前进。

2. 通过通路

接近通路时，应按班（组）长规定的顺序迅速进入通路。如通路纵深较小时，应利用我方炮火准备的效果快跑通过。如通路纵深较大时，应在我方炮火掩护下分段逐次跃进通过。在通路中遇有地雷等残存障碍物时，应根据班（组）长的指示和障碍物的性质，以爆破法和破坏法进行排除，或使用就便器材克服通过。在通过中，战士应充分利用通路两侧边缘的有利地形和我方火力掩护的效果，灵活迅速地前进。发现目标时，应及时以火力将其消灭。

3. 行进间射击、投弹

行进间射击、投弹是战士在运动中进行的射击和投弹，通常是向目标冲击时所采用的。行进间射击分为短停顿射击和抵近射击。

短停顿射击：半自动步枪、冲锋枪手在进行短停顿射击时，应在左脚着地时停止前进，同时迅速据枪（左大臂不靠左肋），概略瞄准，果断击发，然后继续前进。抵近射击，半自动步枪、冲锋枪手抵近射击时，左手握护木，将枪稍微向右下推压，左臂保持自然。右手握枪颈（握把），大臂夹紧，小臂略成水平，使枪托贴于右肋。两眼注视目标，余光看准星座，两手协力将枪概略指向目标，左脚着地的同时击发，边行进边射击。冲锋枪也可将枪背带挂在肩上实施射击。班用轻机枪手抵近射击时，左手握护木，大臂紧贴左肋，将枪稍向右下推压。右手握把，大臂挟紧，小臂略成水平，使枪托贴于小臂内侧或右肋。两眼注视目标，余光看准星座。两手协力将枪概略指向目标，左脚着地的同时击发，边行进边射击。

4. 沿壕搜索

（1）进入和跃出堑壕的动作：进壕前，应仔细观察倾听，判明壕内情况，选择进入位置，视情况灵活采取直接跳入和支撑跳入。其要领：接近壕内时，以一手一脚支撑壕沿，一手持枪（筒），身体前倾下塌，面向前进方向，迅速转身跳入壕内。堑壕较浅时，可直接跳入。

（2）壕内运动和搜索的方法进入壕内后，应先消灭附近之敌，而后迅速利用掩体或壕的拐弯处逐段搜索前进，并与壕外密切协同，随时准备应对突然出现之敌。运动时，通常端枪，姿势要低，脚步要轻，身体靠近壕墙的一侧，耳听目视，到拐弯处后，应利用拐弯处的内侧隐蔽身体，仔细观察，查明前方情况；通过壕的直线段时，动作要快，应屈身快跑，迅速接近下一段壕的拐弯处，避免在直线段中停留。发现敌人时，应迅速果断地将其消灭，而后继续搜索前进。

5. 进入（转入）防御时的准备

战士在进入（转入）防御时，应充分做好武器器材的准备工作。认真检查手中武器、弹药及各种爆破器材是否良好，有无受潮、霉烂、生锈、变质、损坏等情况。特别要注意检查防毒面具有无损坏、漏气、阻气等现象，检查防护盒内的物品是否完好。如无制式防护器材时，应制作就便防护器材。

6. 占领和撤离射击位置

占领射击位置时，应降低姿势，打开刺刀（脚架），左（右）脚跨一大步于掩体内侧，由下而上隐蔽地占领，细致地观察，适时出枪（筒）。

撤离射击位置时，应迅速收枪（筒），关保险，折回刺刀（脚架），右手持枪（筒），迅速离开射击掩体。

7. 利用掩蔽工事进行隐蔽

利用掩蔽工事进行隐蔽，是防敌火力袭击、保存有生力量的重要手段。战士应按班（组）长的命令和信号，迅速进入工事隐蔽并做好抗击的准备。当接到占领阵地的命令或信号时，应迅速占领射击位置，并做好抗击的准备。当进入掩蔽部、坑道、窑洞防护时，战士应迅速撤离射击位置，进入掩蔽工事，按班（组）长指定的位置就座，并做好战斗准备。最后进入的战士关好防护门。

8. 消灭冲击之战

当敌军使用大量坦克在进行间发起冲击时，冲击具有速度快、火力猛、突破对方阵地能力强等特点。因此，战士应根据班（组）长的命令，利用工事，结合障碍，充分发挥手中武器和爆破器材的威力，坚决消灭敌车。

（三）夜间行动

1. 做好行进准备

（1）检查着装扎紧腰带、弹带和裤带，系紧鞋带，装具器材固定紧，穿大衣或雨衣时，将衣襟下角扎于腰带上。

（2）严密伪装。根据气候、季节和地形的特征选用伪装材料，对人员进行伪装，对易发光和反光的物体可将其遮盖好。

（3）防止声响灌满水壶，塞紧弹盒，通条、枪背带环等用布条扎紧，准备好后可用跳跃或跑步的方法进行检查。

2. 行进中应注意的事项

（1）行进中要不断观察敌情、地形，正确地保持运动方向，随时做好战斗准备。

（2）保持肃静，尽量避免咳嗽、打喷嚏，不得吸烟、打手电筒，严禁大声说话；跌倒或失去联络时，不得高声呼唤：持枪时，应将枪连同背带握紧，防止绊倒或枪托碰地。

（3）充分利用地形，注意运动的姿势和方法，设法避开敌方夜视器材的侦察。

（4）要善于利用触觉、嗅觉识别物体、发现敌人，夜间行进中，要通过触觉识别各种物体（如踏着地雷、绊着绳索等），也要注意通过嗅觉（如汽油、烟等特别气味）发现敌人。

（5）遇到意外情况，应据上级的意图，机智灵活地处置，而后向上级报告。

3. 传递口令

传递口令，是行军和作战中用以传递简短命令、报告情况和进行联络的一种方法，通常用于行进间或停止间向前后、左右传递。传递口令要准确、迅速、声音小，听清再下传，不准更改和附加字句。

（1）由前向后传递行进间，接到口令的战士，转身稍停将口令传出，或向左（右）跨出一步，后面的战士靠近时，边走边将口令传出，然后大步跟上，后面战士听清后，再依次向后传递。停止间，原地依次向后传递。

（2）由后向前传递行进间，接到口令的战士，加快行进速度，当接近前面战士背后时，拍肩为号，边走边将口令传出，之后按正常速度行进。前面的战士再依次向前传递。停止间，原地依次向前传递。

（3）横队向左（右）传递行进间，接到口令的战士，边行进边向左（右）战士靠拢，口令传出后，按原路线继续前进。停止间，接到口令的战士迅速靠拢左（右）战士，口令传出后即回原来位置。

二、分队战术

分队战术训练是指班、排、连、营四级所进行的战术原则和战斗方法的训练。目的是提高分队指挥员的组织指挥和分队协同作战的能力。依据战斗条令和训练大纲施训，一般由师、团制订计划，师、团、营逐级对下组织实施。重点是班战术和连战术。

训练内容主要有：战斗原则、组织指挥、战斗队形、战斗方法、运动方法、加强兵器的使用和火力的运用、分队之间的协同动作等。通常围绕进攻、防御和勤务三大体系展开，穿插少量的技术课目，进行分段作业、连贯作业和综合演练。分队战术训练坚持由下向上逐级合成的原则，以协同基础训练为重点，以提高分队整体作战能力为目的。战术课题可分为必训和选训两类。必训课题必须于本年度内在规定的训练时间内完成。选训课题一般每年由师以上训练部门根据各部队的具体情况和训练水平而定。此外，各部队还可根据担负的作战任务、气候条件、地形特点，选训其他内容。

解放军经典的“三三制”战术最早起源于抗日战争期间，成熟于解放战争，大量运用于抗美援朝战争，是我军步兵训练大纲中的一种步兵“班组突击”战术。它以班为单位分成三个战斗小组，每个战斗小组三人，为了便于相互接应，一般排成三个梯队。三人战斗小组呈三角进攻队形，每名士兵分工明确，进攻—掩护—支援。班长、副班长、组长，各带一个战斗小组行动。

战斗小组进攻时，两名士兵在前，组长在后，呈三角阵型，三个战斗小组组成一个战斗班，三个战斗班组成一个战斗群，进攻时呈“散兵线”队形展开。战斗班展开时，士兵根据组长或班长的指令随时变换战斗队形，战斗群展开后用“口语”“手语”“军号”或“无线电”来传达战术指令，一个总数 27 人的战斗群完全展开可以覆盖 800 米宽的战线。

分析与思考

1. 轻武器的特点和作用是什么？
2. 请简述发射与后坐的原理。
3. 射击时应注意哪些要领？

第八章　格斗技能与战时医疗救护

学习目标

1. 了解格斗、防护的基本知识。
2. 熟悉卫生、救护的基本要领。
3. 掌握现场自救、互救的技能。

尽管现代战争是高技术信息化战争，但格斗仍然有自卫和制敌的重要作用。同时，练习格斗对培养军人的心理素质和敢打敢拼、坚韧不拔、勇敢顽强的战斗作风，具有重要意义。此外，随着同学们走出课堂、走出校园，开展形式多样的活动，意外事故时有发生，如果具备一些简单实用的救护知识和技能就可以挽救生命、减轻伤害。本章主要介绍格斗基础、战伤救护基本知识，以及在面对核、化、生武器巨大的杀伤破坏威力时如何进行防护。

第一节　格斗技能

一、格斗预备姿势

在立正姿势的基础上（图 8-1），身体侧向右的同时左脚向前上一步，脚尖微向里，全脚掌着地，微屈膝；右脚尖稍向外，前脚掌蹬地，微屈膝。左臂前伸微屈肘大于 90 度，拳与鼻同高，拳心斜向下；右臂屈肘约 90 度，右拳置于左胸前，拳心斜向下，右肘自然下垂，微收腹，上体稍向前倾，重心在两腿之间。头要正，闭嘴，下颌微收，目视前方，余光环视对方全身，如图 8-2 所示。

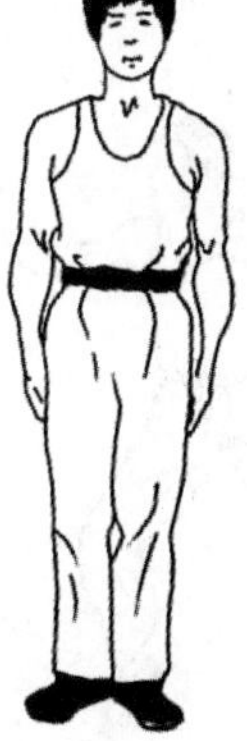

图 8-1　立正姿势

图 8-2　格斗预备姿势

二、格斗步法

（1）前进步：如图 8-3 所示，在预备姿势基础上，左脚向前上步，右脚前掌蹬地随即跟上一步，还原预备姿势。

要求：左脚上步时不要离地过高；右脚蹬地要有力，迅速跟上。

（2）后退步：如图 8-4 所示，在预备姿势基础上，右脚向后退一步，左脚前置地随即后退步，还原预备姿势。

要求：退右脚和退左脚要连贯、迅速，离地不要过高。

图 8-3　前进步

图 8-4　后退步

（3）左跨步：在预备姿势基础上，左脚向左跨一步，紧接右脚左跨步，还原预备姿势。

要求：跨步时要连贯、迅速，脚离地不要过高。

（4）右跨步：在预备姿势基础上，右脚向右跨一步，紧接左脚向右跨步，还原预备姿势。

要求：跨步时要连贯、迅速，离地不要过高。

（5）前蹬步：如图 8-5 所示，在预备姿势基础上，左大腿抬平屈膝、勾脚尖。伸小腿，脚跟用力前蹬，随后左脚向前落地，右脚迅速向前跟上，还原预备姿势。

要求：前蹬时，着力点为脚跟，支撑腿可屈膝，保持平衡。

（6）后跃步：如图 8-6 所示，在预备姿势基础上，两脚用力前蹬地后，起左脚接着起右脚腾空，然后左脚向后落地，紧接右脚落地，还原预备姿势。

要求：腾空高度要适宜，左、右脚落地要连续，重心要稳。

图 8-5　前蹬步

图 8-6　后跃步

(7) 应用步：在预备姿势基础上，根据进攻或防守的需要，灵活变动，寻找与对方最合适的距离，使自己处于最有利的位置，维持身体平衡，始终保持预备姿势。

要求：动作迅速、灵活、自如。

三、格斗拳法

(1) 探拳：在预备姿势基础上，左小臂略内旋稍前伸约 10 厘米，拳心向下，并迅速回收，还原预备姿势。

要求：动作自然、协调、迅速。

用途：诱骗对方暴露空门，扰乱对方视线，使对方心理紧张，创造有利条件，出其不意而攻之。

(2) 左直拳：如图 8-7 所示，在预备姿势基础上，左脚稍向前移的同时，左臂内旋，左拳用力前冲，掌心向下。右拳在原位置，上体微右转，目视前方。击拳后还原预备姿势。

要求：出左拳比上左脚稍前，冲拳要突然有力。

用途：主要击面或胸部。

(3) 右直拳：如图 8-8 (a) 所示，在预备姿势基础上，上左脚，紧接右脚跟上的同时身体稍左转，右臂内旋猛力向前冲出，拳心向下，左拳自然收于胸前。两腿微屈，重心稍前移，目视前方。击拳后还原预备姿势。

要求：冲拳时重心要稳，头和上体不要偏斜。右直拳是重拳，力量大，一般配合探拳或直接用。

用途：同左直拳。

(4) 左摆拳：如图 8-8 (b) 所示，在预备姿势基础上，大小臂抬平，微屈肘，左拳内旋，拳眼向下，借助身体扭动力量，由左向右弧形摆击，力达拳面。右拳护于胸前，目视前方。摆击后还原预备姿势。

要求：摆拳的弧度不宜过大，拳击的部位不要超过自身头部正中线，身体扭动与摆击要协调，重心要稳。

用途：主要击打太阳穴。

图 8-7　左直拳

（5）右摆拳：如图 8-8（c）所示，在预备姿势基础上，右拳内旋，拳眼向下，随上体稍向左转，右拳借助身体扭动力量，由右向左弧形摆击，力达拳面；大小臂抬平，肘关节外展，收左拳护于胸前，目视前方。摆击后还原预备姿势。

要求：摆拳可与前进步结合，拳走动中上左脚，摆拳弧度不要过大，拳击的部位不要超过自身头部正中线，重心要稳。

用途：同左摆拳。

（a）（b）（c）

图 8-8　右直拳、左摆拳及右摆拳

（6）左下勾拳：如图 8-9 所示，在预备姿势基础上，左脚稍前移的同时左拳外旋，拳心向内上，肘关节向下稍回收，屈肘，上体稍右转的同时左拳由下向前上击出，力达拳面，拳与胸同高。右拳护于胸前，目视前方。击拳后还原预备姿势。

要求：手臂弯曲度成锐角（小于直角），拳由下向上击打，开始时，拳心由朝上转向外，当击中目标前的一瞬间，拳心猛然旋转成拳心向内。

作用：拳由下向上击打对方的胸心部或正面下巴处。

（7）右下勾拳：如图 8-10 所示，在预备姿势基础上，左脚前移，右脚后蹬的同时使拳外旋，拳心向内上，肘关节向下稍回收，屈肘，上体左转的同时右拳由下向前上击出，力达拳面，拳与胸同高。左拳护于右胸前，目视前方。击拳后还原预备姿势。

要求、用途：与左下勾拳相同。

（8）左平勾拳：如图 8-11 所示，在预备姿势基础上，左臂肘关节外展，大、小臂与肩同高，屈肘约 90 度，拳心向下，上体右转的同时左拳由左向右击出，力达拳面。右拳护于胸前，目视前方。击拳后还原预备姿势。

要求：勾拳弧形不要太大，击拳的部位不要超过自身头部的正中线。充分利用腰腿的力量。

用途：击头部或太阳穴。

（9）右平勾拳：如图 8-12 所示，在预备姿势基础上，右臂肘关节外展，大、小臂约与肩高，屈肘约 90 度，拳心向下，上体左转，同时右拳由右向左击出，力达拳面；左拳护于胸前，目视前方。击拳后还原预备姿势。

要求、用途：与左平勾拳相同。

图 8-9　左下勾拳

图 8-10　右下勾拳

图 8-11　左平勾拳

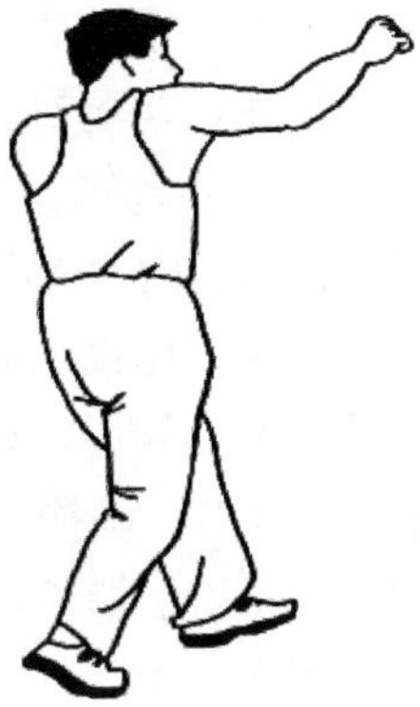
图 8-12　右平勾拳

四、格斗腿法

（1）弹腿：如图 8-13（a）所示，在预备姿势基础上，左大腿抬平屈膝，脚尖向下绷直，随即向正前方弹出，力达脚面，上体姿势基本不变。弹踢后迅速还原预备姿势。弹右腿要领与弹左腿一致。

要求：弹腿要快速有力，上体不要后仰。

用途：弹踢对方裆部。

（2）侧踹腿：如图 8-13（b）所示，在预备姿势基础上，右脚尖向右，上体右转。左大腿抬平屈膝，膝向右侧，勾脚尖里扣，左腿向前或前下猛踏并迅速回收，力达脚跟，目视对方。踹腿时两臂护身。踏腿后左脚落地，还原预备姿势。踹右腿时，左脚尖向外，上体左转，右腿动作同左踹腿。

要求：踹腿时上体可自然侧倾，重心要稳，猛踹快收。

用途：主要攻击对方肋部。

（3）左勾踢腿：如图 8-14 所示，在预备姿势基础上，右脚尖向外，上体右转，抬左腿屈膝，脚尖内勾，由后向右前猛力勾踢，力达脚腕内侧，目视前方。勾踢后左脚回收，还原预备姿势。

（a）　（b）

图 8-13　弹腿与侧踹腿

要求：重心要稳，两臂护于胸前。

用途：勾踢对方脚跟或小腿。

（4）右勾踢腿：如图 8-15 所示，在预备姿势基础上，左脚尖向外，上体左转，抬右腿屈膝，脚尖内勾，由后向左前猛力勾踢，力达脚腕内侧，目视前方。勾踢后还原预备姿势。

要求、用途：同左勾踢腿。

（5）正蹬腿：如图 8-16（a）所示，在预备姿势基础上，重心后移，右（左）腿支撑体重，左（右）腿抬平屈膝，勾脚尖向前蹬出，力达脚跟，目视前方。蹬腿后还原预备姿势。

要求：猛蹬快收，重心要稳。

用途：蹬腹部。

（6）侧蹬腿：如图 8-16（b）所示，在预备姿势基础上，右（左）脚尖向外，右（左）腿支撑体重。上体稍向右（左）倾斜，左（右）大小腿抬平屈膝，膝盖向前，勾脚尖向左（右）蹬出，力达脚跟，目视左（右）方。蹬腿后还原预备姿势。

要求：同正蹬腿。

用途：蹬肋部、腹部

图 8-14　左勾踢腿

图 8-15　右勾踢腿

（a）　（b）

图 8-16　正蹬腿和侧蹬腿

五、格斗防法

（1）左拨防：在预备姿势基础上，左拳变掌，由左前向右侧前下拨击，手的部位不要超过自身头部正中线，力达手掌，目视对方。拨击后还原预备姿势。

要求：快速、准确。

用途：主要防对方右直拳、右摆拳。

（2）右拨防：在预备姿势基础上，右拳变掌，由右前向左侧前下拨击，手的部位不要超过头部正中线，力达手掌，目视对方。拨击后还原预备姿势。

要求：同左拨防。

用途：主要防对方左直拳、左摆拳。

（3）左格挡防：如图 8-17 所示，在预备姿势基础上，左小臂向前上格挡，肘尖向左前，拳心向前下，目视前方。格挡后还原预备姿势。

要求：格挡时小臂略高于头。

用途：主要防直拳。

（4）右格挡防：如图 8-18 所示，在预备姿势基础上，右小臂向前上格挡，肘尖向右前，拳心向前下，目视前方。格挡后还原预备姿势。

要求、用途：同左格挡防。

（5）左格防：如图 8-19 所示，在预备姿势基础上，左小臂内旋向左前格，肘尖向左下，拳心向前下，目视前方。左格后还原预备姿势。

要求：左格不要过大。

用途：主要防对方摆拳、平勾拳。

（6）右格防：如图 8-20 所示，在预备姿势基础上，右小臂内旋向右前格，肘尖向右下，拳心向前下，目视前方。右格后还原预备姿势。

要求、用途：同左格防。

图 8-17　左格挡防

图 8-18　右格挡防

图 8-19　左格防

图 8-20　右格防

（7）左下格防：如图 8-21 所示，在预备姿势基础上，左小臂用力向下稍向左格，力达左小臂内侧，拳心向内下，目视前方。下格后还原预备姿势。

要求：下格要快速、有力。

用途：防对方右下勾拳。

（8）右下格防：如图 8-22 所示，在预备姿势基础上，右小臂用力向下稍向右格，力达右小臂内侧，拳心向内下，目视前方。下格后还原预备姿势。

要求：同左下格防。

用途：防对方左下勾拳。

（9）左闪身防：如图 8-23（a）所示，在预备姿势基础上，左脚向左稍前上步，半屈膝，上体左下闪。右小臂向右前上格挡，左拳击对方腰或腹部，目视对方。闪身后还原预备姿势。

要求：闪身与格挡要协调一致。

用途：防对方直拳或右摆拳。

（10）右闪身防：如图 8-23（b）所示，在预备姿势基础上，右脚向右稍前上步，半屈膝，上体右下闪，左小臂向左前上格挡，右拳击对方腰或腹部，目视对方。闪身后还原预备姿势。

要求：同左闪身防。

用途：防对方直拳或左摆拳。

图 8-21　左下格防

图 8-22　右下格防

（a）　（b）

图 8-23　左闪身防与右闪身防

（11）左晃头防：如图 8-24（a）所示，在预备姿势基础上，头向左晃动，目视对方。晃头后还原预备姿势。

要求：判断准确，晃动不要过大，身体保持平衡。

用途：防对方直拳。

（12）右晃头防：如图 8-24（b）所示，在预备姿势基础上，头向右晃动，目视对方。晃动后还原预备姿势。

要求、用途：同左晃头防。

（a）　（b）

图 8-24　左晃头防与右晃头防

第二节 战时医疗救护

战伤救护，是在战斗现场对负伤人员实施的急救、隐蔽、集中和搬运等救护措施的总称，是战时为减少伤亡，迅速恢复战斗力，以保持战争实力而必须采取的一项重要措施。火线抢救是战伤分级救治的起点和重要环节，对及时抢救伤员、防止伤情加重、挽救伤员生命等均具有重要意义。以往战争中火线抢救的经验证明，50%左右的伤员是靠自救互救实施的。

一、战伤的分类

（1）贯通伤：子弹、弹片、刺刀将人体组织击穿、刺穿，伤口有入口和出口。

（2）非贯通伤：子弹或弹片进入人体，只有入口而无出口。

（3）擦伤：子弹或弹片擦过人体的体表，伤区呈沟状或仅有体表擦破者。

（4）穿透伤和非穿透伤：子弹、弹片穿透体腔及其保护膜（脑膜、胸膜、腹膜及关节囊），与外界相通者，为穿透伤；反之，则为非穿透伤。

按受伤部位还可将战伤分为头部伤（包括颅脑伤与颌面伤）、颈部伤、胸部伤、腹部伤、骨盆伤、脊柱脊髓伤、上肢与下肢伤等。

二、战伤救护的常见技术

（一）止血

战伤出血，是导致伤员休克或死亡的重要原因，在救护过程中，必须迅速、准确地进行止血，才能有效地抢救伤员。

1. 出血的种类

血液从体表伤口流出，称为外出血，易为人们发现；而体内深部组织、内脏损伤出血，血液流入组织或体腔内的内出血，不易为人们发现，更为危险。各种出血中，以动脉出血最为危险，必须及时止血。

按照损伤血管的不同，可分为：①动脉出血，其特点是伤口呈喷射状搏动性向外涌出鲜红色的血液；②静脉出血，伤口持续向外溢出暗红色的血液；③毛细血管出血，伤口向外渗出鲜红色的血液。

2. 止血的方法

止血的目的是为了防止因流血过多而休克或死亡。毛细血管和静脉出血时，加压包扎即可，动脉出血须采用更有效的止血方法。

（1）加压包扎止血法。该方法是用数层无菌敷料盖住伤口，再用绷带或折成条状的布带或三角巾加压包扎，其松紧度以能达到止血效果为宜。当伤口在肘窝、腋窝、腹股沟时，可在加垫敷料后，屈肢固定在躯干上加压包扎止血，如图 8-25 所示。需要注意的是，有骨折、可疑骨折或关节脱位时，不宜使用此法。

（2）指压止血法：适用于较大的动脉血管出血。它是根据动脉的走向，在出血伤口的近心端，用手压迫伤口的近心端，使动脉被压在骨面，以达到迅速止血的目的，然后再换止血带。而小动脉出血，指压后可改用压迫包扎。

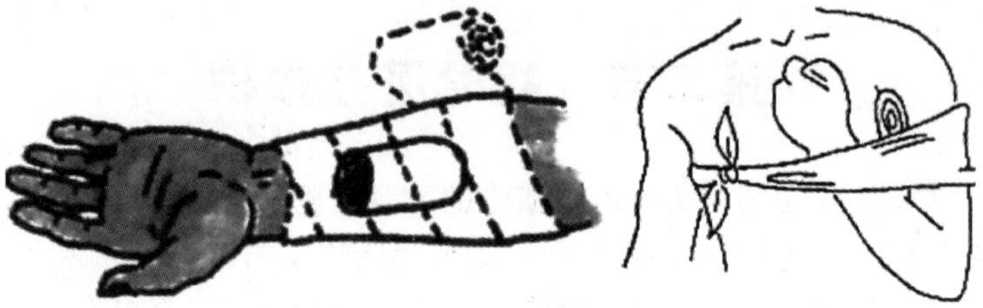

图 8-25　加压包扎止血法

指压止血法适用于头部、颈部、四肢的动脉出血，依出血部位的不同，可分为：

①头顶部出血压迫法：方法是在伤侧耳前，对准下额关节上方，用拇指压迫颞动脉，如图 8-26（a）所示。

②面部出血压迫法：一侧面部出血，可用食指或拇指压迫同侧下颌骨下缘，下颌角前方约 3 厘米处，此处可摸到明显的搏动（面动脉），压迫此点可以止血，如图 8-26（b）所示。

③头颈部出血压迫法：用拇指压迫伤侧的颈总动脉，如图 8-26（c）（d）所示。

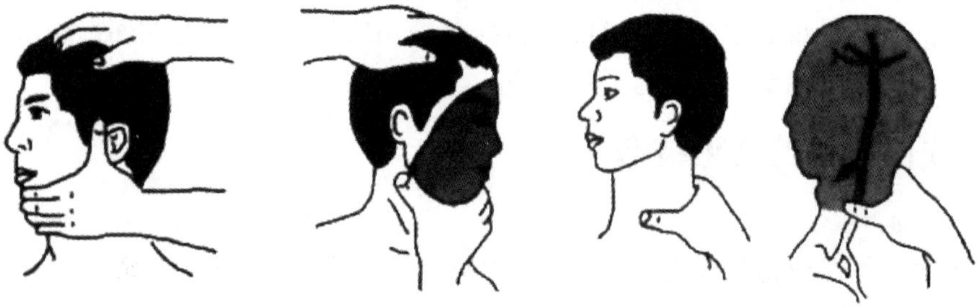

（a）　（b）　（c）　（d）

图 8-26　头顶部出血压迫法、面部出血压迫法及头颈部出血压迫法

④头皮出血压迫法：头皮前部出血时，压迫耳前下颌关节上方的颞动脉。头皮后部出血则压迫耳后突起下方稍外侧的耳后动脉。

⑤腋窝和肩部出血压迫法：在锁骨上窝对准第一肋骨，用拇指向下压迫锁骨下动脉，如图 8-27 所示。

⑥上臂出血压迫法：一手将患肢抬高，另一手用拇指压迫上臂内侧的肱动脉，如图 8-28（a）所示。

⑦前臂出血压迫法：用拇指压迫伤侧肘窝肱二头肌腱内侧的肱动脉末端，如图 8-28（b）所示。

⑧手掌出血压迫法：用两手指分别压迫腕部的尺动脉、挠动脉，如图 8-28（c）所示。

⑨下肢出血压迫法：用两手拇指重叠向后用力压迫腹股沟中点稍下方的股动脉，如图 8-29 所示。

⑩足部出血压迫法：用两手拇指分别压迫足背母长肌腱外侧的足背动脉和内踝与跟腱之间的胫后动脉，如图 8-30 所示。

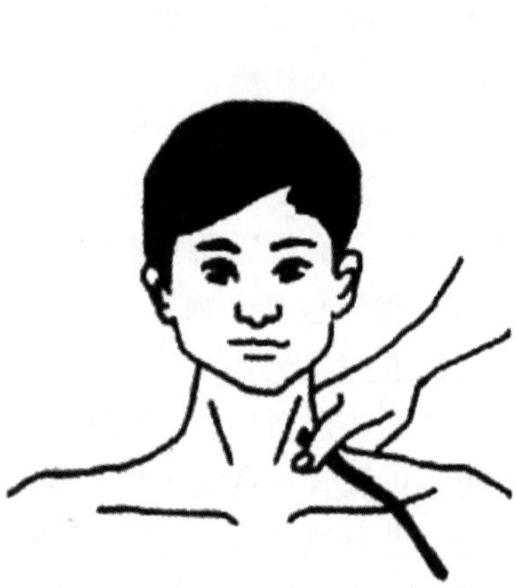

图 8-27　腋窝和肩部出血压迫法

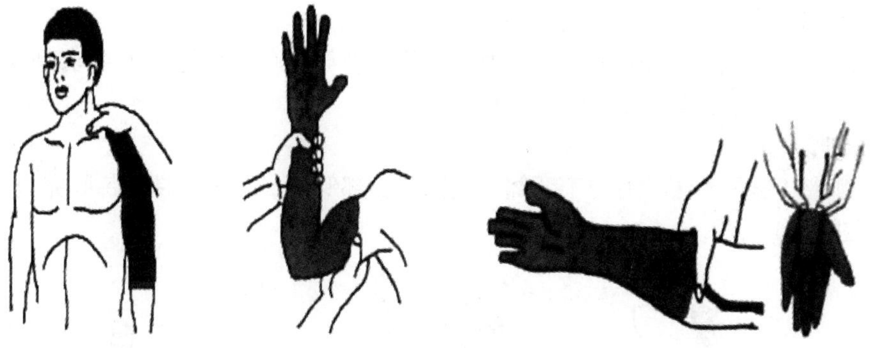

（a）　　（b）　　（c）

图 8-28　上臂出血压迫法、前臂出血压迫法及手掌出血压迫法

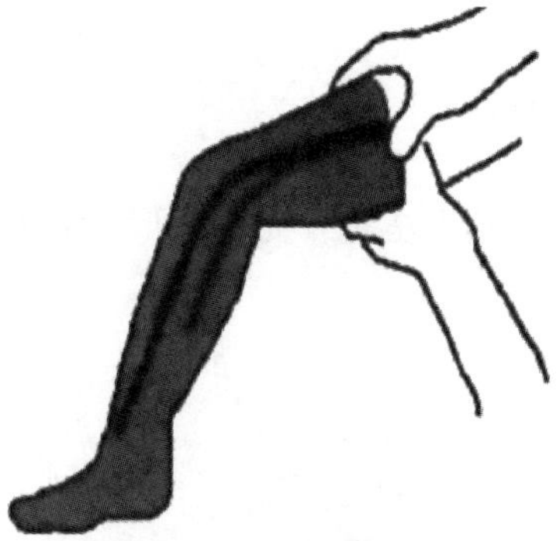

图 8-29　下肢出血压迫法

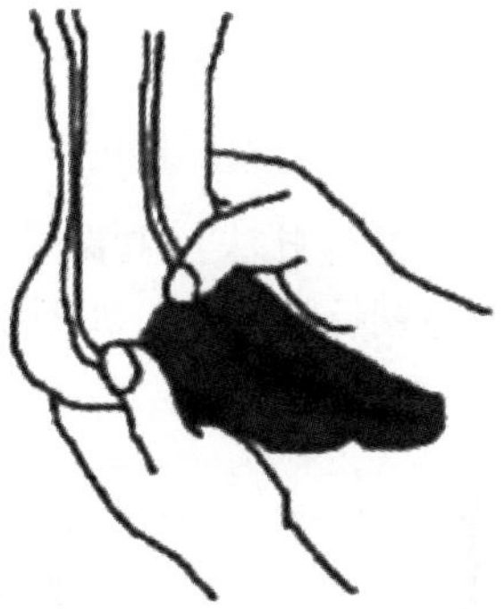

图 8-30　足部出血压迫法

（3）止血带止血法。止血带止血法是一种快速有效的止血方法，但它只适用于不能用加压止血的四肢大动脉出血。其方法是：用橡皮管或布条缠绕伤口上方肌肉多的部位，其松紧度以摸不到远端动脉的搏动，伤口刚好止血为宜，过松无止血作用，过紧会影响血液循环，易损伤神经，造成肢体坏死。上止血带的伤员，必须在明显的部位标明上止血带的部位和时间；上止血带的时间如果超过两个小时，要每隔一个小时放松一次，每次 8 分钟，为避免放松止血带时大量出血，放松期间可改用指压法临时止血。

①橡皮止血带止血法：常用一条长 1 米的橡皮管，先用绷带或布块垫平上止血带的部位，两手将止血带中段适当拉长，绕出血伤口上端肢体 2~3 圈后固定，借助橡皮管的弹性压迫血管而达到止血的目的。

②布条止血带止血法：常用三角巾、布带、毛巾、衣袖等平整地缠绕在加有布垫的肢体上，拉紧后用“木棒、筷子、笔杆”等拧紧固定。

（4）屈曲肢体压垫止血法。只用于没有骨折时，在前臂或小腿动脉出血时可以把绷带或布条卷起来做成软垫，垫在肘关节或腘窝（膝关节后侧）处，并尽量使关节屈曲，再用绷带或三角巾固定。

3. 对内出血或可疑内出血的伤员的处理

应让伤员绝对安静不动，垫高下肢，有条件的可先输液，应迅速将伤员送到距离最近的医院进行救治。

(二) 包扎

包扎是为了保护伤口，减少感染，固定敷料，加压止血。对包扎的要求是动作准确、迅速、轻巧、敏捷，松紧适宜，牢固严密。

1. 绷带包扎法

(1) 绷带环形包扎法：适用于颈部、腕部、额部等处。其方法是：每圈完全重叠环线数周，如图 8-31 所示。

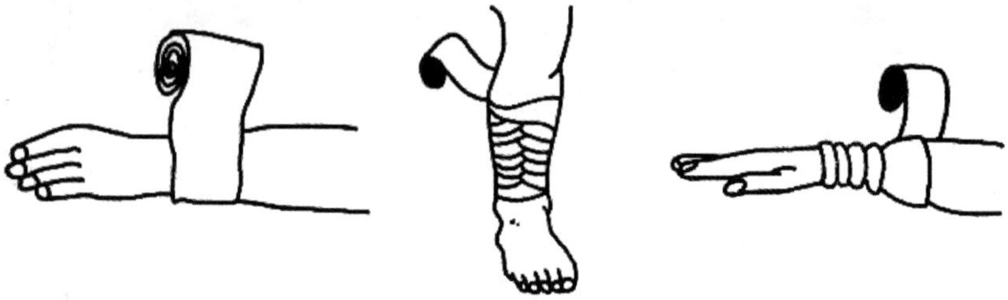

图 8-31　绷带环形包扎法

(2) 螺旋反折包扎法：主要用于前臂、小腿。其方法是：先用环形法固定始端做单纯的斜旋上升，每圈反折一次，如图 8-32 所示。

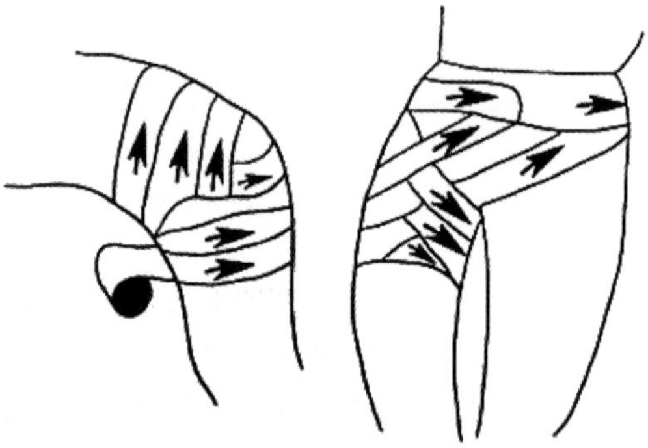

图 8-32　螺旋反折包扎法

(3) 绷带帽式包扎法：适用于头部。其方法是：自右耳上方开始，经额、右耳上面枕骨外粗隆下回到右耳上的始点，重复一周固定。二次绕到额中央时，将绷带反折，用右手拇、食二指按住，绷带经过头顶中央而到枕骨外粗隆下面，由助手按住此点，绷带在巾带两侧回反，每周压盖前周 1/2，直到完全包盖头部，然后绕行两周固定，如图 8-33 所示。

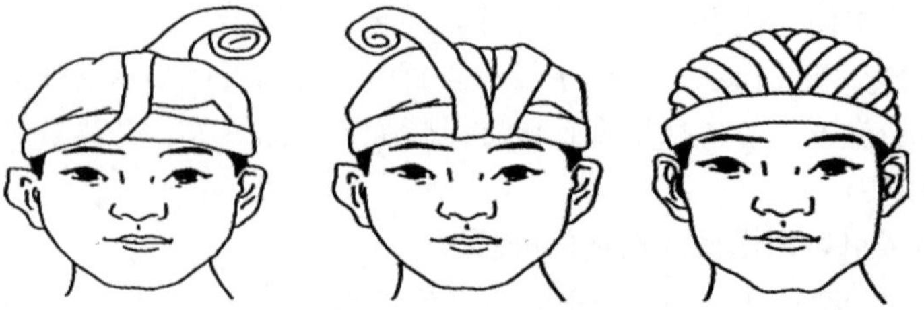

图 8-33　绷带帽式包扎法

2. 三角巾包扎法

三角巾包扎法操作简单，易于掌握，包扎迅速，应用灵活，可包扎面部、肩部、腋窝、胸背、腹股沟等部位。

（1）头部包扎法：头部包扎法是先在三角巾顶角和低部中央打一个结，形似风帽。然后把顶头结放于前颌，底边结放于脑后下方，包住头部。最后将两角向面部拉紧，向外反折 3~4 横指宽，包绕下颌，拉至脑后打结固定，如图 8-34 所示。

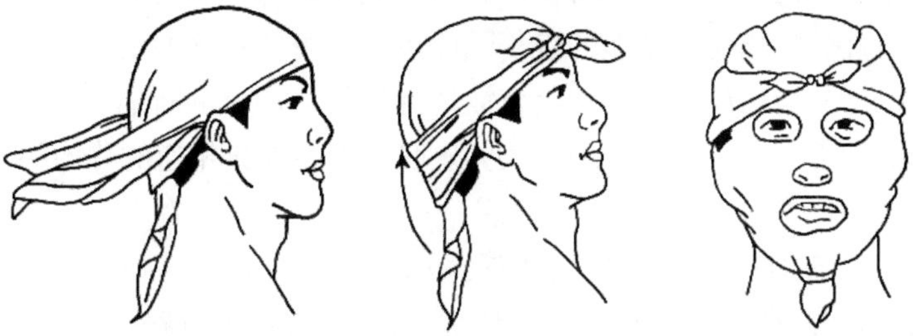

图 8-34　头部包扎法

（2）胸背部双巾包扎法：用三角巾斜边围绕一周，顶角与底角在一侧腰部打结，再用一个三角巾照样在对面包绕打结，然后打起两个三角巾的另一底角，各翻过肩头与相对的底边打结。操作要领是两顶角的位置要相反，底角与另一个三角巾的底边打结，如图 8-35 所示。

图 8-35　胸背部双巾包扎法

（3）三角巾腹部包扎法：三角巾顶角朝下，底边横放腹部，拉紧底角至腰部打结，顶角经会阴部拉至后方，同底角余头打结；或绕一周，与顶头打结，另一底角围绕与底边打结，如图 8-36 所示。

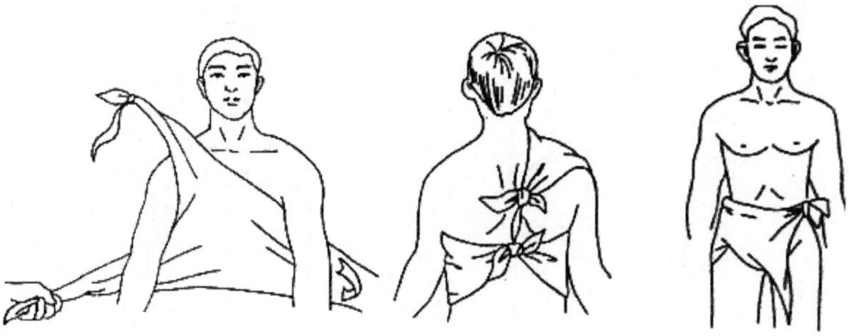

图 8-36　三角巾腹部包扎法

3. 包扎的注意事项

（1）伤口和覆盖伤口的敷料块严禁与其他的脏物接触，以免造成伤口感染。

（2）包扎时压迫重心应在伤处。

（3）包扎时的松紧度要适宜，过紧会影响血液循环，过松又易脱落或移动。

（4）包扎动作要轻巧，防止碰撞伤口，以免加重伤口的疼痛和出血。

（三）固定

骨折是战伤中常见的外伤之一。骨折后如得不到及时与正确的固定，不仅会因为剧烈疼痛而引起休克，而且会影响伤肢功能的恢复。严重时，可因刺破血管、离断神经而造成重要脏器的损伤。骨折可分为开放性骨折与闭合性骨折两种。凡骨折断端刺破人体皮肤、与外界相通的称为开放性骨折。骨折断端未刺破人体皮肤，不与外界相通的称为闭合性骨折。

1. 骨折的特征

一是疼痛剧烈，在骨折处有明显的压痛。二是功能受限，不能活动。三是局部肿胀。四是完全骨折时，因断端移位而发生肢体畸形（常表现为缩短或伸长、弯、屈曲、旋转、错位、重叠），并在断端移动时可听到骨擦音。

2. 骨折固定的原则

（1）如伤口出血，应先止血，然后包扎固定。如有休克，首先或与止血同时进行抗休克急救。

（2）就地固定。要注意功能位置，切勿整复，更不许任意挪动伤员和伤肢。为了暴露伤口可剪开衣服。如伤肢过度畸形，不宜固定时，可依伤肢长轴方向，稍加调整，但动作要轻。

（3）固定时要先加垫后固定，先固定骨折的两端，后固定上下关节。固定的材料与伤肢长短适宜，固定的松紧要适度。四肢固定时，要留出指（趾）尖，以便观察血液循环情况。

（4）骨折固定后应设标志，迅速后送。

3. 骨折固定的方法

（1）前臂、上臂骨折固定法。

①有夹板前臂、上臂固定法（图 8-37）。前臂：夹板放置骨折前臂外侧，骨折突出部分要加垫，然后固定腕、肘两关节（胸部 8 字形固定），用三角巾将前臂屈曲悬胸前，再用三角巾将伤肢固定于伤员胸廓。上臂：夹板放置骨折上臂外侧，骨折突出部分要加垫，然后固定肘、肩两关节，用三角巾将上臂屈曲悬胸前，再以三角巾将伤肢固定于伤员胸廓。

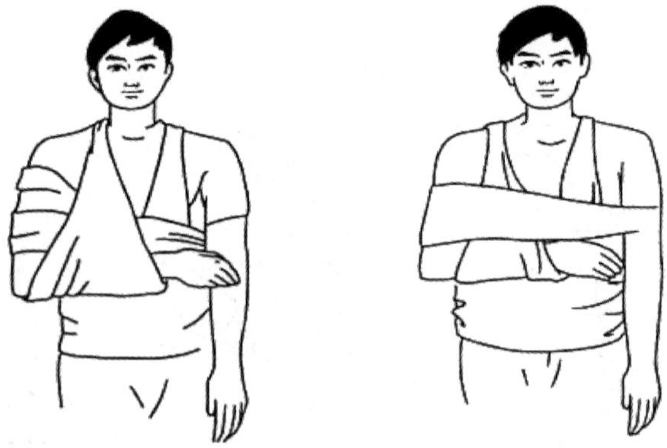

图 8-37　有夹板前臂、上臂骨折固定法

②无夹板前臂、上臂三角巾固定法（图 8-38）。前臂：先将三角巾将伤肢悬挂胸前，后用三角巾将伤肢固定于胸廓。上臂：先用三角巾将伤肢固定于胸廓，再用三角巾将伤肢悬挂胸前。

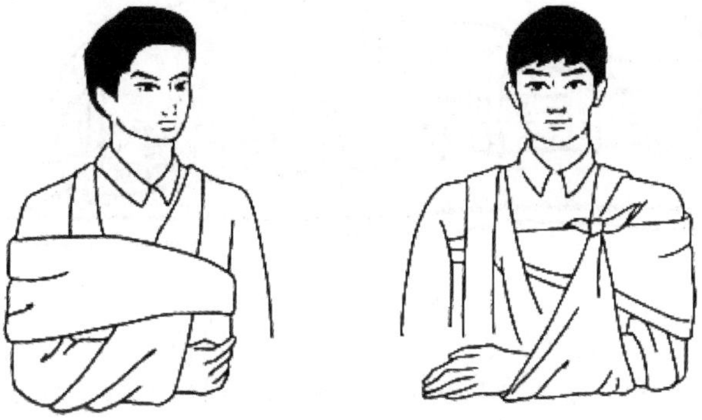

图 8-38　无夹板前臂、上臂三角巾固定法

（2）锁骨骨折固定法。

①丁字夹板固定法：将丁字夹板放置背后肩胛骨上，骨折处垫上棉垫，然后用三角巾绕肩两周结在板上，夹板端用三角巾固定好，如图 8-39 所示。

②三角巾无夹板固定法：挺胸，双肩向后，两侧腋下放置棉垫，用两块三角巾分别绕肩两周打结，然后将三角结在一起，前臂屈曲用三角巾固定于胸前，如图 8-40 所示。

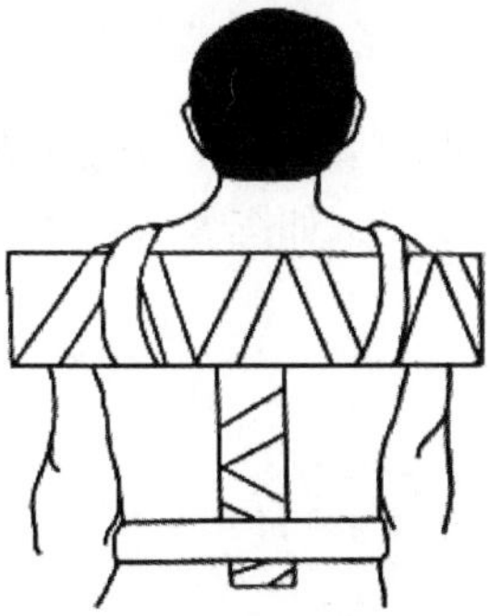

图 8-39　丁字夹板固定法

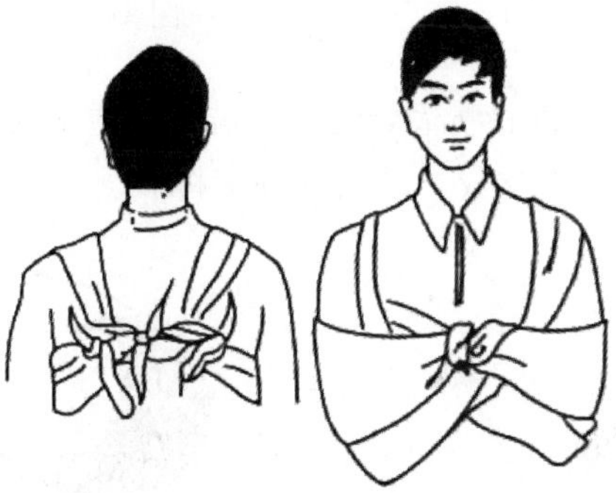

图 8-40　三角巾无夹板固定法

（3）小腿骨折固定法。将夹板放置于骨折小腿外侧，骨折突出部分要加垫，然后固定伤口上下两端和膝、踝两关节（踝关节 8 字形固定），夹板顶端再固定，如图 8-41 所示。

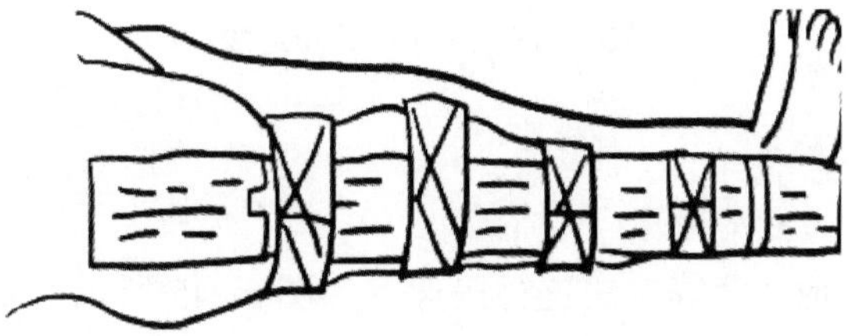

图 8-41　小腿骨折固定法

(4) 大腿骨折固定法。将夹板放置于骨折大腿外侧，骨折突出部分要加垫，然后固定伤口上、下两端和踝、膝关节，最后固定腰、髂、踝部，如图 8-42 所示。

图 8-42　大腿骨折固定法

(5) 脊椎骨折固定法。伤员仰卧木板上，用绷带将伤员胸、腹、髂、膝、踝部固定于木板上，如图 8-43 所示。

图 8-43　脊椎骨折固定法

(6) 颈椎骨折固定法。伤员仰卧在木板上，颈下、肩部两侧要加垫，头部两侧用棉垫固定防止左右摇晃，然后用绷带将额、下巴尖、胸固定于木板上，如图 8-44 所示。

图 8-44　颈椎骨折固定法

(四) 搬运

1. 徒手搬运

单人时可采取扶、抱、背等方法进行搬运，如图 8-45 所示。双人时可采取椅式、拉车式、平托式等方法进行搬运，如图 8-46 所示。

图 8-45　单人徒手搬运

图 8-46　双人徒手搬运

2. 担架搬运

先把担架放在伤员的伤侧，然后两个救护人员在伤员健侧跪下一腿，解开伤者的衣领后，两人依次平托伤员的肩和头部、背部、臀部及下肢，把伤员轻轻地放在担架上，如图 8-47 所示。伤员在担架上的体位，除贯通伤外，要健侧着担架。伤员躺好后，要用衣物等软物，把空隙垫好，以免摇荡。担架行进时，伤员头部要向后，以便后面的人随时观察伤情、伤情恶化时，要停下来急救。抬担架时要尽可能保持平稳。搬运脊椎骨骨折伤员时，必须用木板做担架，不能用普通的帆布担架。冬季要防冻保暖，夏季要防暑遮阴。

图 8-47　担架搬运

（五）突发性意外事故的急救

中暑、电击、溺水等急症是威胁大学生安全的重要隐患。在事故发生时积极采取正确的应急自救措施，可以赢得时间抢救，对防止伤势或病情恶化、促进身体健康起着关键的作用。

突发性意外事故是指不可预料的及当事人很难控制并造成人员伤亡的事件。这类事件会给日常生活中的人们造成极大伤害。因此，掌握对该类事故急救的基本原则和技能是必要的。

1. 中暑

中暑是在高温和热辐射的长时间作用下，因机体散热困难、体内热量积蓄过多所致使。

（1）中暑的表现。中暑均有高温接触史，症状表现为口渴、多汗、头晕、衰弱无力、心慌、高热、皮肤灼热、干燥，重症有昏迷、抽搐、呕吐、瞳孔缩小。

（2）中暑的抢救。速将患者移至有空调的房间或阴凉通风处，用冰水或冰水加酒精浸湿和摩擦全身，并用电风扇吹，连续操作，一直到使体温降至 38 度左右为止。或者在头颈、腋窝、腹股沟等浅表大血管区放置冰袋，体表盖以湿毛巾，反复用冰水浇洒并用电风扇吹风。同时，必须配合全身按摩，使皮肤血管扩张。有条件可配合冰帽降温和药物降温，饮用盐水或静脉补液。

2. 电击

人体能导电，电流通过人体可引起皮肤接触处的灼伤，电流通过中枢神经和心脏会引起中枢神经抑制和循环衰竭，主要表现为呼吸停止和心室纤颤。雷击是电击的一种，处理方法与电击相同。

（1）电击的临床表现。严重的触电休克表现为呼吸停止，触电人呈昏迷状态，皮肤青紫而变冷，血压急剧下降，但心脏仍维持搏动。更严重者出现心室纤颤，除呼吸停止及昏迷外，心音和脉搏消失，皮肤触及电源处出现灼伤。

（2）电击的急救方法。首先应立即使触电者脱离电源，接着进行心脏按压，如触电人心跳停止，必须立即进行心脏按压，如呼吸停止则应立即进行人工呼吸。严重触电除立即采取急救措施外，应迅速转送医院治疗。

3. 溺水

（1）溺水造成死亡的原因。水进入肺内，将空气排挤出去，引起肺水肿、窒息而死。水的刺激会引起会厌的痉挛性闭锁，也可以因迷走神经的抑制引起心脏突然停搏。虽只有很少的水进入肺内也可引起死亡，但此种病人被救活的机会较大。淡水溺水者由于大量淡水由肺部吸收入血内，使血液稀释和溶血后血钾升高，迅速导致心室纤颤。海水溺水者因肺内吸入的是含电解质较高液体，水分自血液入肺造成肺水肿导致心脏停搏。

（2）抢救方法。溺水者尚有心跳、呼吸时，将溺水者俯卧，用衣服将其腹部垫高或横放在救护者屈曲的膝头上，头倒悬，并轻压溺水者的背部，使支气管、肺和胃内的水迅速排出，如图 8-48 所示。打开溺水者的口腔，清除其中泥土唾液并将舌头拉出，以保持呼吸道通畅。无呼吸、心跳停止时，则必须立即进行人工呼吸和心脏按压。用冰袋冷敷患者头部，降低脑部温度，以减少脑组织对氧气的需要。

图 8-48　伏膝倒水法

（六）现场心肺复苏方法及步骤

1. 胸外按压

首先可通过触摸颈动脉判断心脏是否骤停。方法是使患者仰头，急救人员一手按住前额，另一手的食指和中指找到喉结或气管，两指下滑到气管与胸锁乳突肌之间的沟内即可触及颈动脉，如图 8-49 所示。判断时间不能超过 10 秒。如果不能肯定是否有循环，应立即开始胸外按压，避免因反复检查而贻误抢救。

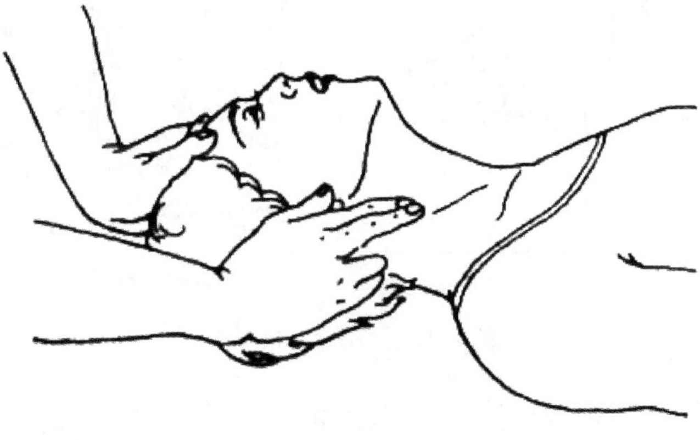

图 8-49　心脏停搏的判断

（1）胸外心脏按压原理。双手着力点位于胸骨中下 1/3 处将心脏向后压于胸椎，如图 8-50 所示。被动将心室内血液泵出，为脑和其他重要器官提供一定的血液及氧气。

（2）操作方法。患者仰卧于地上或硬板床上，急救者站立或跪在患者右侧，解开患者衣服，暴露胸部，左手掌根部放在患者胸骨体下段，右手掌重叠放在手背上，双手十指分开并相扣，两手手指翘起，两臂伸直，利用上半身重力垂直向下按压，按压幅度至少 5 厘米，每分钟至少 100 次，如图 8-51 所示。按压时用力均匀、有规律，不可中断按压。用力不能太大、太猛，放松时手不离开患者胸部。

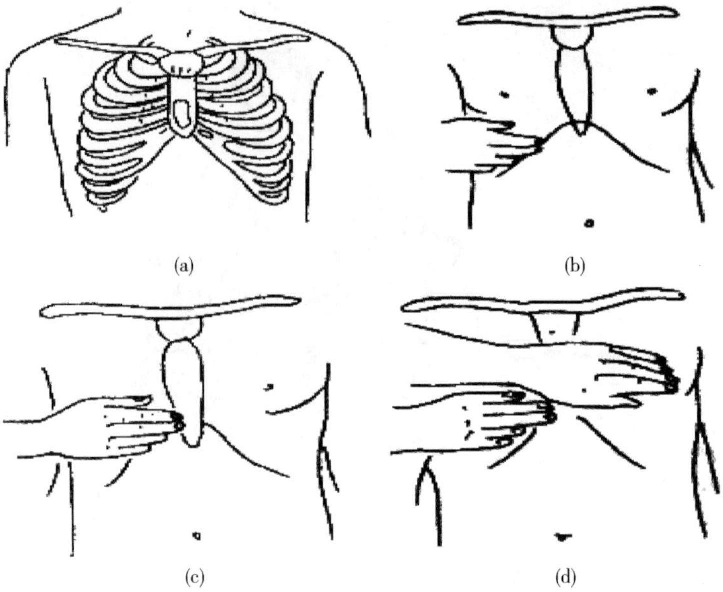

图 8-50　胸外按压部位定位方法

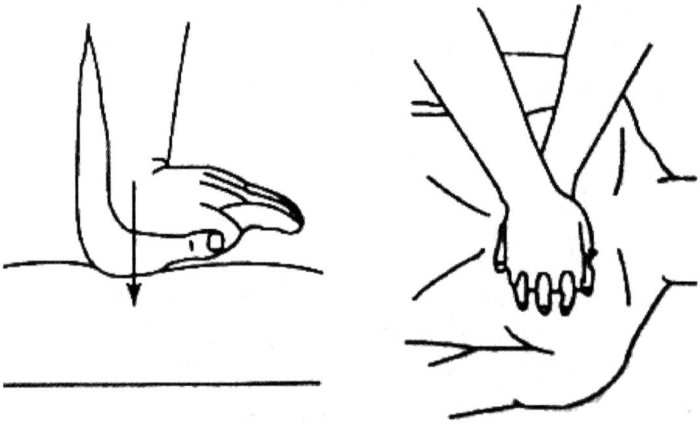

图 8-51　手指交叉按压法

（3）注意事项。心脏按压与人工呼吸配合进行，按压次数与口对口吹气的次数之比为 30∶2。肘关节伸直，上肢呈一直线，两肩正对双手，以保证每次按压的方向与胸骨垂直。如果按压时用力方向不垂直，有可能造成身体滚动，影响按压效果。

对正常体型的患者，按压幅度至少为 5 厘米，为达到有效的按压，可根据体形大小增加或减少按压幅度，最理想的按压效果是至少可触及颈动脉搏动。但按压力量以按压幅度为准，而不仅仅依靠触及脉搏。

每次按压后，手放松使胸骨恢复到按压前的位置（胸廓回弹），血液在此期间可回流到胸腔，放松时双手不要离开胸壁，一方面使双方位置保持固定，另一方面减少对胸骨本身的直接冲击力，以免发生骨折。按压与放松间隔比为 1∶1，可使大脑和心脏得到有效的血液供应。

2. 人工呼吸

判断颈动脉及胸外心脏按压期间，即应快速判断有无呼吸或者能否正常呼吸。如无呼吸或者不能正常呼吸，则需要进行人工呼吸。人工呼吸的方法有以下几种。

（1）口对口呼吸法。一手托起病人后颈部，使头后仰，口张开，保持呼吸道通畅，另一手捏住病人的鼻孔，急救者用口唇把患者的口全罩住，呈密封状，深吸一口气后快速吹气，每次吹气应持续大约 1 秒，每次吹入气体量约 800~1000 毫升，如图 8-52 所示。连续给 2 次，确保每次通气时胸廓起伏，吹完后立即松开捏鼻孔的手，让气道通畅。单纯通气时，频率为 10~12 次/分。

（a）　（b）　（c）

图 8-52　口对口人工呼吸

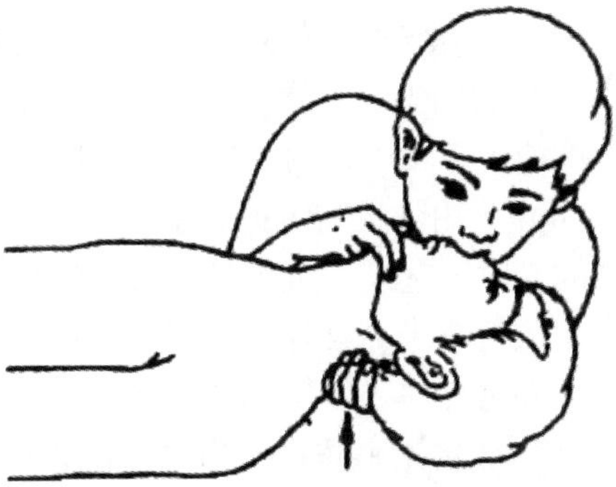

图 8-53　口对鼻呼吸法

（2）口对鼻呼吸法。对于牙关紧闭、张口困难、口唇创伤的患者不能经口呼吸时，可采用此法。一手置于患者前额后推，另一只手抬下颏，使口唇紧闭。用嘴封罩住患者鼻子，深吹气后口离开鼻子，让气体自动排出，如图 8-53 所示。

3. 现场心肺复苏有效和终止的指标

（1）心肺复苏有效的指标。经现场心肺复苏后，可根据以下几条指标考虑是否有效。

瞳孔：若瞳孔由大变小，复苏有效；反之，瞳孔由小变大、固定、角膜混浊，说明复苏失败。

面色：由发绀转为红润，复苏有效；变为灰白或陶土色，说明复苏无效。

颈动脉搏动：按压有效时，每次按压可摸到 1 次搏动；如停止按压，脉搏仍然跳动，说明心跳恢复；若停止按压，搏动消失，应继续进行胸外心脏按压。

意识：复苏有效，可见患者有眼球活动，并出现睫毛反射和对光反射，少数患者开始出现手脚活动。

自主呼吸：出现自主呼吸，复苏有效，但呼吸仍然微弱者应继续口对口人工呼吸。

（2）心肺复苏终止的指标。一旦进行现场心肺复苏，急救人员应负责任，不能无故中途辍止。又因心脏比脑较耐缺氧，故终止心肺复苏应以心血管系统无反应为准。若无心肺复苏有效指标，且进行了 30 分钟以上的心肺复苏，才可考虑终止心肺复苏。

第三节 核化生防护

有数据表明，在核武器方面，目前全球有近 40 个国家具有（或潜在具有）核武器或核材料生产能力；在化学武器方面，目前已有近 10 个国家拥有化学武器，另外至少有 10 多个国家正在研发化学武器，还有 10 多个国家宣布有生物武器研发计划。长期以来，核武器以及生化武器因其杀伤范围广、扩散速度快、威力大和持续作用时间长等特点，早就被列入大规模杀伤性武器。

一、对核武器的防护方法

核武器是利用核裂变或聚变反应释放的能量，产生爆炸作用，并具有大规模杀伤破坏效应的武器的总称。

对核武器防护主要包括两个方面：一方面是对核爆炸瞬时效应的防护；另一方面是对放射性沾染的防护。

1. 对核爆炸瞬时效应的防护

（1）在开阔地上防护。当发生核爆炸闪光时，应立即背向爆炸卧倒，同时应半张嘴、闭眼、收腹，两手交叉垫于胸下，两肘牵伸，头自然下压于两臂之间，两腿伸直并拢，暂时憋气。

（2）利用高于地平面地形防护。当发现核爆炸闪光时，应尽快利用就近地形，如山丘、土坎、山坡等，背向爆心，紧靠遮挡一侧的下方立即卧倒。

（3）利用土坑、弹坑、沟渠、山洞、涵洞等地形防护。当发现闪光时，应迅速跃入坑内，跪或坐于坑内，两手掩耳、闭眼、半张嘴，暂时停止呼吸。

（4）利用建筑物防护。坚固的建筑物对瞬时杀伤因素具有一定的防护作用。当发现核爆炸闪光时，室外人员尽量利用墙的拐角或紧靠背向爆心一面的墙根卧倒，室内人员应尽量利用屋角或床、桌卧倒或蹲下，要注意不要利用不坚固或易倒的建筑物，还要避开窗、门等处和易燃物，以免受到间接伤害。

（5）利用工事防护。当接到核袭击警报信号或发现闪光时，不担负值班的人员应迅速有秩序地进入工事，关好防护门，并视情况掩堵耳孔。

（6）利用堑壕、交通壕、观察所防护。当发现闪光时，应迅速进入壕中，并采取相应的措施，可避免光辐射、冲击波和早期核辐射的伤害。

（7）利用防护头盔、雨衣、防毒斗篷和衣物等防护，在一定距离上可以避免或减轻光辐射和冲击波的伤害。浅色衣物比深色衣物防护效果更好。

2. 对放射性沾染的防护

对放射性烟云沉降的防护。对于爆心下风的人员，在放射性烟云到达以前，要做好防护准备。当发现放射性下落灰尘时，迅速穿戴防护器材；若无制式器材，应利用就便器材进行防护。

通过沾染区时的防护。通过沾染区应避开辐射水平高的地区（绕道通过），无法避开时，则应尽量推迟进入时间，利用制式或简易器材进行全身防护。通过时，人员之间应尽量保持适当的距离，加快行进速度，尽量缩短停留时间，减少灰尘地扬起。

3. 消除沾染

消除沾染是利用各种措施，将放射性物质从人员、物体表面上除去，以减轻放射性物质对人员的伤害。

（1）对人员的消除。人通过沾染区或受染后，应尽快进行洗消。在沾染区内，应利用战斗间隙进行局部洗消。情况允许时，可撤出沾染区进行全身洗消。局部洗消：就是擦洗身体的暴露部位，如头、脸、颈、手等，以去掉放射性灰尘。用湿毛巾擦拭皮肤的洗消率可达90%；用毛巾、纱布、棉花等擦拭的洗消率在65%；用清水和肥皂水擦洗，消除效果更好。全身洗消：一般在开设的洗消站内进行。夏季也可在未受沾染的江河、湖泊里进行洗消。

（2）对服装、装具的消除。

①拍打法。对穿在身上的服装可自行拍打或互相拍打；对脱下的服装可挂起来拍打。拍打时人员应站在上风或侧风方向，按照从上至下、先外后里的顺序进行。

②抖拂法。人员背风或侧风站立，把受染服装用力甩抖几次，对衣领、衣袋部位也要进行抖拂。

③扫除法。用扫帚、草把等物自行扫除或互相扫除几遍服装等。

④洗涤法。将受染服装同平时洗的衣服一样，用洗衣粉搓洗后，用清水冲洗，洗涤时，应戴橡胶手套、口罩。

（3）对武器装备的清除。对武器装备消除是为了避免或减轻沾染对人员的伤害。消除时，可以利用擦拭、扫除、水冲等方法进行。

（4）对地面、工事的消除。可以利用铲除法将污染的地表面铲除3厘米深左右，铲除时由上风方向开始，并注意不要扬起灰尘。可以用消除法清扫地表面和工事表面，但要注意风向。铲除和清扫的灰尘应集中掩埋。

二、对化学武器的防护方法

化学武器是以毒剂的毒害作用杀伤有生力量的各种武器、器材的总称，是一种大规模杀伤性武器。

对化学武器的防护，主要包括能及时发现化学武器袭击征候，接到化学袭击警报时迅速采取正确的防护措施，同时又能在防护状态下继续执行战斗任务。

1. 发现化学武器袭击征候

及时发现化学武器袭击征候是做好防护的重要前提。战斗中，通常采取听、看、嗅的方法发现化学武器袭击征候。毒剂弹爆炸时与一般杀伤弹爆炸声有别，通常较低沉，爆震感较弱，有时有异常噪音。爆炸后出现浓密的烟雾团，持续时间长，没有明显的地面抛起物。烟雾团向下风向漂移方向较远，弹片较大，并可能有油状物，有的弹片留有残留标志（美军化学弹弹体通常漆成灰色，有型号、毒剂代号标志色带）。弹坑较小，弹坑及周围有时有潮湿现象或明显的细小油状液清，有时在水面上有“油花”“油膜”。多数毒剂都有其特殊的气味，在嗅觉可发现的浓度下，闻到其气味及时防护还不会引起伤害。此外，还可通过个别人员、小动物等的中毒症状来判断。

2. 防护方法

为了避免或减少敌人化学武器的杀伤，战斗中应充分做好防护准备，使防护器材处于良好状态，携带的防护器材要便于使用和不影响战斗行动。

（1）利用器材防护。当遭遇化学袭击时，要迅速戴好防毒面具；当敌机布洒毒剂，毒剂弹药、炸弹爆炸后有飞溅的液滴或漂移的气雾时，应迅速对全身进行防护，披上防毒斗篷或雨衣、塑料布等。

（2）利用工事防护。情况允许时，除观察员和值班人员外，应立即掩蔽工事，关闭密闭门或放下防毒门帘。利用有防护设施的工事防护时，应根据指挥员的命令有组织地进行，不得随意进出。进入时应防止将毒剂带入；进入后要减少各种活动。

（3）直接通过染毒地域时的防护。直接通过染毒地域时，应在指挥员组织下充分做好防护准备，到达染毒地域前利用地形迅速穿戴防护器材。通过时，应根据敌情和地形情况，选择地质坚硬、植物层低且少的道路，尽量避开弹坑、泥泞、松软和有明显液滴的地点。情况允许时，可适当拉开距离，快速通过。乘车时，应加大距离，快速通过。通过后应根据指挥员的指挥或利用战斗间隙检查染毒情况，对人员、服装、武器进行消毒。

三、对生物武器的防护措施

生物武器是生物战剂及其施放装置的总称，它的杀伤破坏作用靠的是生物战剂。生物武器的施放装置包括炮弹、航空炸弹、火箭弹、导弹弹头和航空布洒器、喷雾器等。

1. 个人防护的方法

如果处于敌人施放的生物战剂污染区内时，应根据当时具体条件，选用防护器材，主要抓好戴、扎、涂、服四件事。戴，即戴防毒面具、口罩或用毛巾捂住口、鼻，戴手套，穿塑料衣、帽、胶靴等；扎，即扎好袖口、裤腿，将上衣扎进腰裤内，围好颈部；涂，即在身体暴露部位涂抹防虫剂或驱虫剂；服，即直接接触生物战剂的人员，可服高效、长效预防药物。

2. 集体防护的方法

听到预报信号后，立即进入人防工事，因为人防工事内设有滤毒通风设施，对生物战剂有很好的防护效果。此外，对污染区人员还应采取如下措施。

（1）隔离、封锁。对敌人施放生物战剂所造成的沾染区和引起鼠疫、霍乱、天花等烈性传染病的疫区应及时警戒，实行封锁，禁止无关人员出入。对传染病人进行隔离治疗。

（2）消毒。被污染人可淋浴或用肥皂水擦洗污染部位。用碘酒、个人消毒液擦拭，或用净水冲洗，都有一定效果。受污染的仪器、衣物以及环境，也要及时进行消毒。

（3）杀虫、灭鼠。杀灭昆虫可用打、捕、烧、熏或喷洒农药等方法，使用药物时应注意安全。

分析与思考

1. 练习格斗基本功。
2. 练习包扎及心肺复苏法。
3. 请简述对核、化、生武器的防护方法。

延伸阅读

震惊世界的切尔诺贝利核事故

切尔诺贝利核电站，位于苏联乌克兰加盟共和国首府基辅市以北 130 千米处，是一个著名的大型民用能源工业工厂。该电站已建成和在建的共有 6 个反应堆，每个反应堆的装机容量均为 100 万千瓦。发生爆炸的是 4 号反应堆。

切尔诺贝利核电站泄漏带来了非常严重的环境污染，对辐射区人畜造成了极大损害。直接导致急性致死 30 人，其中 2 人分别死于爆炸和心脏病，其余 28 人死于治疗中心，死亡人员均为电厂工作人员和消防人员。现场的几百人在当天接受了急性放射性照射后的治疗和住院观察，其中 237 人有急性放射性病状，最终确诊 134 人为急性放射性病患者。污染了白俄罗斯 23%的领土、乌克兰 5%的领土以及俄罗斯 1.5%的领土，产生了跨越欧洲的放射性云，320 多万人遭受核辐射的侵害。乌克兰卫生部 2003 年公布，在乌克兰全国 4800 万人口中，共有包括 47.34 万儿童在内的 250 万核辐射受害者处于医疗监督之下。事故发生后，共有 12 万多人迁出受灾区，约 11.6 万人立即从反应堆周围地区撤离，1986 年后还有约 22 万人从受影响地区迁走。为清理切尔诺贝利事故核污染，苏联政府先后动员了 60 余万人参加事故的清理工作。

截至 2010 年，清理人员中俄罗斯人死亡人数超过了 1 万，残疾者达到 27%。事故清理者和污染地区居民发病率超过全国平均水平，呼吸道疾病增加 21.1%，血管疾病增加 12.1%，感官疾病增加 11%，甲状腺癌的发病率倍增，清理者自杀现象增多。大量放射尘埃还污染到北欧、东西欧的瑞典、丹麦、芬兰以及欧洲共同体国家。切尔诺贝利核事故造成的直接经济损失达 20 亿卢布，如果把苏联在旅游、外贸和农业方面的损失合在一起，可能达到数千亿卢布。

第九章　战备基础与应用训练

学习目标

1. 了解战备规定、紧急集合、徒步行军、野外生存的基本要求、方法和注意事项。
2. 熟悉电磁频谱的概念及应用。

战备是武装力量为及时应对可能发生的战争或突发事件而在平时进行准备和戒备的活动。士兵作为部队的主体，担负着作战和应付突发事件的各项任务，必须牢固树立战备观念，了解战备常识，搞好战备的各项训练，以保证一旦遇有紧急情况能在最短的时间内准备好，能以最快的速度投入战斗，并能圆满地完成任务。

通过本章的学习，有助于大学生充分了解战备规定的基本内容、紧急集合的要求和内容，了解行军拉练的组织准备、管理与指挥，掌握野外生存的基本技能，了解地形和电磁信号对军事行动的影响，熟悉识图用图和电磁频谱管控的基本知识，进一步增强综合国防素质。

第一节　战备基础知识

战备工作是军队全局性、综合性、经常性的工作。做好战备工作、提高战备水平，是有效应对多种安全威胁、完成多样化军事任务的重要保证。

一、战备教育

各部队通常要结合形势和任务对所属人员进行经常性的战备教育。战备教育由政治机关组织，通常每季度进行一次。节日、特殊时期和部队执行任务前一般也要进行针对性战备教育。战备教育通常包括以下 3 项内容：

1. 进行马克思主义战争观、军队根本职能和新世纪新阶段军队历史使命教育，大力培育当代革命军人核心价值观，使全体人员牢固树立时刻准备打仗、时刻准备执行非战争军事行动任务的思想。

2. 进行形势、任务教育和反渗透、反心战、反策反、反窃密教育，以及战备工作法规制度教育，克服麻痹思想，增强战备意识，保持常备不懈。

3. 进行爱国主义、革命英雄主义教育。强化战斗精神，培养英勇顽强的战斗意志和战斗作风，坚定敢打必胜的信心。

二、“三分四定”

“三分四定”是陆军地面部队、海军陆战队、空降兵部队对战术储备物资存放与管理的基本要求。其他部队的战术储备物资要根据自身特点，按照便于储备和使用的要求进行存放与管理。

“三分”指战备物资按规定分为携行、运行和后留三类。携行物资就是紧急情况时自己随身带的必备物资；运行物资就是有些物资个人很需要，但自己携带不了，需要上级单位帮助运走的物资；后留物资就是不需要带走的个人物资（自己买的，不是部队配发的东西），留在营房里，由上级统一保管。

“四定”指战备物资在存放、保管和运输中做到定人、定物、定车、定位。定人，就是将携行、运行和后留物资明确到具体的个人并以标签进行标识；定物，就是将个人储备物资按照携行、运行和后留进行区分，明确各自的种类和数量；定车，就是明确个人携行和运行物资放置的具体车辆（几号车）；定位，就是明确个人携行和运行物资设置在车辆上，后留物资放置在库室内的具体位置。

“三分四定”是战备工作的重要内容，每一个士兵平时要严格按规定做好各项工作，保证一旦有紧急情况就可立即出动。

三、战备等级

战备等级是部队战备程度的区分，全军战备等级分为四级战备、三级战备、二级战备、一级战备。

1. 四级战备

即国外发生重大突发事件或者我国周边地区出现重大异常，有可能对我国安全和稳定带来较大影响时部队所处的战备状态。

部队的主要工作：进行战备教育和战备检查；调整值班、执勤力量；加强战备值班和情况研究，严密掌握情况；保持通信顺畅；严格边境管理；加强巡逻警戒。

2. 三级战备

即局势紧张。周边地区出现重大异常，有可能对我国构成直接军事威胁时，部队所处的战备状态。

部队的主要工作：进行战备动员；加强战备值班和通信保障，值班部队（分队）能随时执行作战任务；密切注视敌人动向，及时掌握情况；停止休假、疗养、探亲、转业和退伍。控制人员外出，做好收拢部队的准备，召回外出人员；启封、检修、补充武器装备器材和战备物资；必要时启封一线阵地工事；修订战备方案；进行临战训练，开展后勤、装备等各级保障工作。

3. 二级战备

即局势恶化，对我国已构成直接军事威胁时，部队所处的战备状态。

部队的主要工作：深入进行战备动员；战备值班人员严守岗位，指挥通信顺畅，严密掌握敌人动向，查明敌人企图；收拢部队；发放战备物资，抓紧落实后勤、装备等各种保障；抢修武器装备；完成应急扩编各项准备，重要方向的边防部队，按战时编制齐装满员；抢修工事、设置障碍；做好疏散部队人员、兵器、装备的准备；调整修订作战方案；抓紧临战训练；留守机构展开工作。

4. 一级战备

即局势崩溃，针对我国的战争征候十分明显时，部队所处的战备状态。

部队的主要工作：进入临战战备动员；战备值班人员昼夜坐班，无线电指挥网全时收听，保障不间断指挥；运用各种侦察手段，严密监视敌人动向，进行应急扩编，战备预备队和军区战备值班部队，按战时编制满员，所需装备补充能力优先保障；完成阵地配系；落实各项保障；部队人员、兵器、装备疏散隐蔽伪装；留守机构组织人员向预定地区疏散；完善行动方案，完成一切临战准备，部队处于待命状态。

第二节　紧急集合训练

紧急集合，就是部队或分队在紧急情况下，迅速聚集人员并按规定携带装备物资的应急行动，指军队、警察或其他准军事化组织在非常规状态下或演习情形下突然实行集合。通常以警报、哨声等为信号，在极短的时间内对所属部队或一定范围内的人员按备勤要求进行集中（往往在5分钟以内），一般要求集合人员按规定着装，配带相关武器或装备。

一、实行紧急集合的情况

（1）发现或者遭到敌人的突然袭击。

（2）受到火灾、水灾、地震、台风等自然灾害威胁或者袭击。

（3）上级赋予紧急任务或者发生重大意外情况。

二、紧急集合的类别

紧急集合分为全副武装紧急集合和轻装紧急集合。全副武装紧急集合是根据当时部队所处的战备等级状态而确定。此时，人员的负荷量、携行的装备和器材均按战备方案和上级的规定执行。轻装紧急集合是在执行临时性的紧急任务时所采取的一种方式，着装时，为减轻士兵的负荷量，通常不背背包（或携带单兵生活携行具），以提高部队的快速机动能力。

三、紧急集合的程序

1. 着装

通常着作训服。白天进行紧急集合时，一般按当时的训练着装进行。如果上级重新规定着装，士兵应立即换装。夜间实施紧急集合时，士兵应迅速起床，按照帽子、上衣、裤子、袜子、鞋子（双层床上层的士兵打完背包再穿鞋子）的顺序进行穿戴。

2. 整理携行生活器材

没有装备生活携行具时，应打背包。背包宽30~35厘米，竖捆两道，横压三道。米袋捆于背包上端或两侧；雨衣、大衣通常捆于背包上端，大衣袖子捆于背包两侧；鞋子横插在背包背面中央或竖插两侧；锹（镐）竖插在背包背面中央，头朝上。

装备有生活携行具时，应按以下顺序进行：

（1）迅速组合背架；

（2）按规定将物品分别装入主囊、侧囊和睡袋携行袋；

（3）组合背架和军需装备携行具。

3. 步兵装具携带

全副武装：背挎包，右肩左胁；背水壶，右肩左胁；背防毒面具，左肩右胁；扎腰带（机枪手先背弹盒）；披弹袋；背背囊（背包，火箭筒副射手背背具）；取枪（筒）和爆破器材。

轻装：不背背囊（背包），将锹（镐）头朝下背于右肩，系绳绕腰间与背绳系紧；米袋，右肩左胁；雨衣（冬季带大衣时，将大衣袖子留在外面卷紧捆好，再将袖口对接扎紧）左肩右胁，其他装具携带同全副武装。

4. 集合

士兵披装完毕后，迅速跑步到班集合地点，向班长报告。全班到齐后，班长带领全班迅速赶到排集合场，并向排长报告。士兵在紧急集合时要做到：迅速、肃静、确实、完整、安全、便于行动。这就要求每名士兵在平时应按规定放置武器、弹药、装具和衣物，这样在紧急集合时就便于拿取和穿着，行动才不会慌乱。

第三节 行军拉练训练

一、行军的概念

行军，是军队徒步或乘车沿指定路线进行的有组织的行动。战时行军通常在夜间或视度不良的条件下实施。

行军的种类，按行动方式分为徒步行军和乘车行军；按时间分为昼间行军和夜间行军；按行程速度分为常行军、急行军和强行军；按行进方向分为向敌行军、侧敌行军和背敌行军。

行军的速度应根据任务、敌情、时间、行军能力、道路状况和气候季节而定。常行军，通常徒步每小时 4~5 千米，日行程 25~35 千米。急行军为时速 10 千米左右，强行军为日行 50 千米以上，一昼夜连续行军 12 小时以上；执行紧急任务时采用强行军，是加快时速和加大每日行程的行军方法。

行军时，应适时组织大、小休息。小休息通常在开始行军 30 分钟后进行，其时间约 15 分钟，然后每行进 50 分钟休息一次，每次约 10 分钟。休息时，队伍应靠路边，面向路外侧，保持原来队形。督促战士整理鞋袜和装具。大休息通常是在走完当日行程的 1/2 以上时，进入指定地区休息 2~3 小时。走完一日行程后，按上级指示进行宿营。

二、行军组织准备

1. 研究情况，拟出行军计划

指挥员在了解任务的基础上，应召集有关人员研究敌情、行军道路及其两侧的地形、分队的任务，确定分队的行军序列，观察、警戒的组织，制定防护措施和各种情况的处置方案。

2. 做好思想动员

行军前，指挥员应根据本分队所担负的任务，结合分队的思想情况，进行深入的思想动员。要教育战士遵守行军纪律、服从命令听指挥、不得擅自离队、不得丢失装备和食物、不喝生水、不违反群众纪律等，保障分队顺利完成行军任务。

3. 下达行军命令

下达行军命令时，应着重明确本部队的任务、敌情、行军路线、里程、着装规定以及起床、开饭、完成行军准备的时间与集合的时间，到达指定地区的时间以及行军序列、休息的地点等。

4. 组织战斗保障

一是指定观察员，负责对地、对空观察；指定值班分队及火器负责对空防御：二是规定遭敌核、化、生武器袭击时各分队行动方法。三是规定在敌人航空兵或炮火袭击时的行军方法。四是规定伪装方法及伪装纪律。

5. 做好物资装具准备

为了顺利完成行军任务、保持分队的战斗力，行军前，指挥员必须检查携带的给养和饮水、武器和弹药等情况，检查着装情况，妥善安置伤病员，并根据季节，进行防暑、防冻教育和物品的准备。

三、行军管理与指挥

（1）在有可能发生遭遇战斗的情况下行军时，各排长应随连长在先头行进，以便及时受领任务。

（2）分队在公路或乡村路行军时，应沿道路的一侧或两侧行进，乘车时，沿道路的右侧行进。

（3）行军中，应注意保持行军速度和规定的距离，听从调整哨的指挥，未经上级允许，不得超越前面的分队。

（4）经过渡口、桥梁、隘路等难以通行的地点时，指挥分队有组织地通过，防止拥挤。通过后，先头分队应适当减低速度，避免后面的人跑步追赶。

（5）徒步行军的分队应主动给行进的车辆、执行特殊任务的分队和人员让路。

（6）严格行军纪律，出发前督促战士排除大小便，教育战士在行军中听从指挥，不得擅自离队，不得丢失装具和食物等。

（7）分队按上级指示组织休息。小休息应靠路边，并保持原队形。在第一次小休息时，应督促战士整理鞋袜、装具等。大休息时应该离开道路，进入指定地区。休息时，应派出警戒，必要时，可占领附近有利地形，加强对地、空的观察，并保持战斗准备，以防止地面和空中敌人的突然袭击。教育分队在规定地区休息，严格请销假制度。

（8）在山林地行军时，通过山垭口和上下坡时，应适当减速行进，以避免后面跑步追赶和掉队，火炮、车辆应适当加大距离。在严寒地带行军时，小休息时间不要过长，并禁止躺卧，以免发生冻伤。在炎热季节行军时，注意防暑。

（9）遇敌空袭时，应指挥分队迅速向道路一侧或两侧疏散隐蔽，并指定火器射击低飞敌机。如空袭情况不严重或行军任务紧迫时，分队则应疏开队形，增大距离，加快速度前进。

（10）行军中，连级应指定一名干部，带领卫生员和若干体力较好的战士为收容组，在连队的后尾跟进，负责收容伤病员，组织掉队的人员跟进。

四、越野行进

（一）山林地行进

山林地行进的特点是地形起伏大，山脊重叠，纵横交错，林木丛生，道路少，障碍多，通视不良，缺少明显方位物，通行极为困难。行进时应注意下列几点：

一是图上选择行进路线时，应按照“有路不越野，走脊不走沟”的原则选定，尤其是要认真选择转弯点和方位物，并尽可能选择有明显特征的地形、点与点之间的距离，一般1千米左右，复杂地形可缩短到几百米。

二是量测方位角和准确计算行进时间。一般须预先量出各段磁方位角，特别是越野地段，同时要判明出发点到目的地的总方向，以便行进中对要去的方向心中有数。因山林地行进困难，计算行进时间要考虑影响行进速度的各种因素，通常要比一般地形上行进慢。

三是行进中，要随时掌握好行进方向，这是山林地行进的关键。每段行进前，在确定站立点后，要认真明确下段路线行进方向，并在行进方向上及其翼侧选择几个方位物。行进中边走边观察，并记忆现地路线的方向变化，利用远方方位物结合地形特征保持行进方向。行进中尽可能沿山背、山脊、鞍部等明显地形行进，不要横越山背（谷），并尽可能避开悬崖、峭壁和陡石山地段。

四是发现走错路或迷路时，应冷静回忆走过的地形，细致观察对照，远近结合，判定出站立点；若站立点一时判别不出来，应按原路返回到开始发生错误的地方再走，一般不要取捷径斜插，以免造成大错。如错迷路较大，经过多种方法判定还是找不出站立点，又不能返回原路应尽力判定现地方位，按原定总方向插向目的地。

（二）热带丛林地行进

部队在热带丛林地中行进，为防止蚊虫、扁虱、蚂蟥、毒蛇的叮咬，应穿裤子，并要拉紧裤腿和袖口，最好将裤腿塞进靴子里面，有条件还应戴手套。在鞋面上涂驱避剂或肥皂，可防止蚂蟥爬入。为了防止毒蛇的袭击，行进中可用木棍“打草惊蛇”，同时，亦应注意树上有无毒蛇。休息时，要仔细看后再坐。

（三）沼泽地行进

遇到沼泽地，最好避开，因为通过沼泽地不仅困难，而且危险。如果沼泽地无法绕行，应手持一根木杖探寻坚实的地面或泥水较浅的地点通过。通过沼泽地，不要沿着别人的脚印走，因为漂浮层强度有限，若重复踩一个地方，就有可能陷落。如果必须走一条线路时，应彼此间保持一定距离，避免重力过于集中。如遇到有鲜绿色植物的地方，应避开绕行，这种地方不是湿度大，就是漂浮层很薄，下面很可能是泥潭。

（四）河流的涉渡

遇到河流不要草率入水，要仔细地观察之后再确定渡河的地点和方法。山区河流通常水流湍急，水温低，河床坎坷不平。涉渡时，为了保持身体的平衡，应当用一根竿子支撑在水的上游方向。在集体涉渡急流时，应当三人或四人一排，彼此环抱肩部，身体最强壮的应处在上游方向。在涉渡石底河时，应当穿鞋，以免尖石划破脚，同时也可以更好地保持平衡。倘若山间急流水深过腰，则绝不可冒险涉渡。涉渡冰源河时，最好早上通过，因为那时河水最浅。遇到较大的河流，可就地取材制作浮渡工具。用雨衣包裹稻草或芦苇的浮包负重量较大。1千克稻草或芦苇在水中有3千克的负重量。若有较多的武器装具，可用竹子、芭蕉杆、束柴或圆木等，结扎成三角形或长方形的浮渡筏，人伏其上，用蛙泳泅渡前进。

（五）沙漠戈壁行进

在沙漠、戈壁地越野时，地形虽平坦开阔，但人烟稀少，行进时要集中精力、注意用地图与现地对照，抓那些明显而特殊的地形，如小块灌木丛，芦苇地，沙垄和沙丘，龟裂地以及独立石土堆、干河床等作为对照的目标。在沙漠戈壁中行进，最好是保持体力，夜行晓宿。白天要防止身体在太阳下暴晒，尽可能利用阴影遮蔽。衣服颜色最好是白色浅色，白衣服可反射太阳辐射 50%。头部应避免太阳暴晒，除了戴帽外，可用毛巾、衬衫、伞布遮盖头部。

（六）高寒地区行进

攀登冰川和雪坡要特别谨慎。冰川上裂隙很多，对人威胁最大的是冰瀑区的边缘裂隙，特别是被积雪掩盖的隐裂隙最危险。通过裂隙时，应数人结组行动，彼此用绳子连接，相邻两人之间的距离 10~20 米。在前面开路的人，要经常探测虚实。后面的人一定要踩着前面人的脚印走，这样比较安全。通过裂隙的冰桥或雪桥时，要匍匐前进。攀登坡度很大的雪坡时，一定要两脚站稳后再移动。向前跨步时要用脚前掌踏雪，踩成台阶再移动后脚。如果不慎滑倒，要立即俯卧，防止下滑。在山谷行走，应靠近山谷中心线，以避免山坡滚石。不要接近雪檐，更不要在雪檐下行走，以免触发雪崩。

五、宿营

（一）宿营的种类及宿营地的选择

宿营可采取舍营、露营或两者结合的方式进行。分队通常在上级编成内宿营，有时也单独组织宿营。宿营时，必须提高警惕，加强侦察警戒和通信联络，注意隐蔽伪装，确保分队安全休息和迅速投入战斗。

宿营地应根据敌情、地形情况，由设营组预先选择或指挥员临时选定。其一般应具备如下条件：有良好的地形、充足的水源，有良好的进出道路，便于疏散、隐蔽，便于机动和迅速投入战斗，避开大的集镇、交通枢纽等明显目标，避开洪水道、油库、高压电源，避开易崩塌的危险地点和严重的沾染地、传染病区等。

（二）宿营的组织与管理

（1）分队宿营时，指挥员应根据分工，迅速组织指挥分队完成各项工作，使分队尽快得到休息。

（2）宿营配置与要求。分队应根据敌情、宿营时间、宿营方式和地形等条件确定宿营配置。无敌情顾虑或敌情顾虑小，宿营时间短时，可将分队沿着行军路线疏散配置，或集中配置；敌情顾虑较少或宿营时间较长的，应尽可能离开行军路线疏散配置，要便于隐蔽、便于警戒和便于战斗行动。露营时，应利用地形，以排、班为单位配置；舍营时，应根据房屋条件，便于集中，并尽量按建制分配住房；当以舍营和露营相结合的方式宿营时，应根据情况灵活地配置。步兵分队通常配置在受敌威胁较大方向的外侧，火器分队通常配置在宿营地的内侧，营（连）部通常位于营地内便于指挥的地点。乘车行军宿营时，视情况可配置适量人员在车上住宿，车辆通常的疏散、隐蔽地位于宿营地内便于机动的位置。

（3）分队到达宿营地后，指挥员应迅速明确各分队住房或露营地（住宿的车辆和停车点）；明确次日主要任务及为执行任务应做的准备、宿营的通信联络信（记）号及口令、指挥员的位置；规定紧急集合场地；制定隐蔽伪装、灯火管制措施；根据情况划分防空疏散区，组织构筑必要的防空工事；消除车轮印等痕迹；明确遭敌方核、化学武器袭击及敌人突袭时的行动。

指挥员应抓紧时间就当日行军情况进行简短的讲评，并提出宿营要求。

（4）进入宿营地域后，应迅速搜集情况，及时向上级报告。报告的方式分为文字和口述两种。连通常应呈送宿营报告（附宿营图），排通常用口述报告。

（5）组织好休息。宿营部署完毕后，分队应迅速投入各自宿营地，卸装、卸载、打扫卫生、设铺搭棚、架帐篷、挖厕所；明确饮水、用水；做饭，吃饭；检查车辆，加油加水；擦拭武器，整理装具；补充弹药、器材；安排好伤病员，穿刺脚泡；修理鞋袜；干部深入排、班，检查监督分队尽快休息，加强查铺查哨。

（6）做好群众工作。分队首长应与当地政府和人民群众取得联系，了解社情，向分队简要介绍宿营地区的敌情、社情和疫情及风俗习惯。分队应认真执行党的政策和“三大纪律八项注意”，开展拥政爱民活动，并根据情况，动员群众、民兵，封锁消息，防奸保密，宣传（武装）群众，帮助民兵训练，组织助民劳动，解决群众困难。离开宿营地时，应做好群众工作，送还借用东西，打水扫地，填平厕所，征求意见，检查纪律。

（7）各种情况处理。遭敌方空袭时，应立即发出警报，人员迅速进入指定疏散区隐蔽，组织火器对空射击。空袭后根据情况继续宿营或按上级指示转移宿营地。遭敌人坦克、摩托化步兵突袭时，应迅速指挥分队抢占有利地形，顽强抗击敌人，并及时报告上级。如敌人少，应将其歼灭；如敌人占优势，应配合主力部队歼灭敌人，或交替掩护撤退。发现敌人向我方宿营地空投时，应立即报告上级，并指挥分队迅速奔赴空投地区，抢占要点，在友邻部队和民兵协同下歼灭敌人。

（8）当受到敌方核、化学武器袭击时，应迅速进入疏散区，利用地形和工事进行隐蔽，用制式或就便器材进行防护。袭击过后，应立即抢救伤员、灭火、消除沾染（消毒），并将情况报告上级，组织分队立即撤出沾染地区。

（三）在复杂地形、气候条件下的宿营

1. 在山林地宿营

宿营时应避开悬崖、陡坡、峡谷和可能发生山洪、雪崩的危险区。要做好防虫害工作。宿营警戒要注意控制制高点、道路交叉点及隘路，严防敌人突袭。

2. 在草原、沙漠、高原地宿营

宿营时应力求选择有水、居民的地区，避开风口。要搞好伪装，加强防空，注意防火以及防风暴、风沙、泥石流。

3. 在严寒条件下宿营

宿营时应尽可能舍营，力求集中住宿，预防冻伤。已冻伤者切忌烤火或用热水烫脚。要尽量吃热饭，饮热水。睡觉时注意保暖。

4. 在炎热条件下宿营

宿营时应注意防暑、防病、防毒虫、防火等。露营时，帐篷、草棚或地铺周围应铲除杂草，撒些草木灰，挖好排水沟。要增供凉开水。

第四节　野外生存训练

野外生存，指人在食宿无着的山野丛林中求生。

一、野外判定方向和求救

判定方位，是现地判明东、南、西、北方向，以便明确周围地形和敌我的关系位置，保持正确的前进方向，尤其是夜间，视度不良，人的视听及各种感觉器官受周围环境的影响较大，容易产生错觉。要保证夜间行动的隐蔽、迅速、准确，保持正确的前进方向是首要条件。

判定方位的方法，包括利用指北针判定方位、利用北极星判定方位、利用太阳判定方位等，在阴天和没有指北针、地图的情况下，我们还应当学会利用自然界的一些特征和其他方法判定方向。

在自然界，有些地物、地貌由于受阳光、气候等条件的影响形成了某种特征，可以利用这些特征来概略的判定方位。

独立大树通常是南面枝叶茂密，树皮较光滑；北面树叶较稀少，树皮粗糙，有时还长有青苔。砍伐后，树桩上的年轮北面间隔小，南面间隔大。

突出地面物体，如土堆、土堤、田埂、独立岩石和建筑物等，南面干燥、青草茂密，冬季积雪融化较快；北面潮湿，易生青苔，积雪消融较慢。土坑、沟渠和林中空地则相反。

我国大部分地区，尤其是北方，庙宇、宝塔的正门多朝南方；广大农村住房的正门一般也多朝南开。

由于我国幅员辽阔，各地都有不同的特征，只要留心观察，注意调查、收集和研究，就会找到判定方位的自然特征。如内蒙古地区，冬季大多是西北风，山的西北坡积雪较少，东南坡积雪较多；树干多数略向东南倾斜，内蒙古的门一般朝东南；新月形沙丘朝东南方发展，坡度缓的一端朝西北，坡度陡的一端朝东南。再如，辽西丘陵地区气候比较干燥，松柏树一般生长在北坡。

还可利用已知点判断方位。通过已知高地的走向、河流的流向、村庄（街道）的方向与自己站立点的关系位置，来判断概略方位。如事先在地图或沙盘上知道某高地是西北东南走向，某村庄在该高地的东南方向，行进到该高地或某村庄后如需判定方位，只要明该高地与某村庄的关系位置，便可知道概略方向。又如，事先在地图或沙盘上知道河流为东西走向，河水由西流向东，到达河边观察河水的流向，便知上游是西，下游是东。

在作战和野外训练中，迷失方向可能会出现与部队失去联系的现象，为摆脱困境必须学会和掌握求救和联系的方法。夜间可在高处点火堆；白天可燃烟。在火上放青草，就会发出白烟，每隔 6 分钟放一次青草，这是世界通用的求救信号；在易被空中、地面发现的地方用石头摆放成“SOS”的救援标记；在草原可用刀割或用手拔出相应的求救标记；适时脱去与周围地物颜色相近的军装，露出白色或其他色彩鲜艳的衬衣；当发现我方救援飞机，可用小镜子或指北针的反光镜照射救援飞机；在森林中，也可击打大树发出洪亮的声音与救援人员联系。

二、野外寻找食物

可在野外寻找的食物种类有：野生植物、动物、昆虫、藻类、鱼类等。大部分野生植物、动物、昆虫、鱼类都可食用，只有少量有毒不可食用。

我国地域广大，寒、温、热三带气候俱全，且大部分是属于温暖地带，适合各种植物生长，其中能食用的就有2000种左右。野生植物的营养价值很高，含有多种维生素。数千年来，我国劳动人民积累了丰富的采食野生植物的经验，每年从三月份开始到九、十月间，在我国辽阔的国土上，各种可食的野生植物生长旺盛，满山遍野皆是，仅革命根据地井冈山就有可食用野生植物100多种，其中苦菜、糯饭菜、猪血菜、马玉兰和角仁等30多种是当年红军战士的重要食品。

在西南边疆的广西、云南一带，一年四季都有可食的野果、野菜。春季有压车果、毡帽果、鼻涕果、小杨梅等野果，还有刺脑包、苦巴沟、蕨菜等野菜。夏季有木瓜、冷饭果、乌包果、荔枝等野果，野菜有石头菜、飞花菜、马蹄菜、牛舌头菜等。秋季有大树果、算盘果、野石榴、椎梨等野果，还有木耳、白参、齐头菜等野菜。冬季有槟榔、野芭蕉、长蛇果、老熊果等野果，野菜有野山药、芭蕉心等。不但野菜、野果可食，而且树皮也可应急食用，柳树、松树、白杨树新生的树皮或内皮（在硬树皮与树木之间的软皮）都可以吃。战争年代，东北抗日联军在白山黑水密林中总结出三月吃柞树皮、四月吃锻树皮、五月吃松树皮的经验，这些季节里的树皮不但没毒，而且还有一种甜滋滋的味道。

采食野生植物最大的问题是如何鉴别是否有毒。有人习惯于用有无怪味来判断是否能吃，这样很危险。有毒的植物不见得都有怪味，如马桑果，味儿酣，但毒性却很大。有毒植物通常有以下几个特点：

（1）特殊形态和色彩，如天南星的茎有斑纹；

（2）分泌带色的液体，如毛茛、回回蒜和白屈菜在损伤后分泌浓厚的黄液体；

（3）具有不良的味觉或嗅觉，如苦参、臭梧桐等。但上述这些并不能包括所有有毒植物的特点。在鉴别野生植物是否有毒时，可采取如下方法：首先用手仔细触摸，无毒的植物通常不会使手上皮肤产生发痒、发红、起风疹块等刺激症状。如折断其枝叶也不会有牛奶样汁液流出，闻之亦无腐败及其他使人感到怪异的气味。而后，可将少量食物放入嘴里咀嚼几分钟，无毒植物一般不会有烧灼感也无辛辣、苦味或滑腻味。此时，就可以将此类植物采集少量食用，如果食用8小时后没有特殊感觉，就可适当加大食用量。另外，还可以通过观察哺乳类动物所食用的植物种类，以分辨哪些植物能被人食用。食用各种野生食物一般应利用炊具进行制作。

烤，就是将可食用的动物肉和根茎类植物块根用木棍等穿挂，放在火焰上或炭火中烤（烧）熟。鱼（不去鳞片）和块根应用泥土包裹，烤熟后剥皮食用，贝壳类动物可放在火堆下烤熟。再在食物上面盖上树叶或布，上面再压一层3厘米厚的沙子，最后在该坑的上面生起火堆，待食物烤熟后取出食用。

石煮，就是先在地上挖个坑，将火堆中烤热的石块先放于坑内，再将食物放在石块上，上面再盖上一层湿树叶、草和一层沙土，靠热石块散发的热气将食物煮熟。鉴别植物是否有毒，较可靠的方法是根据有关部门编绘的可食野生植物的图谱进行认真鉴别。为了战时或特殊情况下应急食用，特别是执行特种任务的部（分）队，应在平时掌握驻地或预定战区可食野生植物的种类、分布和采食方法。

三、野外找水

水是野战生存的重要条件。水在某种程度上来说比食物更重要。因此，觅水训练是野战生存训练的重要内容之一。

1. 寻找水源的方法

根据人们的实践经验，寻找水源通常采取观察草木的生长位置和活动范围的方法。在许多干旱的沙漠、戈壁地区，生长着怪柳、铃铛刺等灌木丛的地表下 6~7 米深就有地下水；有胡杨生长的地方水位距地表不过 5~10 米；老艾草地下水位只有 2 米左右；生长茂盛的芦苇，地下水只有 1 米左右；如果发现金戴戴、马兰花等植物，便可判定下挖 1 米左右就能找到地下水。

在南方，叶茂的竹丛不仅生长在河流岸边，也常生长在与地下河有关的岩溶大裂隙、落水洞口。在广西许多岩溶谷地、洼地，成串的或独立的竹丛地常常就是有大落水洞的标志。这些落水洞有的在洞口能直接看到水，有的在洞口看不到水，但只要深入下去往往就能找到地下水。

我们还可以从特殊植物的生长地点来判定地下水的水质情况，如见到马兰花、拂子茅等植物群，就可以断定那里不太深的地方有淡水。另外，在地下水埋藏浅的地方，泥土潮湿，蚂蚁、蜗牛、螺蟹等喜欢在此做窝聚居；冬天青蛙、蛇类动物喜欢在此冬眠；夏天的傍晚，因其潮湿凉爽，蚊虫通常在此成柱状飞绕。

2. 鉴定水质的方法

由于水在自然界的广泛分布和流动，特别是地面水流经地域很广，一般情况下难以保证水源不受污染。在野外没有检验设备时，我们可以根据水的色、味、湿度、水迹概略地鉴别水质的好坏。

（1）通过水的颜色鉴定。纯净的水在水层浅时无色透明，深时呈浅蓝色。可以用玻璃杯或白瓷碗盛水观察，通常水越清水质越好，水越浑则所含杂质越多。水色随含污情况不同而变化，如含有腐殖质呈黄色，含低价铁化合物呈淡蓝绿色，含高价铁或锰呈黄棕色，含硫化氢呈浅蓝色。

（2）通过水的味道鉴别。一般清洁的水是无味的，而被污染的水带有一些异味。如含硫化氢的水有臭鸡蛋味，含盐的水则带咸味，含铁较高的水带金属锈味，含硫酸镁的水有苦味，含有机物质的水有腐败、臭、霉、腥、药味。为了准确地辨别水的气味，可以用一只干净的瓶子装半瓶水，摇荡数下打开瓶塞后立即用鼻子闻。

（3）通过水温鉴定地面水（江河、湖泊）的水温，水温因气温变化而变化，浅层地下水受气温影响较小，深层地下水水温低而恒定。如果水温突然升高多是有机物污染所致。工业废水污染水源后也会使水温升高。

（4）通过水点斑痕鉴定。用一张白纸，将水滴在上面，晾干后观察水迹。清洁的水是无斑迹的，有斑迹则说明水中杂质多、水质差。

3. 改善水质的方法

人员饮用的水必须经过清洁、消毒和改善水质，饮用水里的悬浮物和胶质物质越少越好。

（1）饮用水的消毒。水的消毒主要是杀灭有害人体的致病微生物，主要方法有以下两种：

物理法：主要是将水煮沸消毒，这是一种既容易又简单而且比较可靠的消毒方法。

化学法：利用化学药品氯、碘、高锰酸钾、漂白粉、明矾、饮水消毒片等。

（2）饮用水的洁治。水的洁治就是消除水中的杂质和污物。常用的方法有沉淀、过滤、混凝三种。在野外，因条件限制，也可以用一些含有黏液质的野生植物净化浑浊的饮用水。如贯众的根和茎，榆树的皮、叶、根，木棉的枝和皮，仙人掌和霸王鞭的全株，水芙蓉的皮和叶，都含有黏液质，都含有糖类高分子化合物。这些植物与钙、铁、铅、镁等二价以上的金属盐溶液化合，形成絮状物，在沉淀过程中能吸附悬浮物质，起到净化浑水的作用。植物净水，虽然絮状物沉淀时能除去部分细菌和微生物，但是没有消毒的作用，因此，饮用水最好再加少许漂白粉和煮沸消毒。

在无水源的情况下，也可利用简便方法获取少量的水。如用一个塑料袋套在树枝上将口袋扎紧，每天取水量可达 1 升左右，还可以用塑料布收集露水，等等。

另外，山野中有许多植物可用以解渴。如北方的黑桦、白桦的树汁，山葡萄的嫩条，酸浆子的根茎、南方的芭蕉茎、扁担藤等。

四、野外取火

煮烤食物需要火，宿营取暖需要火，发求救信号也需要火。因而，野外生存的能力，在某种程度上说，取决于取火的能力。

火柴或打火机在野外生活中是不可或缺的必需品，当一个人迷失了方向，或来不及在天黑之前到达宿营地时，一盒火柴往往可以帮助人摆脱困境，甚至挽救生命。倘若火柴受潮，还可用其他办法取火。特殊条件下取火的方法有以下几种。

1. 枪弹取火法

取一枚子弹，将弹丸拔出，倒出三分之二的发射药，撒在干燥易燃的枯草或纸上，把弹壳空出的地方塞上纸和干草，然后推弹壳入膛，用枪口贴近撒了发射药的引火物射击，引火物即可燃烧。

2. 透镜取火法

用放大镜，如果没有放大镜可用望远镜或瞄准镜、照相机上的凸透镜代替。冬季可用透明的冰块磨制。透过阳光聚焦照射易燃的引火物（腐木、布中抽出的线、撕成薄片的干树皮、干木屑等）取火。利用放大镜取火最为迅速的是照射汽油、酒精和枪弹的发射药或导火索，可在 1~2 秒内点燃引火物。

3. 发电机、电池取火法

用手摇发电机、电台照明用的一号“甲电”，将正负两极接在削了木皮的铅笔芯的两端。顷刻间，铅笔芯就会烧得通红。用手电筒内的电池和电珠也可做成引火工具；用电珠在细石上小心磨破，注意不能伤及钨丝，然后把火药填入电珠内，通电后即能发火。

4. 击石取火法

取一块坚硬的石头（黄铁矿石最好）做“火石”，用小刀的背或小片钢铁向下敲击“火石”，使火花落到引火物上燃烧。

5. 钻木取火法

用强韧的树枝或竹片绑上鞋带、绳子或皮带做成一个弓。在弓上缠一根干燥的木棍，用它在一小块硬木上迅速地旋转。最后钻出黑粉末，这些黑粉末冒烟产生出火花点燃引火物；用一根干的树干，一头劈开，并将裂缝撑开，塞上引火物，用一根藤条穿在引火物后面，迅速抽动藤条，使之摩擦发热而引燃引火物；还可以用两块软质的木头或竹片，用力相互摩擦取火，下面垫以棕榈树皮或易燃烧物也可以引燃取火。

第五节　识图用图

识图用图是借助地图和指北针按规定方向运动的一项军事体育活动。参加这项活动，不仅可以锻炼身体，培养积极上进、坚忍不拔的顽强精神，还可以增长（地理、地图、自然）知识，启发智力，培养独立思考、快速反应、果断处世的能力。

识图用图技能，是指参赛者在出发区领取地图后，到跑完整个参赛全程的过程中所必须掌握的基本技术。它分为出发点动作、运动中动作、检查点上的动作和终点动作四个部分。

一、地形图概述

将地面的自然地理和社会经济要素，按一定的投影方法和比例关系，用规定的符号、颜色和注记，综合测绘于平面图纸上的图称为地图。展示地形的图就称为地形图，地形图是军队各级指挥员组织指挥战斗行动所必需的工具，也是部队官兵在行军、作战中的向导，有人称它是指挥员的“眼睛”。

地形图的组成要素包括：图名、图廓、图例、比例尺、坡度尺、偏角图、经纬度注记、直角坐标系的注记、接表图、出版单位及时间、高程系。

地形图是按照一定的比例关系将实地缩小、投影而制成的，要在地图上研究地形和量读距离，首先要了解地图与实地的关系，这就牵涉到比例尺的表达方式。比例尺的表达方式分为三种：数字式，如 1∶50000；文字式，如一百万分之一；图解式。要注意的是，地图比例尺越大，图上显示的地形就越详细，但一幅地图实地范围包含越小，相反，地图比例尺越小，图上显示的地形就越简略，但一幅地图所包含的实地范围就越大。

二、地物符号

地面上的地物，在地图上用规定的符号结合注记表示，因此根据图中地物符号可识别实地地物的种类、形状、分布、性质等情况。地物符号的图形一般是根据地物的平面形状（如居民地、桥梁）或者是侧面形状（如水塔、烟囱），有的是根据有关意义特定（如变电所、气象站）。因此可以根据符号图形联想，易于识别与记忆。地物符号分为如下几类。

1. 依比例尺表示的符号（又称为面状地物符号）

这类符号所表示的地物面积较大（如居民地、森林、大湖、江河等），地物图形可根据实地地物按比例尺缩绘，在图中可了解分布、形状，并直接量（算）取地物的长、宽、面积。

2. 半依比例尺表示的符号

这类地物的特点是呈线状，如道路、通信（电）线路、栅、小河等，其长度可按比例尺缩绘，但宽度不能缩绘，因此不能量算宽和面积，其在图中的准确位置是在符号的中心线或在底线上。

三、地图颜色的规定

黑色：人工物体；绿色：植被要素；棕色：地貌要素；蓝色：水系要素。

四、图上量取距离

（一）依据比例尺换算

实地距离＝图上距离×比例尺分母　图上距离＝实地距离÷比例尺分母

为了计算方便，可先将比例尺分母消去两个零。例如：在 1∶50000 的地图上，甲乙两地的图上距离为 2.4 厘米，则其相应的实地水平距离为 2.4×500＝1200（米）。

（二）用里程表量读

先使指北针上里程表的指针对准盘内零分划，然后手持指北针，将里程表的滚轮放在所量线段的起点上，沿线段滚至终点（要使指针顺时针转动），指针在相应比例尺分划圈上所指的千米数，即为所求实地的水平距离。

必须指出的是：在地图中量取的距离是实地的水平距离，而实地往往是有起伏的，因此当实地起伏明显，坡度较大时，应依比例加上适当的改正数进行修正，否则会出现错误。

（三）目估方法（利用方里网）

在地形图上以整公里的图上的长度为单位，等间隔地作平面直角坐标轴的 X、Y 的平行线构成方格网，这种相互正交的格网称为高斯平面直角坐标网或公里网、方里网。在不同的比例尺地形图中方格网的边长不同。

五、地貌判断

地球表面是起伏不平的，有高山和深海，有丘陵和平原，有沙漠和草原，还有江河和湖泊等。而地形图上用来表示地表起伏及变形特征的符号就称为地貌符号，通常用等高线表示。

（一）等高线表示地貌（图 9-1）

简单地说，等高线是根据两平面平行则两平面间必等距的原理测绘。假设大地水准为高程基准面，现以一组等距彼此平行的水平面与地表面相切，形成水平截口，将各截口线垂直投影到高程基准面，并按比例尺缩绘形成各自闭合的曲线——等高线。

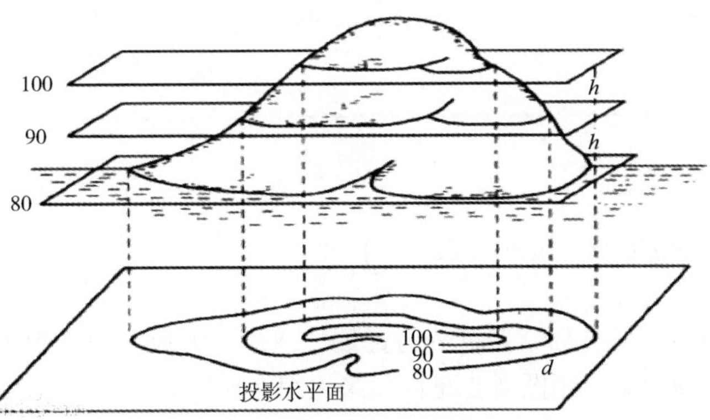

图 9-1　等高线表示地貌

1. 等高线显示地貌的特点

（1）同一条等高线上，各点高程相等；

（2）等高线间的间距越小，现地坡度越大；

（3）等高线的形状与现地对应；

（4）同一幅地图上，等高线线越多，高程越高。

2. 等高距及其规定

等高距是指地形图中相邻等高线间的高差。等高距的选择根据地形图比例尺、地面的坡度和用图的目的而定。等高距决定着地貌显示的详细程度，等高距越小显示地貌越细致，否则越简略。这与比例尺反映的现地情况一致。因此在某种地形图中基本等高线如果不能完全有效地反映现地情况，需要局部细致反映，就有了等高线分类的需要。等高线的种类如图 9-2 所示。

首曲线：又叫基本等高线，是根据规定的等高距描绘的由平均海水面起算而绘的细实线，用以显示地貌的基本形态。

计曲线：又叫加粗等高线，为快速计算高程，从基准面开始每隔 4 条等高线加粗形成计曲线，用以数计图上的等高线和判断高程。

间曲线：又叫半距等高线，以 1/2 基本等高距加绘于局部，以长虚线表示，用以显示首曲线不能显示的某段微型地貌。

助曲线：又叫辅助等高线，是以 1/4 基本等高距加绘于局部的细短虚线，用以描绘间曲线不能说明的地貌。

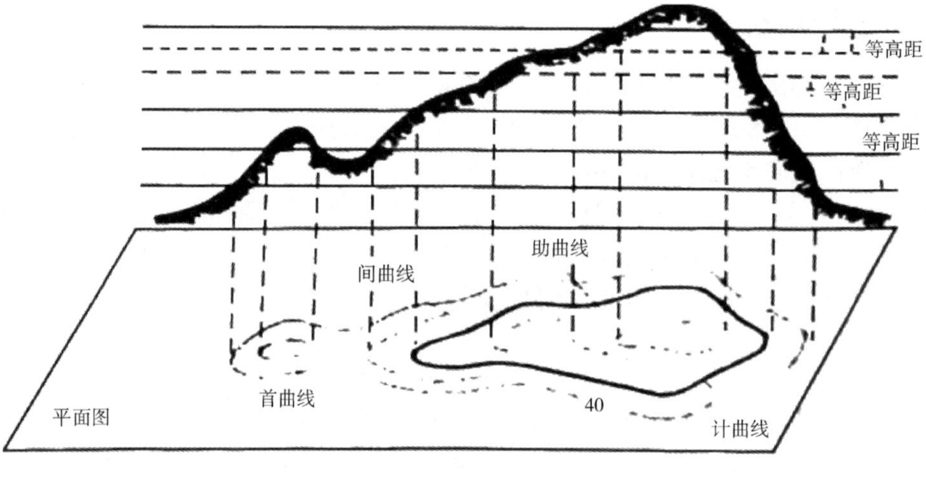

图 9-2　等高线的种类

（二）山体各部分形态的识别（图 9-3）

1. 山头的识别

山顶是独立山体的最高部分，可分为尖顶、圆顶、平顶。相应地可从等高线的形状、组合结构特征上反映出来，用图者正是由此来识别山顶的特点，因此用等高线组合特征来识别山顶是关键。圆山顶的等高线环圈浑圆而且间隔均匀，转折和缓与山顶丰满圆润、坡度和缓的特点相应。尖山顶的等高线环圈小而且间隔小，特别是转折锋尖与尖山峰尖、坡陡、脊显的特点相应。平山顶的最高一条等高线露空宽大，而以下相邻等高线聚集紧密与平山顶的顶部宽平、四周陡峭之态相应。

2. 山背的识别

山背是从山顶往下外凸伸向山脚的部分山体。山背的突出棱线称为分水线。由山顶的类型可推想出山背分为尖山背、圆山背、平山背。平山背的等高线呈阶梯状分组分布，纵向宽平且组与组间距离较大，但每组内的等高线间距离狭小。圆山背的等高线转折圆滑，纵向间隔距离较横向间距大，等高线协调自然几乎平行。尖山背的等高线纵向延伸较远，转折尖锐，横向等高线间距较小，峰背明显，这种形态与尖山背脊远伸、两坡陡峻的特点完全协调一致。山脊线是同脉上由数个相邻山顶、鞍部交错连接的最高棱线。

3. 山谷的识别

山谷是相邻两山背或两山脊间的谷地。谷地各横断面上最低点的连线即为合水线。根据山谷的形状可分为：尖形谷、圆形谷、槽形谷。

4. 鞍部的识别

鞍部是同脊背上相邻的山头间形如马鞍的低凹部。

5. 山脚的识别

山脚是山体与平缓倾斜地的交线。一般山地与平原交接处易判断，但在山区有时在一幅图上难以判定。

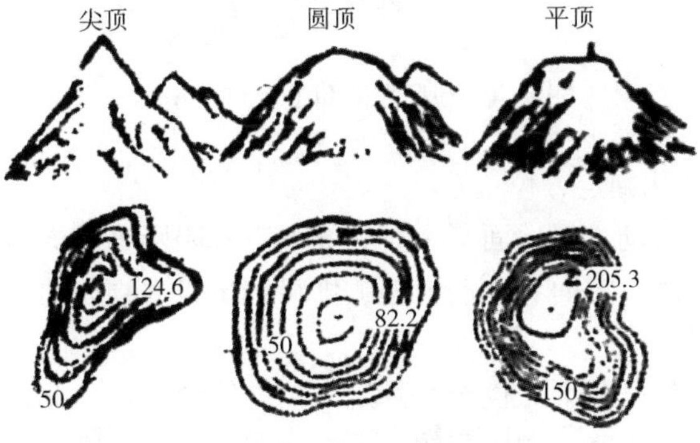

图 9-3　山的各部形态及其等高线显示

六、现地判定方位

现地判定方位就是根据现地方向性参照物辨明东、南、西、北各方向。这是确定现地与地图的对应关系和使用地图的前提。现地方向性参照物主要有：制式指北针、天体等。

（一）利用指北针判定方位

使用指北针判定方位，是一种比较准确的方法。使用时将指北针平放，等磁针静止后，磁针涂有夜光剂的一端（或黑色尖端）所指的方向就是现地的磁北方向。使用指北针前应仔细检查磁针是否灵敏，在使用时应注意避开高压线和有钢铁物体的地方，特别是在磁矿区和磁力异常的地区更应注意。

（二）利用天体判定方位

1. 利用太阳判定方位

利用晴天时太阳东出、西落判定方位最便利。但注意太阳真正出于正东是在“春分”（3 月 21 日）和“秋分”（9 月 23 日）这两天。其余大体上说春秋季太阳出于东方没于西方；夏季太阳出于东偏北落于西偏北；冬季则出于东偏南而落于西偏南，据此可概略判定东南西北方向。

2. 利用太阳和手表判定方位

一般来说，当地时间 6 时左右太阳在东方，12 时左右太阳在正南方，18 时左右太阳在西方。根据这一规律便可以利用时间表和太阳结合起来判定概略方位。利用太阳和手表判定方位时，先将手表放平，以表盘中心和时针所指数（每日以 24 小时计算）折半位置的延长线对向太阳，此时由表中心通过“12”的方向就是北方。利用此法时注意改北京时间为当地时间，地方时间=北京时间+（120°-当地经度）/15°。另外，在北纬 23″26′以南地区，夏季正午时太阳在天顶偏北，因此不宜使用此法。

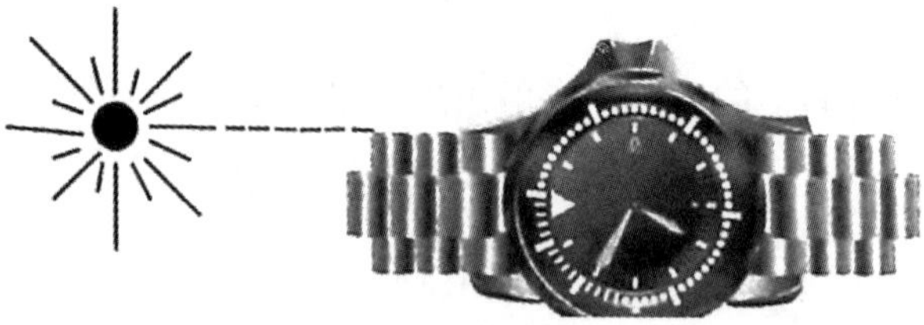

图 9-4　利用太阳和手表判定方位

3. 利用阴影方向变化判定方位

太阳随时间推移而移动，对地面某一直立物而言其阴影则随太阳的移动而移动。给定某一时间段观察直立物阴影方向和变动轨迹，即可判定直立物处的方位。

4. 利用北极星判定方位

利用北极星判定方位是晴朗之夜概略判定方位的简便方法。北极星大约位于地轴向北延伸的方向线上，是正北天空一颗较亮的恒星。在北方星空，它的位置可以认为不变，故可用来判断方位。

5. 利用地物特征判定方位

有些地貌和地物，因为长期受到阳光和气候等自然条件的影响，形成了某种特征，利用这些特征，你也可以概略地判定出方向。比如，北方地区农村民房正门朝南；古代庙宇、宝塔均坐北朝南；南方潮湿地区向阳面的土堤、高坡较干燥无青苔，而背向却生长；独立大树南面枝叶茂密，树皮光滑；积雪朝南易化等。

第六节　电磁频谱监测知识

在现代作战中，战争双方争夺电磁频谱使用和控制权的斗争日益激烈，电磁频谱已经成为国家不可或缺的战略资源，事关国防电磁空间安全和军队打赢信息化战争的军事战略目标的实现，其地位与作用日趋明显。

一、电磁频谱概述

作战双方利用电子设备和器材所进行的电磁频谱斗争也叫电子对抗。美国在 1993 年给“电子对抗”下的定义是：利用电磁能和定向能以控制电磁频谱或用电磁频谱攻击敌方的任何军事行动。

电子对抗包括电子进攻，电子防护、电子对抗支援三种作战样式。其主要目的是为了争夺电磁频谱的使用权和控制权。因此，所有使用电磁波的设备都是电子对抗攻击的目标。

电子对抗是一种崭新的作战样式，它具有与传统的作战方式截然不同的特点和规律：一是电子对抗范围广。它有许多技术分支，而且是多学科综合技术，包括射频对抗、光电对抗、声电对抗等。二是电子对抗贯穿战争的全过程。在战争开始前，开展电子侦察、了解敌情，为制订作战计划提供依据，利用电子欺骗和电子佯动等方法迷惑敌人。在战争开始时，开展电子干扰，压制敌方电子设备的使用，利用反辐射武器摧毁敌方电子设备，夺取制电磁权。在战争过程中，不间断地进行电子侦察，及时发现敌人电子设备的使用情况，以便组织干扰和摧毁。三是电子对抗具有软、硬杀伤的双重战斗力。“软杀伤”就是能有效地阻止敌方正常使用电子设备的作战效能，“硬杀伤”就是用反辐射武器摧毁敌方的电子设备。四是电子对抗组织、实施相对复杂。战场空间电磁环境是十分复杂的，且电磁信号繁多、变化无常，因此快速搜索、跟踪和自动放干扰都是很复杂的。

二、电子对抗技术的分类与组成

电子对抗技术是由综合的、交叉的、多层面的多种学科技术所构成的技术体系。电子对抗包括电子侦察与反侦察、干扰与反干扰、隐身与反隐身、制导与反制导、摧毁与反摧毁等基本内容。电子侦察是利用电子侦察设备对敌方使用的通信、雷达、制导等电子设备进行侦察，以获得敌方电子设备有关情报；电子反侦察是通过伪装、隐身、隐蔽、保密等方法，不使电子设备的信息被敌方侦察的技术，其作用是削弱、阻断敌方的侦察；电子干扰是采用专用设备发射电磁波信号干扰、破坏敌方电子系统正常工作的技术；电子反干扰是识别、阻止敌方干扰，以保护己方电子系统处于正常工作状态的技术；隐身技术是现代作战平台和攻击性武器，用以降低其信号探测特征，使其难以被探测、截获、识别的低可探测性技术；反隐身技术主要是加强雷达的探测能力和电子对抗能力，灵活运用各种探测能力、电子对抗能力对隐身目标进行探测的技术；制导装置是精确制导武器的核心控制器件，是由电子器材构成的，制导武器的攻击精度高低与制导控制器件有很大的关系；反制导是对制导武器控制器件进行电子对抗攻击，可使精确制导武器偏离瞄准目标；电子摧毁是对敌方的电子设施实施摧毁手段，使其不能使用；反摧毁技术是指雷达利用各种战术和技术措施防止遭到反辐射武器攻击的技术。

三、电子对抗技术的军事应用

电子对抗按技术应用主要分为通信电子对抗、雷达电子对抗、光电电子对抗、网络电子对抗等。

1. 通信电子对抗

通信电子对抗通常是指无线电通信中的侦察与反侦察、干扰与反干扰。

通信干扰是为了使敌方的通信系统不能正常工作，需要根据具体情况采取欺骗、扰乱直至压制和破坏的手段。

2. 雷达电子对抗

对雷达实施干扰的目的，是使雷达无法发现目标或使其得到虚假的目标数据。雷达干扰分为压制干扰和欺骗干扰。每类干扰又可分为有源和无源两类。压制干扰主要采取噪声的形式，杂波噪声进入雷达接收机后，破坏雷达发现目标的作用，适合于对付搜索雷达。欺骗干扰主要破坏雷达跟踪系统的正常工作，使雷达出现错误的目标数据。

3. 光电电子对抗

光电对抗，是指敌对双方从紫外、可见光到红外的宽广波段上，利用各种设备和措施进行光电侦察与反侦察、干扰与反干扰的综合光电子斗争。光电对抗技术，可区分为光电侦察告警技术、光电干扰技术和光电防御技术。

光电侦察告警是实施有效干扰的前提。它是指利用光电技术手段对敌方光电武器和侦测器材辐射或散射的光信号进行探测、截获和识别，并及时提供情报和发出告警。

光电干扰是采取某些技术措施破坏或削弱敌方光电设备的正常工作，以达到保护己方目标的干扰手段。在光电精确制导武器广泛使用的现代战争中，光电干扰的地位更加重要。

光电防御是指在有光电对抗的条件下，为提高光电武器装备的作战能力而采取的一切措施。

4. 网络电子对抗

网络电子对抗包括网络进攻技术和网络防御技术。

网络进攻一般分为对计算机系统的软攻击和对计算机网络硬件的硬摧毁。对计算机系统的软攻击，主要是指利用计算机病毒、“黑客”等手段对计算机系统进行攻击，造成系统瘫痪或获取有用的信息。对计算机系统的硬摧毁主要是指对计算机网络硬件电路的进攻技术，包括使用特殊设计的芯片、研制纳米机器人和芯片细菌、定向能摧毁、电磁脉冲弹摧毁等。

网络防御技术一般包含安全防护技术、“防火墙”技术和实施信息安全机制。

四、电子对抗技术对战争的影响

1. 获取重要军事情报

未来信息化条件下的局部战争，利用信息对抗的装备和手段，查明敌方电子信息设备的工作性能、技术参数、类别、数量和配置位置等，判断其兵力部署和行动企图，是赢得战争胜利的关键。

2. 破坏敌作战指挥系统

破坏敌作战指挥系统，使敌军瘫痪，陷入被动挨打的地位，是电子对抗的主要目的。1944 年，苏军在加里宁格勒附近包围了德军一个重兵集团，德军试图用无线电与大本营联络，求得增援和突围。苏军派出无线电干扰分队压制了德军的无线电通信，使德军的 250 次联络未能成功，最终全军覆灭。

3. 掩护突防和攻击

雷达作为预警和兵器制导装备，已成为防御体系的“哨兵”和“千里眼”。它们能对空、对海实施警戒，及早发现来袭敌机、导弹、舰艇，可实施对火器射击控制和导弹的制导等。进攻时对敌雷达系统实施干扰、欺骗或摧毁。

4. 保卫重要军事目标

在重要城镇、桥梁、机场、工厂和军事要地等目标附近，设置有力的雷达干扰设备或采用欺骗手段，能有效干扰机载雷达和导弹制导雷达系统，使飞机投弹不准，导弹失控，达到保卫重要目标的目的。

5. 夺取战场主动权

未来信息化条件下作战，电子对抗技术将越来越先进，对抗领域也将越来越广阔，围绕信息控制权的对抗更是日益重要。不掌握制电磁权、制信息权，作战兵力兵器的作战效能就无法正常发挥，就很难掌握整个战场的主动权。围绕制电磁权、制信息权的争夺，是战场主动权的争夺，是赢得战争最终胜利的必要条件和基本保证。

分析与思考

1. 在复杂的地形、气候条件下，宿营应注意哪些问题？
2. 改善水质的方法有哪些？
3. 如何通过等高线判断地貌？
4. 简述电磁频谱技术对战争的影响。

延伸阅读

中国成功发射“墨子号”量子卫星

2016 年 8 月 16 日凌晨 1 时 40 分，中国在酒泉卫星发射中心用长征二号丁运载火箭成功将世界首颗量子通信卫星发射升空。“墨子号”的成功发射，将使我国在世界上首次实现卫星和地面之间的量子通信，构建天地一体化的量子保密通信与科学实验体系。中国量子卫星首席科学家潘建伟院士介绍，如果说地面量子通信构建了一张连接每个城市、每个信息传输点的“网”，那么量子科学实验卫星就像一杆将这张网射向太空的“标枪”。当这张纵横寰宇的量子通信“天地网”织就，海量信息将在其中来去如影，并且“无条件”安全。2017 年 1 月 18 日，中国发射的世界首颗量子科学实验卫星“墨子号”圆满完成了 4 个月的在轨测试任务，正式交付用户单位使用。

量子卫星的成功发射和在轨运行，将有助于我国在量子通信技术实用化整体水平上保持国际领先地位，扩大领先优势实现国家信息安全和信息技术水平跨越式提升，有望推动我国科学家在量子科学前沿领域取得重大突破，对于推动我国空间科学卫星系列可持续发展具有重大意义。

参考文献

[1]中共中央马克思恩格斯列宁斯大林著作编译局.马克思恩格斯选集[M].北京:人民出版社,1995.

[2]毛泽东.毛泽东选集[M].北京:人民出版社,1991.

[3]中国军事百科全书编审委员会.中国军事百科全书(第二版)[M].北京:中国大百科全书出版社,2014.

[4]中国人民解放军军语[M].北京:军事科学出版社,2011.

[5]本书编写组.党的十九大报告辅导读本[M].北京:人民出版社,2017.

[6]习近平新时代中国特色社会主义思想三十讲[M].北京:学习出版社,2018.

[7]中华人民共和国国务院新闻办公室.中国的军事战略白皮书[M].北京:人民出版社,2015.

[8]《总体国家安全观干部读本》编写组.总体国家安全观干部读本[M].北京:人民出版社,2016.

[9]中国人民解放军内务条令(试行)(2018年).

[10]中国人民解放军队列条令(试行)(2018年).

[11]中国人民解放军纪律条令(试行)(2018年).

[12]全国干部培训教材编审指导委员会组织编写.加快推进国防和军队现代化[M].北京:人民出版社,2015.

[13]中央军委政治工作部宣传局.人民军队历史与优良传统[M].北京:解放军出版社,2018.

[14]李大光.国家安全[M].北京:中国言实出版社,2016.

[15]葛东升.国家安全战略论[M].北京:军事科学出版社,2006.

[16]木勤朴,周同喜.军事技能[M].北京:国防工业出版社,2012.

[17]郑宗辉.信息化战争概论[M].北京:国防工业出版社,2012.

[18]王光明等.国防理论概要[M].南京:南京陆军指挥学院,2003.

[19]寿晓松.党的创新军事指导理论教程[M].北京:军事科学出版社,2013.

[20]王兆耀.军事航天技术[M].北京:中国大百科全书出版社,2008.

[21]赵荣.军事理论导论[M].北京:国防工业出版社,2012.

[22]彭光谦,姚有志.战略学[M].北京:军事科学出版社,2001.

[23]杨毅.国家安全战略理论[M].北京:时事出版社,2008.

[24]王玮.地缘政治与中国国家安全[M].北京:军事谊文出版社,2009.

[25]阎学通,孙学峰.中国崛起及其战略[M].北京:北京大学出版社,2005.

[26]綦大鹏.国际战略形势与中国国家安全(2016—2017)[M].北京:东方出版社,2017.

[27]季志业.国际战略与安全形势评估(2017—2018)[M].北京:时事出版社,2018.

[28]袁鹏.国际战略与安全形势评估(2018—2019)[M].北京:时事出版社,2019.

[29]中国人民解放军总参谋部军训部.信息化战争概论[M].北京:国防工业出版社,2012.

[30]宋华文,耿艳栋.信息化武器装备及其运用[M].北京:国防工业出版社,2012.
[31]胡光正.军队信息化建设教程[M].北京:军事科学出版社,2012.
[32]谭东风等.武器装备系统概论[M].北京:科学出版社,2015.
[33]李琳琳.指挥信息系统及应用[M].西安:西北工业大学出版社,2013.
[34]王利勇.军事装备研究[M].北京:国防大学出版社,2014.
[35]孙义明,李巍.赛博空间:新的作战域[M].北京:国防工业出版社,2014.
[36]中国人民解放军总参谋部军训和兵种部.阿富汗战争研究[M].北京:解放军出版社,2004.
[37]袁军堂,张相炎.武器装备概论[M].北京:国防工业出版社,2011.
[38]刘兴堂等.信息化作战与高技术战场[M].北京:国防工业出版社,2011.
[39]军事科学院军队建设研究部.部队信息化建设[M].北京:军事科学出版社,2011.
[40]瓦列茨基·奥列格·维塔利耶维奇.伊拉克战争战略、战术及军事上的经验教训[M].李辉光译.北京:军事科学出版社,2006.
[41]《空军装备系列丛书》编审委员会.新概念武器[M].北京:航空工业出版社,2008.
[42]闫宗广.信息战概论[M].北京:解放军出版社,2004.
[43]军事科学院世界军事研究部.世界军事革命史(上中下)[M].北京:军事科学出版社,2012.
[44]薛国安.驾驭信息化战争[M].北京:解放军出版社,2007.
[45]王厚卿.中国军事思想论纲[M].北京:国防大学出版社,2000.
[46]许和震.信息化战争作战理论研究[M].北京:解放军出版社,1999.
[47]王保存.世界新变革新论[M].北京:解放军出版社,2003.
[48]姚有志.战争战略论[M].北京:解放军出版社,2005.
[49]孙科佳.中国特色的军事变革[M].北京:解放军出版社,2003.
[50]李银年.战术学新论[M].北京:军事科学出版社,2000.
[51]邵杰.战术学教程[M].北京:军事科学出版社,2013.
[52]张洪顺等.无线电监测与测向定位[M].西安:西安电子科技大学出版社,2012.
[53]克劳塞维茨.战争论[M].余杰译.北京:台海出版社,2018.
[54]军情视点.单兵装备大百科[M].北京:化学工业出版社,2017.
[55]军情视点.海军武器大百科[M].北京:化学工业出版社,2017.
[56]军情视点.空军武器大百科[M].北京:化学工业出版社,2017.